# 企业常见经济事项税务风险防范策略

主　编　李国华
副主编　阮春萍

中国财政经济出版社

**图书在版编目（CIP）数据**

企业常见经济事项税务风险防范策略/李国华主编．—北京：中国财政经济出版社，2010.5

ISBN 978-7-5095-2092-5

Ⅰ．企…　Ⅱ．李…　Ⅲ．企业管理：税收管理：风险管理-研究-中国　Ⅳ．F812.423

中国版本图书馆CIP数据核字（2010）第037981号

责任编辑：陈志伟　　　　责任校对：张　凡

封面设计：陈　瑶　　　　版式设计：兰　波

中国财政经济出版社 出版

**URL**：http：//www.cfeph.cn

E-mail：cfeph@cfeph.cn



社址：北京市海淀区阜成路甲28号　邮政编码：100142

发行处电话：88190406　财经书店电话：64033436

北京财经印刷厂印刷　　各地新华书店经销

787×1092毫米　16开　13.75印张　316 000字

2010年5月第1版　2010年5月北京第1次印刷

印数：1—5 000　定价：32.00元

ISBN 978-7-5095-2092-5/F·2051

（图书出现印装问题，本社负责调换）

本社质量投诉电话：010-88190744

# 目录

我国社会主义市场经济的发展和企业作为市场经济主体地位的逐步确立，为企业提供了良好的发展环境，也对企业管理提出了更高的要求。税负作为企业生产经营活动中不可回避的一项支出，其数额的多少直接影响着企业的实际经济效益，纳税筹划日益成为企业理财和经营管理中不可缺少的重要组成部分。

## 一、我国税收管理环境分析

### （一）财务、会计、税法规则变革

近几年财会制度改革范围之广，程度之深史无前例。

——新《公司法》特别对公司设立、合并、解散、清算环节及公司经营管理等方面的财务治理作出了详尽规定，确立了公司财务法定审计制度。

——2006 年财政部发布的新企业会计准则体系自 2007 年 1 月 1 日起在上市公司范围内施行，根据国务院国资委的部署，中央企业力争在 2008 年年底之前全面执行新的会计准则；《企业会计准则讲解 2008》、《企业会计准则解释第 3 号》、《关于不丧失控制权情况下处置部分对子公司投资会计处理的复函》（财会便［2009］14 号）相继补充发布。

——财政部发布了修订后的《企业财务通则》，自 2007 年 1 月 1 日起施行，国有及国有控股企业适用此通则（金融企业除外），其他企业参照执行。为应对国际金融危机，提高企业防范和化解财务风险的能力，增强企业发展实力，保持其平稳健康发展，2009 年 4 月，财政部发布了《关于当前应对金融危机加强企业财务管理的若干意见》（财企［2009］52 号）。

——税收方面，《中华人民共和国企业所得税法》及《中华人民共和国企业所得税法实施条例》（国务院令第 512 号）自 2008 年 1 月 1 日起施行，《跨地区经营汇总纳税企业所得税征收管理暂行办法》（国税发［2008］28 号）、《特别纳税调整实施办法

（试行）》等配套政策相继公布和实施；新修订的《增值税暂行条例》、《消费税暂行条例》、《营业税暂行条例》及其实施细则于2009年1月1日起施行，相关配套政策陆续更新；《土地增值税清算管理规程》、《大企业税务风险管理指引（试行）》相继发布实施；随着《行政许可法》的深入贯彻，国务院分批取消和调整行政审批项目，税收征管政策也在不断调整，《企业财产损失所得税税前扣除鉴证业务准则（试行）》、《企业所得税汇算清缴纳税申报鉴证业务准则（试行）》、《土地增值税清算鉴证业务准则》等新操作办法配套施行。

这对加强企业管理、规范企业行为、提高经济效益具有重要作用。同时，这一“财务、会计、税法规则”变革背景，加之税收制度散见于不同时期，新会计准则与相关税法较多地强调财务人员的职业判断，而随着企业生产规模的扩大，财务人员人手紧张和新老更替使会计核算和纳税管理存在弱化现象，与现代企业管理的要求存在差距。这些都迫切需要企业适应财会制度变革，结合本企业特点开展相关业务规范的研究，准确执行好财税新制度。学习新法规、尽快掌握新法规，已成为每家企业及每个会计人员近两年的“重头戏”。

**（二）我国近年税收收入保持较快增长**

从我国近年税收收入总量看，税收收入连续增长较快，出现了罕见的增长轨迹。从近5年财政部和国家税务总局公布的税收收入数据看，2004年全国税收总收入完成25000亿元，较2003年增长19.1%；2005年全国税收总收入完成30000亿元，较上年增长20.7%；2006年全国税收总收入完成37760亿元，较上年增长21.9%；2007年全国税收总收入完成49443亿元，较上年增长31.4%；2008年全国税收总收入完成54219亿元，比上年增长18.8%。我国1994—2008年税收收入增长统计数据如图0－1所示（2009年系初步数据，暂未列入图示）。据国家税务总局办公厅2010年1月15日发布的快报统计，2009年全年完成税收收入（不包括关税、船舶吨税、耕地占用税和契税）

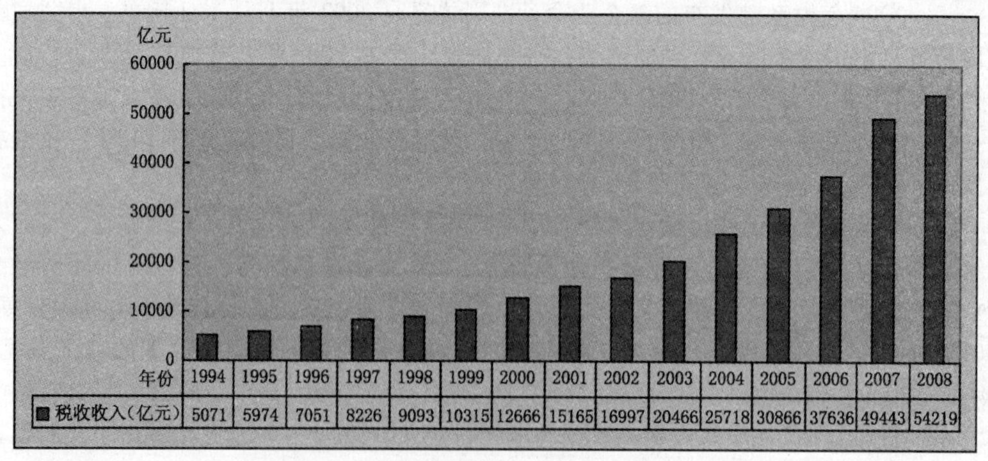


图0－1 我国税收收入增长轨迹图

63104 亿元，比上年增加 5241 亿元，增长 9.1%；扣除成品油税费改革和卷烟消费税政策调整直接增加的消费税收入后，增长 5.5%。

从我国税收收入与 GDP 增幅比较来看，近年税收收入增长速度连续超过 GDP 增长幅度。我国 1994—2008 年税收收入增长与 GDP 增幅统计比较数据如图 0－2 所示。

面对我国税收收入连续超过 GDP 的高增长，每个纳税人都应该思考，我们纳税人是不是多交了税，是否早交了税？

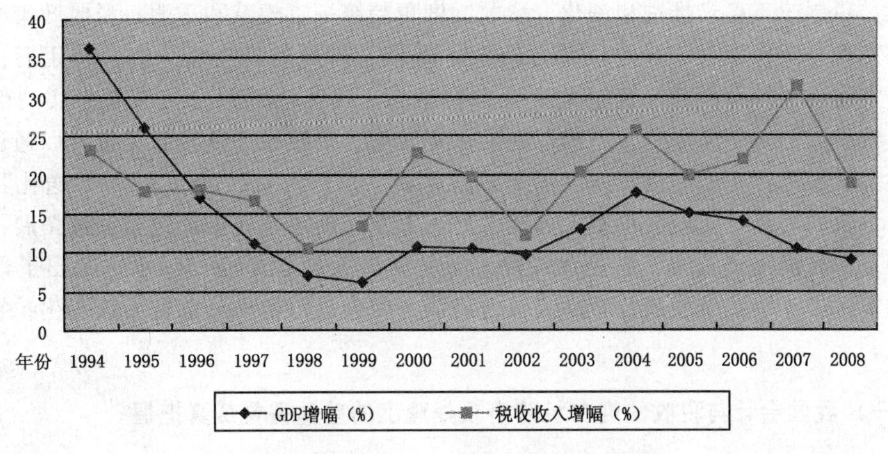


图 0－2　我国税收收入与 GDP 增幅比较

受国际金融危机影响，我国税收工作面临的形势十分严峻。2009 年 1 季度全国税收总收入完成 13023.58 亿元，同比下降 10.3%，减收 1496.1 亿元。国务院在 2009 年 4 月 15 日的常务会议上特别把依法加强税收征管和稽查，作为完成全年财政收入任务的重要举措。国家税务总局密集出台税收政策，下发《关于加强税种征管促进堵漏增收的若干意见》（国税发［2009］85 号，2009 年 4 月 29 日），印发《进一步加强税收征管若干具体措施》的通知（国税发［2009］114 号，2009 年 7 月 27 日），从开展管户清查、加强对跨地区经营汇总纳税企业总分机构管理、加强反避税管理、加强建筑安装业和房地产业税收管理、开展非居民企业税收专项检查等进一步加强税收征管二十项具体措施。国税总局稽查局将 2009 年稽查任务从 700 亿元提高到 1000 亿元，并连续下发《关于开展大型企业集团税收自查工作的通知》（稽便函［2009］35 号）、《关于做好近期税务稽查工作有关事项的通知》（稽便函［2009］37 号）、《关于开展第二批大型企业集团税收自查工作的通知》（稽便函［2009］49 号）等。2009 年 1—9 月份，全国税收总收入完成 45057.56 亿元，同比增长 2.2%，同比增收 964.44 亿元，增速比上年同期回落 23.9 个百分点。前 3 季度累计，全国财政收入 51518.87 亿元，比上年同期增加 2572.01 亿元，增长 5.3%；全国财政支出 45202.78 亿元，比上年同期增加 8774.64 亿元，增长 24.1%，形成了倒“剪刀差”。

在金融危机的背景下，很多企业提出了“现金为王”的理念，这更要求企业认真研究国家的税收政策及立法精神，动态关注和掌握税法变化对生产经营和税收负担所产生的影响，针对企业自身的经营特点，进行有效的纳税筹划，通过各种合法的手段和措施将税收负担安排在最佳状态，在依法纳税的前提下，减轻税收负担，保持企业周转资金有效利用，充分实现货币资金时间价值，取得最大的经济效益。

## 二、我国税收政策分析

近年来一方面，随着社会主义市场经济体制的完善，我国的社会纳税环境发生了较大变化：税制改革稳步推进和深化，税收制度更趋统一、规范和透明，税收政策在不断变化和完善，金税工程“一个网络、四个子系统”构成的基本框架普及使用后，税收管理基本实现了计算机化、信息化、全面网络化，税务内部信息化的平台实现信息共享，使纳税人的某些违规行为不像以前那么好隐藏，下级税务处理意见也可以通过信息平台供上级税务稽查部门检查，以前那种企业靠“找熟人”、“拉关系”、“送礼”来解决税务危机的套路，已经变得不太可能。另一方面，随着企业生产经营领域拓展，其税收管理工作难度越来越大，对企业经营人员和财务人员管理能力和水平提出了严峻考验。在实际工作中，企业经营管理人员普遍认为因会计与税法分离且不断变化，掌握难度较大。

### （一）我国会计与税收法规在经济事项处理上的差异需要认真把握

在我国综合经济管理体系中，会计核算和税收征管是性质完全不同但相互关系极其密切的两大管理系统。

1. 两者性质不同。会计核算体系所遵循的原则是真实、准确、及时地反映企业会计状况、经营成果，其宗旨是帮助经营者为国家、投资者以及潜在投资者（包括自然人）提供合规资料。目前，不同企业执行的会计制度包括三类：一是1993年13个行业会计制度；二是2001年《企业会计制度》、《小企业会计制度》及《金融企业会计制度》；三是2006年财政部发布的新企业会计准则体系。而税收征管体系所遵循的是及时、足额征收经济实体和自然人发生的各种税款，其宗旨是代表国家强制执行各项税收法规，依法处理国家与企业、国家与自然人的利益关系。

2. 两者相互关系极其密切，因为两者在经济活动中各要素的确认、计量原则上存在很多共同点。在很多方面，特别是在流转税和企业所得税征收方面，税务部门是以各经济实体的会计资料为基础，进行适当调整后作为税基的。为了兼顾两者需要，财政部在有关会计制度中作了相关规定。这些规定为某些经济事项的处理结果提供了反映渠道，所得税会计和增值税方面的会计处置规定就是典型例子。根据现行规定，企业在会计核算时应当按照会计制度及相关准则的规定对各项会计要素进行确认、计量、记录和报告，按照会计制度及相关准则规定的确认、计量标准与税法不一致的，不得调整会计账簿记录和会计报表相关项目的金额。企业在完成纳税义务时，必须按照税法的要求进行，如会计处理与税法规定不一致，应按照税收法规的规定计缴税款，完成纳税义务。因此，以会计信息质量为目的的会计核算和以合理征税为目的的税收征管差异是客观存在的，企业经营管理人员需要掌握对经济事项的会计处理与税务处理差异。

### （二）我国“补丁上打补丁”式浩繁的税收法规需要系统掌握

我国税收政策的特点包括以下方面：

1. 税法法规层次多。一个国家的税法一般包括税法通则、各种税法（条例）、实施细则、具体规定等。国家税法体系（通常称税收制度，简称税制）的内容主要有三个层次：一是不同的要素构成税种；二是不同的税种构成税收制度；三是规范税款征收程序的法律法规。根据我国立法体制的规定，各有权机关所制定的一系列税收法律、法规、规章和规范性文件，构成了我国的税收法律体系（即广义概念上的税法，以下简称我国税法）。

（1）全国人民代表大会和全国人大常委会制定的税收法律：在现行税法中，全国人大及其常委会制定的税收法律有四项，即原《外商投资企业和外国企业所得税法》、《个人所得税法》、《税收征收管理法》以及 1993 年 12 月全国人大常委会通过的《关于外商投资企业和外国企业适用增值税、消费税、营业税等税收暂行条例的决定》。为统一内、外资企业所得税法，十届全国人大五次会议 3 月 16 日表决通过了《中华人民共和国企业所得税法》，自 2008 年 1 月 1 日起施行。

（2）全国人民代表大会或全国人大常委会授权立法的税收法律：按照全国人大或全国人大常委会授权，国务院制定实施了增值税、消费税、营业税、资源税、土地增值税、企业所得税等 6 个税收暂行条例。

（3）国务院制定的税收行政法规：国务院发布的《外商投资企业和外国企业所得税法实施细则》、《税收征收管理法实施细则》等，都是税收行政法规。

（4）地方人民代表大会及其常委会制定的税收地方性法规：由于我国在税收立法上坚持“统一税法”的原则，目前，除了海南省、民族自治地区按照全国人大授权立法规定，在遵循宪法、法律和行政法规的原则基础上，可以制定有关税收的地方性法规外，其他省、市一般都无权自定税收地方性法规。

（5）国务院税务主管部门制定的税收部门规章：目前，财政部、国家税务总局及海关总署作为有权制定税收部门规章的税务主管机关，可根据不同地区、不同时期的具体情况制定补充性税收法规政策。制定规章的范围包括对有关税收法律、法规的具体解释、税收征收管理的具体规定、办法等，税收部门规章在全国范围内具有普遍适用效力。常见的形式包括国家税务总局联合其他部委颁布的规章（最常见“财税”系列文件）、单独发布的文件（又分为“国税发”系列和“国税函”系列文件，还有少量国家税务总局令和公告）。

（6）地方政府制定的税收地方规章：按照统一税法的原则，省、自治区、直辖市人民政府可在税收法律、法规明确授权的前提下制定税收规章。例如，国务院发布实施的城市维护建设税、车船使用税、房产税等地方性税种暂行条例，都规定省、自治区、直辖市人民政府可根据条例制定实施细则。

由于税法具有多层次的特点，因此在税法执行过程中，对其适用性或法律效力的判断一般按以下原则掌握：一是层次高的法律优于层次低的法律；二是同一层次的法律中，特别法优于普通法；三是国际法（截至2009年底我国已对外签署了93个税收协定和2个税收安排，基本建立了全球范围的税收协定网络）优于国内法；四是实体法从旧，程序法从新。但在实际执行中，征纳双方往往发生争议。

2. 税收政策数量多，时间跨度长。现行的有效税收政策约两万多条，而且每年还以1000多条的速度递增，与一个企业相关的税收政策一般不会少于2000条。在时间跨度上，大部分税种的政策涉及的时间跨度为1992—1994年税制改革以来至当前，还有少量1994年以前的文件也仍然有效。例如，现行的印花税条例（国务院令11号）还是1988年公布的，关于工资总额的组成执行的文件依据是《关于工资总额的规定》（1989年9月30日国务院批准，1990年1月1日国家统计局令第1号发布）。

3. 税收法规政策之间在内容上有覆盖性。税收法规政策之间有内容相互补充的，有后文对前文内容进行修订的，还有后文废止前文的（又分为全文废止和文件中的部分条款废止）。相互补充的，如国税函［2009］55号《国家税务总局关于做好2008年度企业所得税汇算清缴工作的通知》（成文日期：2009年2月6日）、国税函［2009］134号《关于做好2008年度企业所得税汇算清缴工作的补充通知》（成文日期：2009年3月17日）、国税函［2009］286号国家税务总局关于2008年度企业所得税纳税申报有关问题的通知（成文日期：2009年5月31日）；废止前文的，如，《国家税务总局关于公布废止的营业税规范性文件目录的通知》（国税发［2009］29号）、《财政部、国家税务总局关于公布若干废止和失效的营业税规范性文件的通知》（财税［2009］61号）。此外，国家税务总局各司（局）（包括法规司、货物劳务税司、所得税司、财产行为税司、国际税务司、大企业管理司、稽查局、纳税服务司、规划核算司、征管科技司等）制定的文件、国家税务总局与各省市税务局制定的税收政策之间，也难免出现冲突或不一致的政策条款。

4. 很多政策以内部文件发布，还有口头解释、网上在线交流（例如国税总局2010年1月28日在线访谈问题摘录，参见附件4）等。如《流转税司关于部分逾期海关完税凭证计算增值税进项税额抵扣问题的函》（流便函［2006］145号）、《关于合并缴纳企业所得税政策执行问题的函》（所便函［2008］027号）、《国家税务总局关于2009年度税收自查有关政策问题的函》（企便函［2009］33号，2009年9月4日）、《国家税务总局稽查局关于开展大型企业集团税收自查工作的通知》（稽便函［2009］35号）、《国家税务总局稽查局关于做好近期税务稽查工作有关事项的通知》（稽便函［2009］37号）、《国家税务总局稽查局关于开展第二批大型企业集团税收自查工作的通知》（稽便函［2009］49号，发文时间：2009年6月4日）等。此外，有的法规程序法与实体法交叉，实际执行中有难度。例如，《国家税务总局关于做好2008年度企业所得税汇算清缴工作的通知》（国税函［2009］55号）“三、有关企业所得税政策和征管问题：对新税法实施以前财政部、国家税务总局发布的企业所得税有关管理性、程序性文件，凡不违背新税法规定原则，在没有制定新的规定前，可以继续参照执行；对新税法实施以前财政部、国家税务总局发布的企业所得税有关的政策性文件，应以新税法以及新税法实施后发布的相关规章、规范性文件为准。”如何区分管理性、程序性文件与政策性文件，执行中确有难度。

综上所述，我国目前的税收体制还不完善，表现在：一是我国现行税法中，应起税收母法作用的税收基本法还没有制定；二是法律、法规不同、内容冲突，效力等级和适用范围不同，前后文之间、不同层级、不同部委的文件之间就可能出现冲突；三是立法的原则性与执法的复杂性之间出现差异：各种税收法律、法规、规章都是根据不同时期，不同领域的实际情况制定的，而经济形势和税收形势的变化都非常快，情况复杂多样，税收立法时设定的经济环境与实际执法环境差异较大；四是这种“补丁上打补丁”的浩繁的税收政策，给征纳双方从业人员带来“刚刚学会了，又说不对了，说是不变了，又来文件了”的苦恼和无奈，从而给征纳双方执行税收政策造成很大的被动。

## 三、本书研究的主要内容及思路方法

为帮助企业经营管理人员特别是财务人员系统了解税法与会计处理的差异，动态掌握国家的税收法规政策，提高经营管理人员的税收事项判断能力，妥善处理日常涉税事项，做好企业所得税汇算清缴工作，防范企业税务风险，我们查阅了大量资料，总结了近年来企业处理涉税问题的经验和教训，形成了这本《企业常见涉税事项税务风险防范策略》。

本书的主要内容：首先，简要概括了我国税收政策特点，分析了企业常见经济事项会计处理与税法处理是否存在差异，若存在差异，则说明差异之处。其次，分析了企业常见经济事项涉税问题，归集梳理了适用的相关主要税收政策，并对比分析了关于同一涉税事项税收政策的变化内容及相关政策的变化趋势，同时指出了内外资企业在某些交易或事项上适用税收政策的差异。第三，对如何运用税收政策进行了探讨，并结合企业实践进行了实证分析。最后，在以上分析基础上，对企业加强税务管理工作提出了建议，使本书的内容趋于完整。

本书在研究思路和方法上，主要是按照资产负债表、利润表各主要报表项目顺序，逐项对企业常见经济事项会计处理、税法处理及其运用的相关主要税收政策进行了归集、梳理和对比，以能否在企业所得税前扣除为主线分析涉税风险，提出加强企业税收管理的建议。

本书重点不在阐述税收与会计处理的理论，而重在对日常经济业务会计处理与税务处理进行对比分析说明，按项目分别指出所运用的税收政策及其适用期间，突出实用性和可操作性。

## 四、本书期望达到的目的

本书旨在帮助从业人员按照会计报表项目顺序，全面了解企业常见经济事项会计与税法处理的差异，同时动态了解、掌握同一税种政策的变化趋势和关于同一涉税事项税收政策的变化内容，准确理解具体税收政策的精神和要义，不断提高税收事项判断能力，妥善处理企业涉税事项，有效防范企业涉税风险和维护企业利益。具体来说包括：

一是帮助财务人员按照会计报表项目顺序，全面掌握企业常见经济事项会计与税法处理的差异，解决会计核算中涉税事项的处理这个难点。同时给予财务人员一种方法上的参考或管理上的思路。

二是帮助财务人员按照会计报表项目顺序，动态了解、系统掌握企业常见经济业务涉及的税收政策及其变化轨迹，正确理解税法具体规定的基本精神，按照实体法从旧的原则，能够在实际工作需要，如接受税务检查时，能很容易地找到政策依据并把握不同期间所适用的不同的税收政策，有利于使用者全面提高工作效能和效率，正确履行纳税义务，有效维护企业合法权益。

三是通过对企业常见经济事项会计与税法处理的比较分析，方便广大财务人员、税务人员对照学习、理解新颁布的《企业所得税法》及《企业所得税法实施条例》（本书下文简称“新所得税法”和“实施条例”）、新的增值税、营业税和消费税条例及其实施细则和新会计准则体系（包括发布的企业会计准则讲解 2008 和企业会计准则解释 1—3 号）。

# 资产负债表项目涉税分析

本章按照现行资产负债表报表列示的主要项目为序，逐项分析各项目涉及的税收政策、常见项目会计处理与税务处理的差异。

## 第一节　主要资产项目税收政策分析及会计与税收差异比较

按照现行资产负债表报表列示的主要资产项目为序，逐项分析货币资金、短期投资、应收票据、应收账款、其他应收款及坏账准备、存货、待摊费用、长期投资、固定资产、无形资产、在建工程、递延资产及长期待摊费用等主要资产项目涉及的税收政策、常见项目会计处理与税务处理的差异。

### 一、货币资金

#### （一）现金短缺事项

1. 内资企业：货币资产损失按国家税务总局13号令《企业财产损失所得税前扣除管理办法》（2005年9月1日生效，以下简称13号令）要求报批才能企业所得税前扣除（以下简称税前扣除），而且当年的损失必须当年报批。

2. 外资企业：根据国税发［2004］80号文《关于取消及下放外商投资企业和外国企业以及外籍个人若干税务行政审批项目的后续管理问题的通知》第十项“取消企业财产损失所得税前扣除审批的后续管理”：根据《关于外商投资企业财产损失所得税前

扣除审批管理的通知》（国税发［2000］46 号）的规定，企业发生的财产损失，经税务机关审查批准后，可以在发生当期计算缴纳企业所得税时扣除。取消上述审批后，企业发生财产损失的，在向主管税务机关报送年度所得税申报表时，应就其财产损失的类型、程度、数量、价格、损失理由、扣除期限等做出书面说明，同时附送企业内部有关部门的财产损失鉴定证明资料等，若涉及由企业外部造成财产损失的，还应附送企业外部有关部门、机构鉴定的财产损失证明资料。

3. 货币资产损失处理：财税［2009］57 号《关于企业资产损失税前扣除政策的通知》规定："二、企业清查出的现金短缺减除责任人赔偿后的余额，作为现金损失在计算应纳税所得额时扣除。三、企业将货币性资金存入法定具有吸收存款职能的机构，因该机构依法破产、清算，或者政府责令停业、关闭等原因，确实不能收回的部分，作为存款损失在计算应纳税所得额时扣除。"

国税发［2009］88 号国家税务总局《企业资产损失税前扣除管理办法》（成文日期：2009 年 5 月 4 日）"第四章　现金等货币资产损失的认定"中第十四条规定："企业清查出的现金短缺扣除责任人赔偿后的余额，确认为现金损失。现金损失确认应提供以下证据：（一）现金保管人确认的现金盘点表（包括倒推至基准日的记录）；（二）现金保管人对于短款的说明及相关核准文件；（三）对责任人由于管理责任造成损失的责任认定及赔偿情况的说明；（四）涉及刑事犯罪的，应提供司法机关的涉案材料。"

第十五条规定："企业将货币性资金存入法定具有吸收存款职能的机构，因该机构依法破产、清算，或者政府责令停业、关闭等原因，确实不能收回的部分，确认为存款损失。存款损失应提供以下相关证据：（一）企业存款的原始凭据；（二）法定具有吸收存款职能的机构破产、清算的法律文件；（三）政府责令停业、关闭文件等外部证据；（四）清算后剩余资产分配的文件。"

### （二）关于货币资金困难问题

《税收征管法》第四十一条规定纳税人货币资金有困难，经报批，可以延期纳税；什么是货币资金困难，国税函［2004］1406 号文对其进行了界定。

国税函［2004］1406 号《国家税务总局关于延期缴纳税款有关问题的通知》：《税收征收管理法实施细则》第四十一条规定，纳税人"当期货币资金在扣除应付职工工资、社会保险费后，不足以缴纳税款的"，经批准可延期缴纳税款。此条规定中的"当期货币资金"是指纳税人申请延期缴纳税款之日的资金余额，其中，不含国家法律和行政法规明确规定企业不可动用的资金；"应付职工工资"是指当期计提数。符合上述条件的单位可申请延期纳税。

## 二、短期投资

2006 年新会计准则体系（以下简称新会计准则），对投资重新进行了分类。

**（一）对外投资**

短期投资常见为货币资金对外投资，投资环节一般涉及印花税。

**（二）持有投资**

1. 持有债券投资。由于我国公司债券较少，故主要涉及国债投资。

依据国税［1995］78 号、财税［2002］48 号文件：自 2001 年 7 月 1 日起，国库券实行净价交易，交割单分为两部分：应计利息和国债价格差额（相当于资本利得），其中国债利息免税，但差价收入不免税，即区分一级市场买进和二级市场买进：一级市场买进二级市场卖出免税，二级市场买进二级市场卖出征税，二级市场买进持至到期免税。

新所得税法：《实施条例》第八十二条　企业所得税法第二十六条第（一）项所称国债利息收入，是指企业持有国务院财政部门发行的国债取得的利息收入。

2. 持有股票投资。例 1－1，某企业 2008 年 11 月购入某上市公司股票，持有至 2009 年 12 月，2009 年 6 月份上市公司分派股利，分得股利 30 万元，此时的会计处理是借银行存款 30 万元，贷短期投资 30 万元，只冲减成本而不确认收益；税法上却必须确认收益，还原成税前所得填申报表（附表 3 等），但一般不需缴税，因为上市公司分回的是税后收益。

**（三）投资损失**

原所得税法：内资企业：国家税务总局 13 号令，当年扣除投资损失不能高于当年投资收益。外资企业：直接税前扣除。

新所得税法：财税［2009］57 号《关于企业资产损失税前扣除政策的通知》规定："六、企业的股权投资符合下列条件之一的，减除可收回金额后确认的无法收回的股权投资，可以作为股权投资损失在计算应纳税所得额时扣除：（一）被投资方依法宣告破产、关闭、解散、被撤销，或者被依法注销、吊销营业执照的；（二）被投资方财务状况严重恶化，累计发生巨额亏损，已连续停止经营 3 年以上，且无重新恢复经营改组计划的；（三）对被投资方不具有控制权，投资期限届满或者投资期限已超过 10 年，且被投资单位因连续 3 年经营亏损导致资不抵债的；（四）被投资方财务状况严重恶化，累计发生巨额亏损，已完成清算或清算期超过 3 年以上的；（五）国务院财政、税务主管部门规定的其他条件。"

根据国税发［2009］88 号国家税务总局《企业资产损失税前扣除管理办法》（成文日期：2009 年 5 月 4 日）第六章　投资损失的认定：

"第三十三条　企业投资损失包括债权性投资损失和股权（权益）性投资损失。

第三十四条　下列各类符合坏账损失条件的债权投资，依据下列相关证据认定损失：（一）至（十五）（略）。"

"第三十七条　企业符合条件的股权（权益）性投资损失，应依据下列相关证据认定损失：（一）企业法定代表人、主要负责人和财务负责人签章证实有关投资损失的书面声明；（二）有关被投资方破产公告、破产清偿文件；工商部门注销、吊销文件；政府有关部门的行政决定文件；终止经营、停止交易的法律或其他证明文件；（三）有关资产的成本和价值回收情况说明；（四）被投资方清算剩余资产分配情况的证明。

第三十八条　企业的股权（权益）投资当有确凿证据表明已形成资产损失时，应扣除责任人和保险赔款、变价收入或可收回金额后，再确认发生的资产损失。可收回金额一律暂定为账面余额的5%。

第四十二条　下列股权和债权不得确认为在企业所得税前扣除的损失：（一）债务人或者担保人有经济偿还能力，不论何种原因，未按期偿还的企业债权；（二）违反法律、法规的规定，以各种形式、借口逃废或者悬空的企业债权；（三）行政干预逃废或者悬空的企业债权；（四）企业未向债务人和担保人追偿的债权；（五）企业发生非经营活动的债权；（六）国家规定可以从事贷款业务以外的企业因资金直接拆借而发生的损失；（七）其他不应当核销的企业债权和股权。”

#### （四）转让投资

1. 收益处理：会计上列投资收益，税法并入应纳税所得额。

2. 收益计算：收益 = 转让价格 - 投资成本

会计上：投资成本为投资账面价值。

税法上：投资成本为投资税务成本。

当某项短期投资计提了减值准备时，二者不相等，产生差异。

## 三、应收票据

1. 按会计制度，应收票据收不回来时，转到“应收账款”中。

2. 会计处理正确，一般不存在税务调整事项，但需注意带息票据对上市公司的影响。例如，某公司持有的应付带息票据跨6月30日、12月31日时，应收利息相当于向对方借款，会计上计提利息时，借记应收票据，贷记财务费用。

从税法看，有两个问题：交不交营业税？是否交所得税？（已并入应纳税所得额）

按照所得税法，计提利息的实质是企业间借款（参见利润表项目“财务费用——企业间借款”），所以，计提的利息部分应缴5.5%的营业税及附加。

## 四、应收账款、其他应收款及坏账准备

#### （一）坏账损失政策及变化

1. 会计和税法对坏账准备的原则性规定。会计上规定，采用备抵法（销货百分比、应收账款余额百分比、账龄分析法）。企业会计制度处理，借记“管理费用”，贷记

"坏账准备"；新会计准则规定，企业计提坏账准备时，借记"资产减值损失"，贷记"坏账准备"。

税法上规定区分内、外资企业处理。

内资企业：

《企业所得税税前扣除办法》（国税发［2000］84 号）规定，纳税人发生的坏账损失，原则上应按实际发生额据实扣除，经报税务机关批准，也可以提取坏账准备金。

根据国税发［2004］82 号文《国家税务总局关于做好已取消和下放管理的企业所得税审批项目后续管理工作的通知》：取消该审批事项后，主管税务机关应着重从以下方面加强管理工作：要求纳税人在年度纳税申报时说明坏账、呆账损失采取直接核销法还是备抵法。主管税务机关应着重审核纳税人申报扣除的已计提准备金的合理性和真实性。重点是纳税人申报扣除的准备金数额，是否按照规定执行，其计算基数和比例有无超出规定的范围。

该文生效（2004 年 7 月 1 日）前，只有实际发生的坏账损失才能转销；2004 年 7 月 1 日后，按 5‰的比例计提的坏账损失，可以税前扣除，不需报批。

外资企业：

根据原税法实施细则第二十五条的规定，企业实际发生应收账款坏账损失的，须经当地税务机关审核认可。

国税发［2004］80 号文：取消上述审核认可后，对企业的应收账款，凡符合税法实施细则第二十六条规定条件的，可以作为企业的坏账损失，在计算企业应纳税所得额时给予扣除。企业在报送季度或年度企业所得税申报表时，应就当期扣除的坏账损失的原因做出附加说明并提供有效的证明资料。凡已扣除的坏账损失不符合规定条件，以及无法提供证明资料的，应做出纳税调整。

新所得税法原则性规定：

《实施条例》第五十五条　企业所得税法第十条第（七）项所称未经核定的准备金支出，是指不符合国务院财政、税务主管部门规定的各项资产减值准备、风险准备等准备金支出。

2008 年 1 月 1 日以前计提的各类准备金余额处理问题：

国税函［2009］202 号《关于企业所得税执行中若干税务处理问题的通知》（成文日期：2009 年 4 月 21 日）：2008 年 1 月 1 日以前计提的各类准备金余额处理问题。根据《实施条例》第五十五条规定，除财政部和国家税务总局核准计提的准备金可以税前扣除外，其他行业、企业计提的各项资产减值准备、风险准备等准备金均不得税前扣除。2008 年 1 月 1 日前按照原企业所得税法规定计提的各类准备金，2008 年 1 月 1 日以后，未经财政部和国家税务总局核准的，企业以后年度实际发生的相应损失，应先冲减各项准备金余额。

财税［2009］33 号《关于证券行业准备金支出企业所得税税前扣除有关问题的通知》（2009 年 4 月 9 日）规定，自 2008 年 1 月 1 日起至 2010 年 12 月 31 日止，证券行业按照以下规定提取的证券类准备金和期货类准备金，可以税前扣除。

财税［2009］48号《关于保险公司准备金支出企业所得税税前扣除有关问题的通知》（2009年4月17日）规定，自2008年1月1日至2010年12月31日止，保险公司按照以下规定缴纳或提取的保险保障基金、未到期责任准备金、寿险责任准备金、长期健康险责任准备金、未决赔款准备金等，准予税前扣除。

财税［2009］62号《财政部国家税务总局关于中小企业信用担保机构有关准备金税前扣除问题的通知》规定，自2008年1月1日起至2010年12月31日止，中小企业信用担保机构按照以下规定提取的担保赔偿准备、未到期责任准备，准予税前扣除。

财税［2009］64号《关于金融企业贷款损失准备金企业所得税税前扣除有关问题的通知》（2009年4月30日）规定，自2008年1月1日起至2010年12月31日止，政策性银行、商业银行、财务公司和城乡信用社等国家允许从事贷款业务的金融企业按照以下规定提取的贷款损失准备，准予税前扣除。

财税［2009］99号《财政部国家税务总局关于金融企业涉农贷款和中小企业贷款损失准备金税前扣除政策的通知》规定，自2008年1月1日起至2010年12月31日止，金融企业按照以下规定提取的贷款损失专项准备金，准予税前扣除。

财税［2009］110号《财政部国家税务总局关于保险公司提取农业巨灾风险准备金企业所得税税前扣除问题的通知》规定，自2008年1月1日起至2010年12月31日止，保险公司按照以下规定计提的巨灾风险准备金，准予税前扣除。

关注递延所得税费用的处理：

根据财税［2009］57号《关于企业资产损失税前扣除政策的通知》："四、企业除贷款类债权外的应收、预付账款符合下列条件之一的，减除可收回金额后确认的无法收回的应收、预付款项，可以作为坏账损失在计算应纳税所得额时扣除：（一）债务人依法宣告破产、关闭、解散、被撤销，或者被依法注销、吊销营业执照，其清算财产不足清偿的；（二）债务人死亡，或者依法被宣告失踪、死亡，其财产或者遗产不足清偿的；（三）债务人逾期3年以上未清偿，且有确凿证据证明已无力清偿债务的；（四）与债务人达成债务重组协议或法院批准破产重整计划后，无法追偿的；（五）因自然灾害、战争等不可抗力导致无法收回的；（六）国务院财政、税务主管部门规定的其他条件。"

2. 坏账条件。外资企业，《中华人民共和国外商投资企业和外国企业所得税法实施细则》规定的坏账损失，是指下列应收款项：（一）因债务人破产，在以其破产财产清偿后，仍然不能收回的；（二）因债务人死亡，在以其遗产偿还后，仍然不能收回的；（三）因债务人逾期未履行偿债义务，已超过两年，仍然不能收回的。

内资企业，坏账条件的规定在不断变化：

国税发［2000］84号文规定：6种坏账条件，纳税人符合下列条件之一的应收账款，应作为坏账处理：债务人被依法宣告破产、撤销，其剩余财产确实不足清偿的应收账款；债务人死亡或依法被宣告死亡、失踪，其财产或遗产确实不足清偿的应收账款；债务人遭受重大自然灾害或意外事故，损失巨大，以其财产（包括保险赔款等）确实无法清偿的应收账款；债务人逾期未履行偿债义务，经法院裁决，确实无法清偿的应收账款；逾期3年以上仍未收回的应收账款；经国家税务总局批准核销的应收账款。

13号令规定：4个坏账条件：债务人被依法宣告破产、撤销（包括被政府责令关闭）、吊销工商营业执照、死亡、失踪，其剩余财产或遗产确实不足清偿；债务人逾期3年以上未清偿且有确凿证明表明已无力清偿债务；符合条件的债务重组形成的坏账；因自然灾害、战争及国际政治事件等不可抗力因素影响，确实无法收回的应收款项。

政策变化：根据2003年国家税务总局6号令，债务重组损失不需要报批，2005年9月1日13号令生效后债务重组损失需报批。

根据国税发［2009］88号国家税务总局《企业资产损失税前扣除管理办法》"第四章　现金等货币资产损失的认定"："第十六条　企业应收、预付账款发生符合坏账损失条件的，申请坏账损失税前扣除，应提供下列相关依据：（一）法院的破产公告和破产清算的清偿文件；（二）法院的败诉判决书、裁决书，或者胜诉但被法院裁定终（中）止执行的法律文书；（三）工商部门的注销、吊销证明；（四）政府部门有关撤销、责令关闭的行政决定文件；（五）公安等有关部门的死亡、失踪证明；（六）逾期3年以上及已无力清偿债务的确凿证明；（七）与债务人的债务重组协议及其相关证明；（八）其他相关证明。""第十七条　逾期不能收回的应收款项中，单笔数额较小、不足以弥补清收成本的，由企业作出专项说明，对确实不能收回的部分，认定为损失。""第十八条　逾期3年以上的应收款项，企业有依法催收磋商记录，确认债务人已资不抵债、连续3年亏损或连续停止经营3年以上的，并能认定3年内没有任何业务往来，可以认定为损失。"

3. 关联方业务往来款坏账损失。国税发［2000］84号文：关联方之间往来账款也不得确认为坏账。

国税函［2000］945号文：为了防止关联企业间转移利润，逃避税收，根据国家税务总局《企业所得税税前扣除管理办法》第四十八条规定，关联企业之间的往来账款不得确认为坏账。考虑到实际经济活动中，关联企业之间存在大量的正常交易，为了实事求是地解决问题，总局意见：关联企业之间的应收账款，经法院判决负债方破产，破产企业的财产不足以清偿的负债部分，经税务机关审核后，应允许债权方企业作为坏账损失在税前扣除。

13号令：与关联方的往来账款必须有法院判决或所在地主管税务机关证明。

4. 企业间拆借资金损失。国税函［2000］579号文：企业间拆借资金属非购销资金往来，须报经国务院批准后，其损失才能税前扣除。

对策：委托金融机构贷款——以支付手续费为代价，有损失时就可以税前扣除了。

### （二）对计提坏账准备的应收款项范围的界定

国税发［2000］84号文：计提坏账准备的年末应收账款是纳税人因销售商品、产品或提供劳务等原因，应向购货客户或接受劳务的客户收取的款项，包括代垫的运杂费。年末应收账款包括应收票据的金额。非购销合同应收款项（即其他应收款）不允许计提坏账准备。纳税人发生非购销活动的应收债权以及关联方之间的任何往来账款，不得提取坏账准备金。

国税发［2003］45 号文：为简化起见，依据《企业会计制度》；按 45 号文件，应收账款和其他应收款都应提坏账准备，同时，关联方往来款也可以计提坏账准备。

国税发［2006］56 号文：计提坏账准备的范围为因生产、经营业务而形成的应收账款和其他应收款余额。

**（三）应收工程质保金的折现**

应收质保金折现开始的时点：在业主第一笔截留款的时点。

折现利率：应收政府部门或国有投资单位质保金采用 1 年期银行存款利率，对于非政府部门或国有投资单位合同款项，需要结合业主实际信用风险情况判断折现率。

折现的会计处理：质保金折现由营业收入的公允价值确认引起，因此，应收质保金折现额应调整对应的营业收入，折现后续计量转回时应分别确认利息收入或支出。

质保金折现的递延所得税计提：财税［2007］80 号文有关金融资产折现所得税有关问题，质保金折现应全额纳税调整，需以质保金折现额全额计提递延所得税资产并详细登记因质保金折现引起的递延所得税资产的计提和转回。

## 五、存货

存货业务较多，按企业取得、持有、发出存货环节归纳如下：

**（一）取得存货**

1. 无发票取得存货业务。在会计处理上，根据客观性、真实性原则，可以凭收据作账；在税法上，并不是所有的白条支出都应调整应纳税所得额，只有这种白条对本年利润有影响时才调增应纳税所得额。

2. 料到单未到且料已用于生产并结转入了成本的业务。会计上：作暂估入库处理。借记“库存材料”，贷记“应付账款”。

税法上：这部分已使用的材料能否税前扣除？目前国家税务总局无明确规定，各地税务机关具体掌握，有两类：一是视同“白条”支出，全部不允许所得税前扣除；二是看申报前发票到了没有：在申报期内，发票到了，一般允许扣除。

3. 存货成本确定、非货币性交易和债务重组取得存货。

（1）存货成本确定。新所得税法：《实施条例》第七十二条：企业所得税法第十五条所称存货，是指企业持有以备出售的产品或者商品、处在生产过程中的在产品、在生产或者提供劳务过程中耗用的材料和物料等。

存货按照以下方法确定成本：①通过支付现金方式取得的存货，以购买价款和支付的相关税费为成本；②通过支付现金以外的方式取得的存货，以该存货的公允价值和支付的相关税费为成本；③生产性生物资产收获的农产品，以产出或者采收过程中发生的材料费、人工费和分摊的间接费用等必要支出为成本。

(2) 非货币性交易和债务重组取得存货。以物易物，会计上：按非货币性交易处理，新会计准则有变化。

税法：视同销售，要求双方要开发票。

例1-2，某企业A产品账上成本80万元，市场公允价值117万元（100万元材料款，17万元增值税款），现在要买材料，采取用这种产品换材料的方法，不涉及补价。

在进行会计处理时，只按账面价值80万元结转成本，账务处理为：

借：原材料　800000

　　应交税金——应交增值税（进项税额）　170000

　　贷：库存商品——产成品　800000

　　　　应交税金——应交增值税（销项税额）　170000

此时，会计成本不等于税务成本。

在进行税务处理时，税务成本应根据发票按100万元计（因为100万元是其公允价值，为发票上所列金额）。若没开发票，则税务成本认定为0。

在做纳税调整时：若开了发票，应调减应纳税所得额20万元；若没开发票，全部调增应纳税所得额。

4. 纳税人善意取得虚开增值税专用发票已抵扣税款加收滞纳金问题。国税发［2000］187号《关于纳税人善意取得虚开的增值税专用发票处理问题的通知》：纳税人善意取得虚开的增值税专用发票指购货方与销售方存在真实交易，且购货方不知取得的增值税专用发票是以非法手段获得的。

国税函［2007］1240号《关于纳税人善意取得虚开增值税专用发票已抵扣税款加收滞纳金问题的批复》（2007年12月12日）：纳税人善意取得虚开的增值税专用发票，如能重新取得合法、有效的专用发票，准许其抵扣进项税款；如不能重新取得合法、有效的专用发票，不准其抵扣进项税款或追缴其已抵扣的进项税款。纳税人善意取得虚开的增值税专用发票被依法追缴已抵扣税款的，不属于税收征收管理法第三十二条“纳税人未按照规定期限缴纳税款”的情形，不适用该条“税务机关除责令限期缴纳外，从滞纳税款之日起，按日加收滞纳税款万分之五的滞纳金”的规定。

**（二）持有存货损失及税务处理**

按企业会计制度，存货减值借记“管理费用”，贷记“存货跌价准备”，按国税发［2003］45号文，除坏账准备有条件有限额允许税前扣除，其他七项准备不允许在税前扣除。新企业会计准则下，借记“资产减值损失”，贷记“存货跌价准备”。

国税总局13号令：不需要报批：定额内损耗，销售、转让、变卖存货的损失。需要报批的：其他因素造成的损失。笔者认为，如何区分定额内损耗和超定额损耗，目前国家没有权威的指标。

根据财税［2009］57号《关于企业资产损失税前扣除政策的通知》：“七、对企业盘亏的固定资产或存货，以该固定资产的账面净值或存货的成本减除责任人赔偿后的余额，作为固定资产或存货盘亏损失在计算应纳税所得额时扣除。八、对企业毁损、报废的固定资产或存货，以该固定资产的账面净值或存货的成本减除残值、保险赔款和责任人赔偿后的余额，作为固定资产或存货毁损、报废损失在计算应纳税所得额时扣除。九、对企业被盗的固定资产或存货，以该固定资产的账面净值或存货的成本减除保险赔款和责任人赔偿后的余额，作为固定资产或存货被盗损失在计算应纳税所得额时扣除。十、企业因存货盘亏、毁损、报废、被盗等原因不得从增值税销项税额中抵扣的进项税额，可以与存货损失一起在计算应纳税所得额时扣除。”

根据国税发［2009］88 号国家税务总局《企业资产损失税前扣除管理办法》（成文日期：2009 年 5 月 4 日）“第五章　非货币资产损失的认定：第二十条　存货盘亏损失，其盘亏金额扣除责任人赔偿后的余额部分，依据下列证据认定损失：（一）存货盘点表；（二）存货保管人对于盘亏的情况说明；（三）盘亏存货的价值确定依据（包括相关入库手续、相同相近存货采购发票价格或其他确定依据）；（四）企业内部有关责任认定、责任人赔偿说明和内部核批文件。

第二十一条　存货报废、毁损和变质损失，其账面价值扣除残值及保险赔偿或责任赔偿后的余额部分，依据下列相关证据认定损失：（一）单项或批量金额较小（占企业同类存货 10% 以下、或减少当年应纳税所得、增加亏损 10% 以下、或 10 万元以下。下同）的存货，由企业内部有关技术部门出具技术鉴定证明；（二）单项或批量金额超过上述规定标准的较大存货，应取得专业技术鉴定部门的鉴定报告或者具有法定资质中介机构出具的经济鉴定证明；（三）涉及保险索赔的，应当有保险公司理赔情况说明；（四）企业内部关于存货报废、毁损、变质情况说明及审批文件；（五）残值情况说明；（六）企业内部有关责任认定、责任赔偿说明和内部核批文件。

第二十二条　存货被盗损失，其账面价值扣除保险理赔以及责任赔偿后的余额部分，依据下列证据认定损失：（一）向公安机关的报案记录，公安机关立案、破案和结案的证明材料；（二）涉及责任人的责任认定及赔偿情况说明；（三）涉及保险索赔的，应当有保险公司理赔情况说明。”

**（三）发出存货**

会计上：发出存货计价方法有多种，但可以改变计价方法的情况只有两种，即国家政策发生变化和改变后会计信息更真实、更完整。

税收上：国税发［2004］82 号文：纳税人改变了成本计算方法、间接成本分配方法、存货计价方法的，税务机关取消审批，改为事后检查和加强管理。

新所得税法《实施条例》第七十三条：企业使用或者销售的存货的成本计算方法，可以在先进先出法、加权平均法、个别计价法中选用一种。计价方法一经选用，不得随意变更。

对存货在生产企业和物流库间移送问题，《增值税暂行条例实施细则》第四条：“设有两个以上机构并实行统一核算的纳税人，将货物从一个机构移送其他机构用于销售的，应视同销售处理”。生产企业将产品移送到在异地的仓库（总分支机构分属两个主管税务机关）是否视同销售？税务局的人往往认为，不论会计怎样核算，总分支机构不在同一个地区，要视同销售缴纳增值税。而前述第四条强调移送目的是“用于销售”，移送时才视同销售。企业一般可应按调拨价开具发票，如果没有增值，则不需缴纳增值税（不会增加税负）。

### （四）其他需关注事项

1. 国税函［2002］1103号文，存货评估减值，存货的进项税额不转出（不是损失），可以抵扣。

2. 国税函［2005］763号文，账外收入，按全部收入缴纳17%增值税，不允许抵扣进项税额；成本能否所得税前扣除目前无明确文件，但可以争取用配比原则。

3. 缴纳增值税企业需关注财税［2005］165号《财政部 国家税务总局关于增值税若干政策的通知》：增值税政策的“重要补丁”，特别对代销纳税义务（代销清单——收到货款——180天）、运费抵扣（扩大到整个生产过程正规运输发票，但企业委托国际运输公司的运费支出不能抵扣进项税额，因为国际运输公司运费收入未交营业税）、特殊价外费用项目（三个条件）、公用事业混合销售行为（销售数量与管道铺装）等做出了规定。

4. 增值税不同纳税人间转换问题：根据财税［1998］113号文、国税函［2000］584号文规定，当小规模纳税人转为一般纳税人时，认定前所有未完的商品的进项税额不允许抵扣；当一般纳税人转为小规模纳税人时，若进项税已抵完，则按4%、6%的税率交税，若进项税未抵完，未抵完额计入主营业务成本。

5. 国税函［2009］585号《国家税务总局关于纳税人资产重组有关增值税政策问题的批复》（成文日期：2009年10月21日）：“一、纳税人在资产重组过程中将所属资产、负债及相关权利和义务转让给控股公司，但保留上市公司资格的行为，不属于《国家税务总局关于转让企业全部产权不征收增值税问题的批复》（国税函［2002］420号）规定的整体转让企业产权行为。对其资产重组过程中涉及的应税货物转让等行为，应照章征收增值税。二、上述控股公司将受让获得的实物资产再投资给其他公司的行为，应照章征收增值税。三、纳税人在资产重组过程中所涉及的固定资产征收增值税问题，应按照《财政部 国家税务总局关于全国实施增值税转型改革若干问题的通知》（财税［2008］170号）、《财政部 国家税务总局关于部分货物适用增值税低税率和简易办法征收增值税政策的通知》（财税［2009］9号）及相关规定执行。”

## 六、待摊费用

新会计准则：未设“待摊费用”科目，调账时，应对待摊费用的内容和性质进行分析，分别在“预付账款”和“预收账款”项目列报。

1. 发生的费用有无正规发票是税务局查账的关注点，特别注意跨年度摊销问题。

2. 租赁费发票事项。租赁办公大楼、厂房和仓库等租赁业务属于服务业，但一般应到当地税务机关代开统一“租赁业发票”，部分省市没有租赁业专用发票，开具服务业发票。

文件依据：国税发［1997］191号《关于企业所得税若干业务问题的通知》七、关于一次性收取或支付租赁费的处理：纳税人超过1年以上租赁期，一次收取的租赁费，出租方应按合同约定的租赁期分期计算收入，承租方应相应分期摊销租赁费。

## 七、长期投资

新企业会计准则：该内容新旧会计准则变化较大。涉及《CAS22——金融工具确认和计量》（交易性金融资产、持有到期投资、可供出售金融资产）、《CAS 2——长期股权投资》。

新所得税法《实施条例》第七十一条：企业所得税法第十四条所称投资资产，是指企业对外进行权益性投资和债权性投资形成的资产。企业在转让或者处置投资资产时，投资资产的成本，准予扣除。投资资产按照以下方法确定成本：（一）通过支付现金方式取得的投资资产，以购买价款为成本；（二）通过支付现金以外的方式取得的投资资产，以该资产的公允价值和支付的相关税费为成本。

下面分析按会计制度核算的长期投资业务：

1. 长期债权投资、其他长期投资业务很少，如会计处理正确规范，一般不存在纳税事项调整。

2. 长期股权投资。会计处理上：成本法和权益法。

内、外资企业在税法上：对长期投资收益确认与成本法原则基本一致，所以，成本法核算长期股权投资一般没有纳税调整事项。

3. 权益法核算长期股权投资。

（1）对外投资时。①货币资金对外投资：投资环节涉及印花税。②非货币性实物对外投资：会计上：按非货币性交易处理。税法上：国税发［2000］118号文《关于企业股权投资业务若干所得税问题的通知》：应该视同销售缴纳流转税，若有所得，还应并入应纳税所得额。“企业以经营活动的部分非货币性资产对外投资，包括股份公司的法人股东以其经营活动的部分非货币性资产向股份公司配购股票，应在投资交易发生时，将其分解为按公允价值销售有关非货币性资产和投资两项经济业务进行所得税处理，并按规定计算确认资产转让所得或损失。”

新所得税法《实施条例》第七十一条：“企业所得税法第十四条所称投资资产，是指企业对外进行权益性投资和债权性投资形成的资产。企业在转让或者处置投资资产时，投资资产的成本，准予扣除。投资资产按照以下方法确定成本：（一）通过支付现金方式取得的投资资产，以购买价款为成本；（二）通过支付现金以外的方式取得的投资资产，以该资产的公允价值和支付的相关税费为成本。”

①用存货对外投资：视同销售，缴纳增值税，有所得时，缴纳企业所得税；但对增值部分如何调表缴税，内、外资企业有差异：

对内资企业，国税发［2004］82号文：要看增值额占企业除此项外的全年应纳税所得额的比例。若该比例小于50%，应全额并入当年应纳税所得额，当年缴税；若该比例大于50%，可以在5年内平均分摊，分期并入当年应纳税所得额缴纳企业所得税。

对外资企业，国税发［2003］127号：在5年内调整，平均每年按增值额的1/5并入当年应纳税所得额缴纳企业所得税。

②用不动产和土地使用权对外投资：

根据财税［2002］191号文，企业以不动产、无形资产、土地使用权对外投资，不征收营业税；

根据财税［1995］48号文，免征土地增值税；

对转让所得，根据国税发［2000］118号，缴纳企业所得税。

③用使用过的固定资产（动产）如机器设备、运输车辆对外投资：

根据财税［2002］29号文《关于旧货和旧机动车增值税政策的通知》，不超过原值，免征增值税；超过原值，一律按4%征收率减半征收增值税，不得抵扣进项税额；若有转让所得，并入应纳税所得额缴纳企业所得税，调整方法同上。

因固定资产直线法折旧未考虑技术进步和更新因素，所以账面价值应高于实际价值，一般不会超过原值。

注意：即使免税，也需要开发票。因为：

免税——税收管理政策；在增值税申报表“免税所得”栏目填列；

发票——执行发票管理办法。

（2）股权投资差额。购买公司股权方式会计处理：长期股权投资：

①若是顺差：

例1-3，某企业支付600万元，购买A公司40%股权，A公司净资产1000万元。

购入时：

借：长期投资——A公司——长期股权投资　　4000000

　　长期投资——A公司——长期股权投资差额

　　　　2000000（实质上为外购商誉）

　　贷：银行存款　　6000000

分期摊销时：

借：投资收益

　　贷：长期投资——长期股权投资差额

税法上：根据《企业所得税暂行条例实施细则》及国税发［2000］84号文，摊销的这部分不允许所得税前扣除，应调整纳税申报表。

②若是贷差：

会计上：作资本公积。

税法上：目前没有明确规定，根据税法基本精神理解应不交税。

新企业会计准则的处理：

——同一控制下的企业合并取得的股权投资的初始成本，以取得被合并方所有者权益账面价值的份额作为长期股权投资的初始投资成本。长期股权投资初始投资成本与支付的现金、转让的非现金资产以及所承担债务账面价值之间的差额，应当调整资本公积，资本公积不足冲减的，调整留存收益。

例 1－4，2007 年 1 月 1 日，甲公司以一处房产和一件旧设备向乙公司投资（属于同一控制下），占乙公司 60% 的股权，投资时乙公司所有者权益的账面价值为 14000 万元。投资时甲公司资本公积为 500 万元，盈余公积为 200 万元。该房产的账面原价为 8000 万元，已计提累计折旧 500 万元，已计提固定资产减值准备 200 万元，公允价值为 7600 万元。旧设备的原值 220 万元，已提折旧 20 万元，公允价值 200 万元。则甲公司的会计处理：

借：固定资产清理　　75000000（73000000＋2000000）
　　累计折旧　　5200000（5000000＋200000）
　　固定资产减值准备　　2000000
　　贷：固定资产　　82200000（80000000＋2200000）
借：长期股权投资　　84000000（140000000×60%）
　　贷：固定资产清理　　75000000
　　　　资本公积　　9000000

会计上房产账面净值＝8000－500－200＝7300（万元），公允价值 7600 万元，增值 300 万元，旧设备未增值。

税务处理：

——营业税

——增值税

——所得税纳税调整：以上会计处理未涉及损益类科目，对于固定资产减值准备，税法不认可。因此，税法认可两项资产处置所得＝7600－（7300＋200）＋（200－200）＝100（万元），纳税申报时该笔业务应调增应纳税所得额 100 万元。

长期股权投资计税基础以公允价值计量：7600＋200＝7800（万元）。

——非同一控制下的企业合并的初始成本为付出的资产的公允价值。账面价值与公允价值之间的差额计入当期损益，反映在营业外收支中。

例 1－5，甲公司 2007 年 4 月 1 日与乙公司原投资者 A 公司签订协议，甲乙公司不属于同一控制。甲公司以自产产品和承担 A 公司的短期还贷款义务换取 A 持有的乙公司股权，甲公司投出存货的公允价值为 500 万元，增值税为 85 万元，账面成本为 400 万元。承担归还贷款义务为 200 万元。甲公司的会计处理：

新准则对于库存商品的视同销售，都要按《企业会计准则第 14 号——收入》的要求，结转收入和成本。

借：长期股权投资　　7850000（5000000＋850000＋2000000）
　　贷：短期借款　　2000000
　　　　主营业务收入　　5000000
　　　　应交税费——应交增值税（销项税）　　850000
借：主营业务成本　　4000000

贷：库存商品　　4000000

所得税调整：非同一控制下的企业合并，以存货投资，如果未计提跌价准备，没有差异。

如果甲公司和乙公司属于同一控制，投资时乙公司的所有者权益为1000万元，占70%。甲公司资本公积为100万元。甲公司的会计处理：

借：长期股权投资　　7000000（10000000×70%）

资本公积　　850000

贷：短期借款　　2000000

主营业务收入　　5000000

应交税费——应交增值税（销项税）　　850000

借：主营业务成本　　4000000

贷：库存商品　　4000000

注意：权益法核算下的初始投资成本需要调整，这就会产生投资成本差异。调整方法：比较投资成本与投资时占被投资单位可辨认净资产公允价值的份额。

（1）初始投资成本大于份额：不按份额调整投资成本；税收与会计确认金额相同。

（2）初始投资成本小于份额：按份额调整投资成本，差额计入当期损益；税收与会计确认金额不同，计税基础不调整。

例1-6，A公司以2000万元取得B公司30%的股权，取得投资时B单位可辨认净资产的公允价值为6000万元。则A公司应进行的会计处理为：

借：长期股权投资　　20000000

贷：银行存款等　　20000000

如投资时，B单位可辨认净资产的公允价值为7000万元，则A公司应进行的处理为：

借：长期股权投资　　21000000

贷：银行存款　　20000000

营业外收入　　1000000

（3）被投资方发生损益。

①被投资方亏损。国税发［2000］118号文件，被投资企业发生的经营亏损，由被投资企业按规定结转弥补；投资方企业不得调整减低其投资成本，也不得确认投资损失。

例1-7，企业持有被投资企业40%股权，被投资企业当年发生亏损1000万元。

会计上：

借：投资损益　　4000000

贷：长期股权投资——损益调整　　4000000

税法上：400万元的亏损要调增申报表的应纳税所得额，不允许扣除。根据国税发［2000］118号文：被投资企业亏损由被投资方承担。

②被投资方盈利。

例 1－8，甲企业持有 A 公司 40% 股权，报表反映当年利润 2400 万元，税率 33%，A 公司在沿海开发区内，税率为 15%，2 月 28 日前公布业绩，税后利润 1000 万元。

年底结账前，知道被投资企业业绩，投资方要作账务处理。

投资方会计处理：

借：长期股权投资——A 公司——损益调整　　4000000

　　贷：投资损益　　4000000

当年甲企业不存在补缴税，按［2400 万元－400 万元］×适用税率（33%）计缴。

税法：根据国税发［2001］118 号、财税［1995］81 号、财税［1997］22 号规定，如存在地区税率差异则补税，如不存在地区税率差异则不补税。如果存在地区税率差异，如何补税呢？

——什么时间补税？

有三个时点，①当年的 12 月 31 日。②第 2 年 5 月董事会决定利润分配方案，并宣布分派股利日。③实际分回股利日。哪个时点是纳税义务发生时间呢？

国税发［2000］118 号文件，“除另有规定者外，不论企业会计账务中对投资采取何种方法核算，被投资企业会计账务上实际做利润分配处理（包括以盈余公积和未分配利润转增资本）时，投资方企业应确认投资所得的实现。”

新所得税法：《实施条例》第十七条　企业所得税法第六条第（四）项所称股息、红利等权益性投资收益，是指企业因权益性投资从被投资方取得的收入。股息、红利等权益性投资收益，除国务院财政、税务主管部门另有规定外，按照被投资方作出利润分配决定的日期确认收入的实现。

——如何补税：补税业务申报表按抵免法填写。

——哪些情况下需要补税？

根据对国税发［2000］118 号、财税［1997］22 号、财税［2006］88 号、财税字［1994］第 001 号、国税发［1994］229 号等文件的综合理解，特别是《国家税务总局关于企业股权投资业务若干所得税问题的通知》（国税发［2000］118 号）中“企业的股权投资所得是指企业通过股权投资从被投资企业所得税后累计未分配利润和累计盈余公积金中分配取得股息性质的投资收益。凡投资方企业适用的所得税税率高于被投资企业适用的所得税税率的，除国家税收法规规定的定期减税、免税优惠以外，其取得的投资所得应按规定还原为税前收益后，并入投资企业的应纳税所得额，依法补缴企业所得税。”我们认为需补税的情形：

对外资企业，经济特区、52 个经济开发区企业执行 15% 税率的；设在沿海沿江开发区企业执行 24% 税率的。

不需补税的情形：对设在国家级高新技术开发区内企业执行 15% 税率的；设在西部大开发、天津滨海开发区的企业，执行优惠税率的；应纳税所得额小于 10 万元的企业，执行 27% 或 18% 优惠税率的；企业所得税执行核定征收的企业。但在实际工作中，税务人员往往有不同的理解，并执行有利于收税的补税政策。

新所得税法：

新所得税法第二十六条规定，符合条件的居民企业之间的股息、红利等权益性投资收益为免税收入。《实施条例》第八十三条：企业所得税法第二十六条第（二）项所称符合条件的居民企业之间的股息、红利等权益性投资收益，是指居民企业直接投资于其他居民企业取得的投资收益。企业所得税法第二十六条第（二）项和第（三）项所称股息、红利等权益性投资收益，不包括连续持有居民企业公开发行并上市流通的股票不足12个月取得的投资收益。

财政部有关负责人解释，对居民企业之间的股息、红利收入免征企业所得税，是对股息、红利所得消除双重征税的做法。根据老税法规定，内资企业如从低税率的企业取得股息、红利收入要补税率差。实施新税法后，为更好地体现税收政策优惠意图，使西部大开发有关企业、高新技术企业、小型微利企业等享受到低税率优惠政策的好处，《实施条例》明确对来自于所有非上市企业，以及连续持有上市公司股票12个月以上取得的股息、红利收入，给予免税，不再实行补税率差的做法。

（4）转让投资。

①转让损失。内资企业：《国家税务总局关于企业股权投资业务若干所得税问题的通知》（国税发［2000］118号）规定："企业股权投资转让所得或损失是指企业因收回、转让或清算处置股权投资的收入减除股权投资成本后的余额。企业股权投资转让所得应并入企业的应纳税所得，依法缴纳企业所得税。被投资企业对投资方的分配支付额，如果超过被投资企业的累计未分配利润和累计盈余公积金而低于投资方的投资成本的，视为投资回收，应冲减投资成本；超过投资成本的部分，视为投资方企业的股权转让所得，应并入企业的应纳税所得，依法缴纳企业所得税。企业因收回、转让或清算处置股权投资而发生的股权投资损失，可以在税前扣除，但每一纳税年度扣除的股权投资损失，不得超过当年实现的股权投资收益和投资转让所得，超过部分可无限期向以后纳税年度结转扣除。"根据13号令，办理税前扣除手续。

国税函［2008］264号《国家税务总局关于做好2007年度企业所得税汇算清缴工作的补充通知》规定："二、关于股权投资转让所得和损失的所得税处理问题"：（一）企业因收回、转让或清算处置股权投资而发生的权益性投资转让损失，可以在税前扣除，但每一纳税年度扣除的股权投资损失，不得超过当年实现的股权投资收益和股权投资转让所得，超过部分可向以后纳税年度结转扣除。企业股权投资转让损失连续向后结转5年仍不能从股权投资收益和股权投资转让所得中扣除的，准予在该股权投资转让年度后第6年一次性扣除；（二）根据《国家税务总局关于企业股权投资业务若干所得税问题的通知》（国税发［2000］118号）、《国家税务总局关于做好已取消和下放管理的企业所得税审批项目后续管理工作的通知》（国税发［2004］82号）规定精神，企业在一个纳税年度发生的转让、处置持有5年以上的股权投资所得、非货币性资产投资转让所得、债务重组所得和捐赠所得，占当年应纳税所得50%及以上的，可在不超过5年的期间均匀计入各年度的应纳税所得额。

国税发［2000］118号：企业整体资产转让原则上应在交易发生时，将其分解为按公允价值销售全部资产和进行投资两项经济业务进行所得税处理，并按规定计算确认资产转让所得或损失。

归纳资产转让损失的税务处理：第一，资产转让损失可以税前扣除（因为有所得缴税）；第二，所有资产转让损失不可以抵减当年经营利润（投资损失与当年利润）；第三，如果扣除，需具备条件，有资产转让所得或有投资收益（股息所得）；第四，如果具备二者之一，所有转让损失只能用之一抵减，如果二者都有，先用资产转让所得抵减，再用投资收益抵减；第五，若抵完后还有转让损失，结转以后年度，若再无投资收益，按财产损失报批。

外资企业：可以全额税前扣除。

新企业所得税法下投资损失的处理，参见“短期投资损失处理”。

根据财税［2009］57号《关于企业资产损失税前扣除政策的通知》：“六、企业的股权投资符合下列条件之一的，减除可收回金额后确认的无法收回的股权投资，可以作为股权投资损失在计算应纳税所得额时扣除：（一）被投资方依法宣告破产、关闭、解散、被撤销，或者被依法注销、吊销营业执照的；（二）被投资方财务状况严重恶化，累计发生巨额亏损，已连续停止经营3年以上，且无重新恢复经营改组计划的；（三）对被投资方不具有控制权，投资期限届满或者投资期限已超过10年，且被投资单位因连续3年经营亏损导致资不抵债的；（四）被投资方财务状况严重恶化，累计发生巨额亏损，已完成清算或清算期超过3年以上的；（五）国务院财政、税务主管部门规定的其他条件。”

根据国税发［2009］88号国家税务总局《企业资产损失税前扣除管理办法》（成文日期：2009年5月4日）“第六章　投资损失的认定”。

②转让收益。例1－9，某投资取得成本100万元，作股权投资差额调整，计提减值准备等业务后账面价值70万元，现卖出160万元。

会计处理：会计收益为160万减70万等于90万，列投资收益；

税法收益则为转让价与投资税务成本（没作过投资差额调整的第一次投资初始成本）的差额，即160万元－100万元＝60万元，故调减应纳税所得额30（90－60）万元。

原税法下外资企业：主要适用财税［1994］83号文、国税发［1997］71号文。

## 八、固定资产

### （一）固定资产的定义

《企业会计准则第4号——固定资产》固定资产的定义要件：为生产商品、提供劳务、出租或经营管理而持有的；使用期限超过一个会计年度（1年或大于1年的一个经营周期）。

新所得税法《实施条例》第五十七条：企业所得税法第十一条所称固定资产，是指企业为生产产品、提供劳务、出租或者经营管理而持有的、使用时间超过 12 个月的非货币性资产，包括房屋、建筑物、机器、机械、运输工具以及其他与生产经营活动有关的设备、器具、工具等。

二者均不再强调固定资产价值标准。

（二）购置固定资产

重点关注是否取得发票：若有发票，再看折旧方法、残值比例、折旧年限等是否合法，规定范围内扣除；若无发票，所有折旧（支出）不允许税前扣除。

（三）固定资产折旧业务

1. 折旧范围。国税发［2003］45 号文（2003 年 1 月 1 日起生效），政策变化：2003 年 1 月 1 日前，接受捐赠的固定资产，折旧不允许所得税前扣除，做纳税调整；2003 年 1 月 1 日后，接受捐赠的固定资产，折旧可以所得税前扣除，不做纳税调整；

在 2002 年 1 月 1 日《固定资产准则》实施之前，会计与税法无差异；之后，则有差异。

会计上：对封存、未使用、不需用的固定资产，仍需计提折旧；

税收上：这部分折旧不允许税前扣除，需作所得税纳税调整。

新所得税法《实施条例》第五十九条：企业应当自固定资产投入使用月份的次月起计算折旧；停止使用的固定资产，应当自停止使用月份的次月起停止计算折旧。

因此，企业应加强固定资产管理，限制出现此类固定资产。

2. 折旧方法。一般采取直线法：平均年限法。

根据国税函［2006］452 号《国家税务总局关于固定资产折旧方法有关问题的批复》（2006 年 5 月 14 日）：工作量法也是直线法。按照企业会计制度和相关会计准则的规定，工作量法是根据实际工作量计提固定资产折旧额的一种方法，与年限平均法同属直线折旧法。在会计处理上按工作量法计提固定资产折旧的纳税人，可依照《企业所得税税前扣除办法》第二十七条的规定进行税务处理。

新所得税法《实施条例》第五十九条：固定资产按照直线法计算的折旧，准予扣除。

企业应当自固定资产投入使用月份的次月起计算折旧；停止使用的固定资产，应当自停止使用月份的次月起停止计算折旧。

企业应当根据固定资产的性质和使用情况，合理确定固定资产的预计净残值。固定资产的预计净残值一经确定，不得变更。

允许采用加速折旧的情形：

国税发［2003］113 号文：列举的几个行业报省级税务机关批准可采用加速折旧法。

财税［2006］88 号：企业用于研究开发的仪器和设备单位价值在 30 万元以上的，允许其采取双倍余额递减法或年数总和法实行加速折旧，具体折旧方法一经确定，不得随意变更。

新所得税法《实施条例》第九十八条：企业所得税法第三十二条所称可以采取缩短折旧年限或者采取加速折旧的方法的固定资产，包括：（一）由于技术进步，产品更新换代较快的固定资产；（二）常年处于强震动、高腐蚀状态的固定资产。采取缩短折旧年限方法的，最低折旧年限不得低于本条例第六十条规定折旧年限的60%；采取加速折旧方法的，可以采取双倍余额递减法或者年数总和法。

国税发［2009］81号《国家税务总局关于企业固定资产加速折旧所得税处理有关问题的通知》（成文日期：2009年4月16日）规定："一、根据《企业所得税法》第三十二条及《实施条例》第九十八条的相关规定，企业拥有并用于生产经营的主要或关键的固定资产，由于以下原因确需加速折旧的，可以缩短折旧年限或者采取加速折旧的方法：（一）由于技术进步，产品更新换代较快的；（二）常年处于强震动、高腐蚀状态的。二、企业拥有并使用的固定资产符合本通知第一条规定的，可按以下情况分别处理：（一）企业过去没有使用过与该项固定资产功能相同或类似的固定资产，但有充分的证据证明该固定资产的预计使用年限短于《实施条例》规定的计算折旧最低年限的，企业可根据该固定资产的预计使用年限和本通知的规定，对该固定资产采取缩短折旧年限或者加速折旧的方法；（二）企业在原有的固定资产未达到《实施条例》规定的最低折旧年限前，使用功能相同或类似的新固定资产替代旧固定资产的，企业可根据旧固定资产的实际使用年限和本通知的规定，对新替代的固定资产采取缩短折旧年限或者加速折旧的方法。三、企业采取缩短折旧年限方法的，对其购置的新固定资产，最低折旧年限不得低于《实施条例》第六十条规定的折旧年限的60%；若为购置已使用过的固定资产，其最低折旧年限不得低于《实施条例》规定的最低折旧年限减去已使用年限后剩余年限的60%。最低折旧年限一经确定，一般不得变更。四、企业拥有并使用符合本通知第一条规定条件的固定资产采取加速折旧方法的，可以采用双倍余额递减法或者年数总和法。加速折旧方法一经确定，一般不得变更。五、企业确需对固定资产采取缩短折旧年限或者加速折旧方法的，应在取得该固定资产后1个月内，向其企业所得税主管税务机关（以下简称主管税务机关）备案，并报送（一）至（四）资料。七、对于企业采取缩短折旧年限或者采取加速折旧方法的，主管税务机关应设立相应的税收管理台账，并加强监督，实施跟踪管理。对发现不符合《实施条例》第九十八条及本通知规定的，主管税务机关要及时责令企业进行纳税调整。九、本通知自2008年1月1日起执行。"

3. 固定资产残值。内资企业：国税发［2003］70号文。国税发［2003］60号文：新购，预留5%残值。

国税函［2005］883号文《关于明确企业调整固定资产残值比例执行时间的通知》：从国税发［2003］70号文下发之日起，企业新购置的固定资产在计算可扣除的固定资产折旧额时，固定资产残值比例统一确定为5%。在上述文件下发之日前购置的固定资产，企业已按不高于5%的比例自行确定的残值比例，不再进行调整。

外资企业：国税发［2003］127号文：新购，预留10%残值。

新所得税法《实施条例》第五十九条：企业应当根据固定资产的性质和使用情况，

合理确定固定资产的预计净残值。固定资产的预计净残值一经确定，不得变更。

国税函［2009］98号《国税总局关于企业所得税若干税务事项衔接问题的通知》（成文日期：2009年2月27日）："一、关于已购置固定资产预计净残值和折旧年限的处理问题：新税法实施前已投入使用的固定资产，企业已按原税法规定预计净残值并计提的折旧，不做调整。新税法实施后，对此类继续使用的固定资产，可以重新确定其残值，并就其尚未计提折旧的余额，按照新税法规定的折旧年限减去已经计提折旧的年限后的剩余年限，按照新税法规定的折旧方法计算折旧。新税法实施后，固定资产原确定的折旧年限不违背新税法规定原则的，也可以继续执行。"

4. 折旧年限。

国税发［2000］84号文：固定资产具体折旧年限依据会计制度的规定。此处的会计制度指的是1993年颁布的13个行业会计制度（规定了各大类固定资产折旧年限），但自2004年执行的《企业会计制度》（2001）没有规定固定资产具体折旧年限，要求由企业自己确定。

新所得税法《实施条例》第六十条：除国务院财政、税务主管部门另有规定外，固定资产计算折旧的最低年限如下：（一）房屋、建筑物，为20年；（二）飞机、火车、轮船、机器、机械和其他生产设备，为10年；（三）与生产经营活动有关的器具、工具、家具等，为5年；（四）飞机、火车、轮船以外的运输工具，为4年；（五）电子设备，为3年。

管理对策：此文件之后新购的固资只要在税法规定的最短年限内，企业可以按管理程序自行确定折旧年限。

### （四）固定资产损失

根据13号令：（1）不需报批的固资损失：①处置、出售、转让、变卖损失；②达到或超过使用年限正常报费清理损失。（2）需报批的固资损失：实质的、永久的损失，提前报废的非正常损失。

根据财税［2009］57号《关于企业资产损失税前扣除政策的通知》："七、对企业盘亏的固定资产或存货，以该固定资产的账面净值或存货的成本减除责任人赔偿后的余额，作为固定资产或存货盘亏损失在计算应纳税所得额时扣除。八、对企业毁损、报废的固定资产或存货，以该固定资产的账面净值或存货的成本减除残值、保险赔款和责任人赔偿后的余额，作为固定资产或存货毁损、报废损失在计算应纳税所得额时扣除。九、对企业被盗的固定资产或存货，以该固定资产的账面净值或存货的成本减除保险赔款和责任人赔偿后的余额，作为固定资产或存货被盗损失在计算应纳税所得额时扣除。"

根据国税发［2009］88号国家税务总局《企业资产损失税前扣除管理办法》（成文日期：2009年5月4日）第五章　非货币资产损失的认定："第二十三条　固定资产盘亏、丢失损失，其账面净值扣除责任人赔偿后的余额部分，依据下列证据确认损失：（一）固定资产盘点表；（二）盘亏、丢失情况说明，单项或批量金额较大的固定资产盘亏、丢失，企业应逐项做出专项说明，并出具具有法定资质中介机构出具的经济鉴定证明；（三）企业内部有关责任认定和内部核准文件等。

第二十四条　固定资产报废、毁损损失，其账面净值扣除残值、保险赔偿和责任人赔偿后的余额部分，依据下列相关证据认定损失：（一）企业内部有关部门出具的鉴定证明；（二）单项或批量金额较小的固定资产报废、毁损，可由企业逐项作出说明，并出具内部有关技术部门的技术鉴定证明；单项或批量金额较大的固定资产报废、毁损，企业应逐项做出专项说明，并出具专业技术鉴定机构的鉴定报告，也可以同时附送中介机构的经济鉴定证明。（三）自然灾害等不可抗力原因造成固定资产毁损、报废的，应当有相关职能部门出具的鉴定报告，如消防部门出具受灾证明，公安部门出具的事故现场处理报告、车辆报损证明，房管部门的房屋拆除证明，锅炉、电梯等安检部门的检验报告等；（四）企业固定资产报废、毁损情况说明及内部核批文件；（五）涉及保险索赔的，应当有保险公司理赔情况说明。

第二十五条　固定资产被盗损失，其账面净值扣除保险理赔以及责任赔偿后的余额部分，依据下列证据认定损失：（一）向公安机关的报案记录，公安机关立案、破案和结案的证明材料；（二）涉及责任人的责任认定及赔偿情况说明；（三）涉及保险索赔的，应当有保险公司理赔情况说明。

第二十六条　在建工程停建、废弃和报废、拆除损失，其账面价值扣除残值后的余额部分，依据下列证据认定损失：（一）国家明令停建项目的文件；（二）有关政府部门出具的工程停建、拆除文件；（三）企业对报废、废弃的在建工程项目出具的鉴定意见和原因说明及核批文件，单项数额较大的在建工程项目报废，应当有专业技术鉴定部门的鉴定报告；（四）工程项目实际投资额的确定依据。

第二十七条　在建工程自然灾害和意外事故毁损损失，其账面价值扣除残值、保险赔偿及责任赔偿后的余额部分，依据下列证据认定损失：（一）有关自然灾害或者意外事故证明；（二）涉及保险索赔的，应当有保险理赔说明；（三）企业内部有关责任认定、责任人赔偿说明和核准文件。”

**（五）固定资产减少**

1. 出售固定资产。

——出售房屋建筑物类固定资产：

若是自建的房屋建筑物，全额交纳营业税。

若是购买的房屋建筑物，差额交纳营业税。

财税［2003］16号文：不动产和土地使用权，如出售办公楼、厂房等，有差价时交营业税及附加，且计税营业额为卖价减买价的差额，买价只能依据发票确定，所以购入固定资产必须取得正规发票。“单位和个人销售或转让其购置的不动产或受让的土地使用权，以全部收入减去不动产或土地使用权的购置或受让原价后的余额为营业额。单位和个人销售或转让抵债所得的不动产、土地使用权的，以全部收入减去抵债时该项不动产或土地使用权作价后的余额为营业额。营业额减除项目支付款项发生在境内的，该减除项目支付款项凭证必须是发票或合法有效凭证；支付给境外的，该减除项目支付款项凭证必须是外汇付汇凭证、外方公司的签收单据或出具的公证证明。”

但在实务工作中，是用售价减土地使用权原价的差额交营业税，还是按全额交营业税，有两类情况可能与税务部门存在分歧：一是房地产企业购土地建房销售；二是工业用地建厂房，自用几年后出售。

国税函［2005］83号《国家税务总局关于营业税若干政策问题的批复》：“一、对具有明确租赁年限的房屋租赁合同，无论租赁年限为多少年，均不能将该租赁行为认定为转让不动产永久使用权，应按照“服务业——租赁业”征收营业税。二、《财政部、国家税务总局关于营业税若干政策问题的通知》（财税［2003］16号）项的规定适用于所有建筑安装工程作业（包括一般工程和跨省工程）。三、单位和个人销售或转让其购置的不动产或受让的土地使用权，无论该不动产或土地使用权上一环节是否已缴纳营业税，均应按照财税［2003］16号文件第三条第（二十）项的有关规定，以全部收入减去该不动产或土地使用权的购置或受让原价后的余额为计税营业额；同时，在营业额减除项目凭证的管理上，应严格按照财税［2003］16号文件第四条的有关规定执行。”

——出售机械设备类固定资产：

财税（1994）26号第十条对增值税一般纳税人销售自己使用过的其他属于货物的固定资产暂免征增值税的规定中：“使用过的其他属于货物的固定资产”必须符合［国税函发（1995）288号］第十条规定，即必须同时具备如下几个条件，一是属于企业固定资产目录所列的货物；二是企业按固定资产管理，并确已使用过的货物；三是销售价格不超过其原值的货物。对不同时具备以上条件的，无论会计制度规定如何核算，均应按规定征收增值税。”

财税［2002］29号《财政部　国家税务总局关于旧货和旧机动车增值税政策的通知》（2002年3月13日）规定：销售动产，售价不超过原值，免缴增值税，超过原价，按4%减半征收增值税。纳税人销售旧货（包括旧货经营单位销售旧货和纳税人销售自己使用过的应税固定资产），无论其是增值税一般纳税人或小规模纳税人，也无论其是否为批准认定的旧货调剂试点单位，一律按4%的征收率减半增收增值税，不得抵扣进项税额。纳税人销售自己使用过的属于应征消费税的机动车、摩托车、游艇，售价超过原值的，按照4%的征收率减半征收增值税；售价未超过原值的，免征增值税。旧机动车经营单位销售旧机动车、摩托车、游艇，按照4%的征收率减半征收增值税。

财税［2008］170号《关于全国实施增值税转型改革若干问题的通知》（成文日期：2008年12月19日）规定：“四、自2009年1月1日起，纳税人销售自己使用过的固定资产（以下简称已使用过的固定资产），应区分不同情形征收增值税：（一）销售自己使用过的2009年1月1日以后购进或者自制的固定资产，按照适用税率征收增值税；（二）2008年12月31日以前未纳入扩大增值税抵扣范围试点的纳税人，销售自己使用过的2008年12月31日以前购进或者自制的固定资产，按照4%征收率减半征收增值税；（三）2008年12月31日以前已纳入扩大增值税抵扣范围试点的纳税人，销售自己使用过的在本地区扩大增值税抵扣范围试点以前购进或者自制的固定资产，按照

4%征收率减半征收增值税；销售自己使用过的在本地区扩大增值税抵扣范围试点以后购进或者自制的固定资产，按照适用税率征收增值税。本通知所称已使用过的固定资产，是指纳税人根据财务会计制度已经计提折旧的固定资产。”

财税［2009］9号《关于部分货物适用增值税低税率和简易办法征收增值税政策的通知》（2009年1月19日）规定：“二、下列按简易办法征收增值税的优惠政策继续执行，不得抵扣进项税额：（一）纳税人销售自己使用过的物品，按下列政策执行：1. 一般纳税人销售自己使用过的属于条例第十条规定不得抵扣且未抵扣进项税额的固定资产，按简易办法依4%征收率减半征收增值税。一般纳税人销售自己使用过的其他固定资产，按照《财政部　国家税务总局关于全国实施增值税转型改革若干问题的通知》（财税［2008］170号）第四条的规定执行。一般纳税人销售自己使用过的除固定资产以外的物品，应当按照适用税率征收增值税。2. 小规模纳税人（除其他个人外，下同）销售自己使用过的固定资产，减按2%征收率征收增值税。小规模纳税人销售自己使用过的除固定资产以外的物品，应按3%的征收率征收增值税。（二）纳税人销售旧货，按照简易办法依照4%征收率减半征收增值税。所称旧货，是指进入二次流通的具有部分使用价值的货物（含旧汽车、旧摩托车和旧游艇），但不包括自己使用过的物品。

国税函［2009］90号《国家税务总局关于增值税简易征收政策有关管理问题的通知》（2009年2月25日）规定：“一、关于纳税人销售自己使用过的固定资产：（一）一般纳税人销售自己使用过的固定资产，凡根据《财政部　国家税务总局关于全国实施增值税转型改革若干问题的通知》（财税［2008］170号）和财税［2009］9号文件等规定，适用按简易办法依4%征收率减半征收增值税政策的，应开具普通发票，不得开具增值税专用发票；（二）小规模纳税人销售自己使用过的固定资产，应开具普通发票，不得由税务机关代开增值税专用发票。二、纳税人销售旧货，应开具普通发票，不得自行开具或者由税务机关代开增值税专用发票。三、一般纳税人销售货物适用财税［2009］9号文件第二条第（三）项、第（四）项和第三条规定的，可自行开具增值税专用发票。四、关于销售额和应纳税额（一）一般纳税人销售自己使用过的物品和旧货，适用按简易办法依4%征收率减半征收增值税政策的，按下列公式确定销售额和应纳税额：销售额＝含税销售额÷（1＋4%）　应纳税额＝销售额×4%÷2；（二）小规模纳税人销售自己使用过的固定资产和旧货，按下列公式确定销售额和应纳税额：销售额＝含税销售额÷（1＋3%）　应纳税额＝销售额×2%。五、小规模纳税人销售自己使用过的固定资产和旧货，其不含税销售额填写在《增值税纳税申报表（适用于小规模纳税人）》第4栏，其利用税控器具开具的普通发票不含税销售额填写在第5栏。六、本通知自2009年1月1日起执行。《国家税务总局关于调整增值税纳税申报有关事项的通知》（国税函［2008］1075号）第二条第（二）项规定同时废止。”

正确计算方法：售价÷（1＋4%）×4%×50%

考虑是否纳税造成售价边界现象，出售机械设备类固定资产现金流保本点＝原值÷0.958。

2. 清理和报废：根据13号令，把握损失的税前扣除问题。

3. 非货币性交易和债务重组方式减少固定资产，同出售环节。

**（六）其他相关事项**

1. 外资企业。国税发［1999］171号文《外商投资企业采购国产设备退税管理试行办法》：投资总额内购国产设备，退增值税。注意外商投资企业法关于投资总额的规定以及与注册资本关系。

财税［2006］61号：投资总额内购国产设备退增值税扩大到外资房地产企业和交通运输企业。

国税发［2006］111号《国家税务总局 国家发展和改革委员会关于印发〈外商投资项目采购国产设备退税管理试行办法〉的通知》。

财税［2008］176号《财政部 国家税务总局关于停止外商投资企业购买国产设备退税政策的通知》（2008年12月25日）。

国税函［2008］1078号《国家税务总局关于外商投资企业采购国产设备增值税专用发票遗失问题的批复》（成文日期：2008年12月30日）。

国税发［2008］121号《国家税务总局 国家发展和改革委员会关于外商投资项目采购国产设备退税有关政策的通知》（2008年12月16日）。

根据财政部、海关总署、国家税务总局公告2008年第43号（2008年12月25日）：自2009年1月1日起，对《国务院关于调整进口设备税收政策的通知》（国发［1997］37号）中国家鼓励发展的国内投资项目和外商投资项目进口的自用设备、外国政府贷款和国际金融组织贷款项目进口设备、加工贸易外商提供的不作价进口设备以及按照合同随上述设备进口的技术及配套件、备件，恢复征收进口环节增值税，在原规定范围内继续免征关税。自2009年1月1日起，对《海关总署关于进一步鼓励外商投资有关进口税收政策的通知》（署税［1999］791号）中规定的外商投资企业和外商投资设立的研究开发中心进行技术改造以及按《中西部地区外商投资优势产业目录》批准的外商投资项目进口的自用设备及其配套技术、配件、备件，恢复征收进口环节增值税，在原规定范围内继续免征关税。自2009年1月1日起，对软件生产企业、集成电路生产企业、城市轨道交通项目以及其他比照《国务院关于调整进口设备税收政策的通知》（国发［1997］37号）执行的企业和项目，进口设备及其配套技术、配件、备件，一律恢复征收进口环节增值税，在原规定范围内继续免征关税。对2008年11月10日以前获得《国家鼓励发展的内外资项目确认书》的项目，于2009年6月30日及以前申报进口的设备及其配套技术、配件、备件，按原规定继续执行免征关税和进口环节增值税的政策，2009年7月1日及以后申报进口的，一律恢复征收进口环节增值税，符合原免税规定的，继续免征关税。

2. 内资企业技术改造设备。

（1）技术改造国产设备投资抵免企业所得税政策。

老税法：财税字［1999］290号《财政部 国家税务总局关于印发〈技术改造国产设备投资抵免企业所得税暂行办法〉的通知》；国税发［2000］13号《国家税务总局关

于技术改造国产设备投资抵免企业所得税审核管理办法》；国税发［2004］82号《国家税务总局关于做好已取消和下放管理的企业所得税审批项目后续管理工作的通知》“二、下放管理的企业所得税审批项目的后续管理（一）企业技术改造国产设备投资抵免企业所得税的审核”该项审批下放省、自治区、直辖市及以下税务机关后，具体应掌握三条，确保有关政策规定得到正确执行。

新所得税法《实施条例》第一百条：企业所得税法第三十四条所称税额抵免，是指企业购置并实际使用《环境保护专用设备企业所得税优惠目录》、《节能节水专用设备企业所得税优惠目录》和《安全生产专用设备企业所得税优惠目录》规定的环境保护、节能节水、安全生产等专用设备的，该专用设备的投资额的10%可以从企业当年的应纳税额中抵免；当年不足抵免的，可以在以后5个纳税年度结转抵免。

国税发［2008］52号《关于停止执行企业购买国产设备投资抵免企业所得税政策问题的通知》（2008年5月16日）：自2008年1月1日起，停止执行企业购买国产设备投资抵免企业所得税的政策。

财税［2009］166号财政部 国家税务总局 国家发展改革委关于公布环境保护节能节水项目企业所得税优惠目录（试行）的通知（成文日期：2009年12月31日）。

（2）折旧问题。

税法规定：财工字［1996］41号、财税［1999］273号文：企业为开发新技术、研制新产品所购置的试制用关键设备、测试仪器，单台价值在10万元以下的，可一次或分次摊入管理费用，其中达到固定资产标准的应单独管理，不再提取折旧。

财税［2006］88号文：企业用于研究开发的仪器和设备单位价值在30万元以下的，可以一次或分次在所得税前扣除。

会计处理：会计上仍要按规定照常计提折旧。因此，需要登记相关资产台账，按规定进行纳税调整。

3. 建筑物附属设施，如中央空调，电梯等。会计上：可以一并组资，也可以分开组资。

税收上：国税发［2005］173号《国家税务总局关于进一步明确房屋附属设备和配套设施计征房产税有关问题的通知》规定：凡以房屋为载体，不可随意移动的附属设备和配套设施，如给排水、采暖、消防、中央空调、电气及智能化楼宇设备等，无论在会计核算中是否单独记账和核算，都应计入房产原值，计征房产税。

笔者建议从折旧年限考虑在会计核算中分开组资，因为原税法下房屋可按30年折旧，电梯可按10年折旧。

4. 关于企业搬迁补偿业务。外资企业：国税函［2003］115号《国家税务总局关于外商投资企业和外国企业取得搬迁补偿费收入税务处理问题的批复》规定：企业取得搬迁补偿费收入，凡搬迁后不再重置与搬迁前相同或类似性质和用途的固定资产的，根据《中华人民共和国外商投资企业和外国企业所得税法实施细则》第四十四条的规定，应将上述搬迁补偿费收入加各类拆迁固定资产的变卖收入减除各类拆迁固定资产的折余价值及处置费用后的余额，计入企业当期应纳税所得额，计算缴纳企业所得税。

内资企业：财税［2007］61号《财政部国家税务总局关于企业政策性搬迁收入有关企业所得税处理问题的通知》（20070518）：企业政策性搬迁收入，是指因当地政府城市规划、基础设施建设等原因，搬迁企业按规定标准从政府取得的搬迁补偿收入，以及搬迁企业通过市场（招标、拍卖、挂牌等形式）取得的土地转让收入。对企业取得的政策性搬迁收入，应按以下方式进行企业所得税处理：（1）搬迁企业根据搬迁规则，重置固定资产以及进行技术改造或安置职工的，准予搬迁企业的搬迁收入扣除重置固定资产、技术改造和安置职工费用，其余额计入企业应纳税所得额；（2）将搬迁收入用于购置其他固定资产或进行其他技术改造项目的，可在企业政策性搬迁收入中将相关成本扣除，其余额计入企业应纳税所得额；（3）搬迁企业没有重置固定资产、技术改造或购置其他固定资产的计划或立项报告，应将搬迁收入加上各类拆迁固定资产的变卖收入、减除各类拆迁固定资产的折余价值和处置费用后的余额计入企业当年应纳税所得额，计算缴纳企业所得税；（4）搬迁企业利用政策性搬迁收入购置的固定资产，可以按照现行税收规定计算折旧或摊销，并在企业所得税税前扣除；（5）搬迁企业从规划搬迁第2年起的五年内，其取得的搬迁收入暂不计入企业当年应纳税所得额，在5年期内完成搬迁的，企业搬迁收入按上述规定扣除相关成本费用后，其余额并入搬迁企业当年应纳税所得额，缴纳企业所得税。“对于符合西部大开发、高新技术企业等企业所得税优惠政策的搬迁企业，其取得企业搬迁收入，在审核企业享受税收优惠政策有关主营业务收入占总收入比例的条件时，不计入企业的总收入。”

财税［2006］21号《财政部　国家税务总局关于土地增值税若干问题的通知》：政府统一规划拆迁，免征土地增值税。“《中华人民共和国土地增值税暂行条例实施细则》第十一条第四款所称：因‘城市实施规划’而搬迁，是指因旧城改造或因企业污染、扰民（指产生过量废气、废水、废渣和噪音，使城市居民生活受到一定危害），而由政府或政府有关主管部门根据已审批通过的城市规划确定进行搬迁的情况；因‘国家建设的需要’而搬迁，是指因实施国务院、省级人民政府、国务院有关部委批准的建设项目而进行搬迁的情况。”

国税函［2009］118号《关于企业政策性搬迁或处置收入有关企业所得税处理问题的通知》（成文2009年3月12日）：“一、本通知所称企业政策性搬迁和处置收入，是指因政府城市规划、基础设施建设等政策性原因，企业需要整体搬迁（包括部分搬迁或部分拆除）或处置相关资产而按规定标准从政府取得的搬迁补偿收入或处置相关资产而取得的收入，以及通过市场（招标、拍卖、挂牌等形式）取得的土地使用权转让收入。二、对企业取得的政策性搬迁或处置收入，应按以下方式进行企业所得税处理：（一）企业根据搬迁规划，异地重建后恢复原有或转换新的生产经营业务，用企业搬迁或处置收入购置或建造与搬迁前相同或类似性质、用途或者新的固定资产和土地使用权（以下简称重置固定资产），或对其他固定资产进行改良，或进行技术改造，或安置职工的，准予其搬迁或处置收入扣除固定资产重置或改良支出、技术改造支出和职工安置支出后的余额，计入企业应纳税所得额；（二）企业没有重置或改良固定资产　技术改造或购置其他固定资产的计划或立项报告，应将搬迁收入加上各类拆迁固定资产的变卖收入、减除各类拆迁固定资产的折余价值和处置费用后的余额计入企业当年应纳税所得额，计算缴纳企业所得税；（三）企业利用政策性搬迁或处置收入购置或改良的固定资产，可以按照现行税收规定计算折旧或摊销，并在企业所得税税前扣除；（四）企业从规划搬迁次年起的5年内，其取得的搬迁收入或处置收入暂不计入企业当年应纳税所得额，在5年期内完成搬迁的，企业搬迁收入按上述规定处理。三、主管税务机关应对企业取得的政策性搬迁收入和原厂土地转让收入加强管理。重点审核有无政府搬迁文件或公告，有无搬迁协议和搬迁计划，有无企业技术改造、重置或改良固定资产的计划或立项，是否在规定期限内进行技术改造、重置或改良固定资产和购置其他固定资产等。”

国税函［2009］520号《国家税务总局关于政府收回土地使用权及纳税人代垫拆迁补偿费有关营业税问题的通知》（成文日期：2009年9月17日）规定：“一、《国家税务总局关于土地使用者将土地使用权归还给土地所有者行为营业税问题的通知》（国税函［2008］277号）中关于县级以上（含）地方人民政府收回土地使用权的正式文件，包括县级以上（含）地方人民政府出具的收回土地使用权文件，以及土地管理部门报经县级以上（含）地方人民政府同意后由该土地管理部门出具的收回土地使用权文件。二、纳税人受托进行建筑物拆除、平整土地并代委托方向原土地使用权人支付拆迁补偿费的过程中，其提供建筑物拆除、平整土地劳务取得的收入应按照“建筑业”税目缴纳营业税；其代委托方向原土地使用权人支付拆迁补偿费的行为属于“服务业——代理业”行为，应以提供代理劳务取得的全部收入减去其代委托方支付的拆迁补偿费后的余额为营业额计算缴纳营业税。”

国税函［2009］18号《国家税务总局关于广西合山煤业有限责任公司取得补偿款有关所得税处理问题的批复》（成文日期：2009年1月8日）规定：根据《中华人民共和国企业所得税法》及其实施条例规定的权责发生制原则，广西合山煤业有限责任公司取得的未来煤矿开采期间因增加排水或防止浸没支出等而获得的补偿款，应确认为递延收益，按直线法在取得补偿款当年及以后的10年内分期计入应纳税所得，如实际开采年限短于10年，应在最后一个开采年度将尚未计入应纳税所得的赔偿款全部计入应纳税所得。

5. 地上、地下附属设施房产税政策。财税（2005）181号《财政部国家税务总局关于具备房屋功能的地下建筑征收房产税的通知》规定，对自用的地下建筑，如属工业房产的，以房屋原价的50%—60%作为应税房产原值，如属商业及其他用途的，以房屋原价的70%—80%作为应税房产原值。这里的地下建筑指地面上没有地下有的建筑，如房屋的地下室、地下停车场、商场的地下部分等。但为了鼓励地下人防设施利用，即使是作为营业用的地下人防设施也是暂不征收房产税。

地下附属设施房产税可以打折征收，地上附属设施房产税不打折。

## 九、无形资产

无形资产包括专利权、商标权、著作权、土地使用权、非专利技术、商誉等。

会计处理：现行会计制度：2001 年《企业会计准则——无形资产》与新企业会计准则：《企业会计准则第 6 号——无形资产》主要差异：允许部分开发费用资本化；区分使用寿命有限的无形资产和使用寿命不确定的无形资产，采用不同的会计处理方法，允许部分的无形资产摊销金额计入成本。在确定摊销年限、延迟付款取得无形资产、研究开发费用处理、无形资产摊销、出租等方面的会计处理有较大变化。

例如，无形资产摊销会计处理：

新会计准则下：

借：管理费用

　　制造费用（用于生产特定产品的无形资产的摊销）

　　贷：累计摊销

老会计准则下：

借：管理费用

　　其他业务支出

　　贷：无形资产

无形资产出租（使用权）摊销会计处理：

新会计准则下：

借：银行存款

　　贷：其他业务收入

借：其他业务成本

　　贷：累计摊销

借：营业税金及附加

　　贷：应交税费——营业税（租金的 5%）

老会计准则下：

借：其他业务支出

　　贷：累计摊销

　　　　应交税费——营业税（租金的 5%）

税务处理：(1) 范围及计税基础。

新所得税法：

新法第十二条　在计算应纳税所得额时，企业按照规定计算的无形资产摊销费用，准予扣除。

下列无形资产不得计算摊销费用扣除：①自行开发的支出已在计算应纳税所得额时扣除的无形资产；②自创商誉；③与经营活动无关的无形资产；④其他不得计算摊销费用扣除的无形资产。

《实施条例》第六十五条："企业所得税法第十二条所称无形资产，是指企业为生产产品、提供劳务、出租或者经营管理而持有的、没有实物形态的非货币性长期资产，包括专利权、商标权、著作权、土地使用权、非专利技术、商誉等。第六十六条：无形资产按照以下方法确定计税基础：（一）外购的无形资产，以购买价款和支付的相关税费以及直接归属于使该资产达到预定用途发生的其他支出为计税基础；（二）自行开发的无形资产，以开发过程中该资产符合资本化条件后至达到预定用途前发生的支出为计税基础；（三）通过捐赠、投资、非货币性资产交换、债务重组等方式取得的无形资产，以该资产的公允价值和支付的相关税费为计税基础。”

——资产减值准备资产处置填表：

例 1－10，某企业取得无形资产价值 100 万元，按 10 年摊销。1 年后计提减值准备 20 万元；摊销 1 年后，以 50 万元销售。

第 1 年摊销时：

借：管理费用　　100000

　　贷：累计摊销　　100000

计提减值准备时：

借：资产减值损失　　200000

　　贷：减值准备　　200000

分析：税法与会计摊销一致，不调整；减值损失税法不认可，应税所得额调整增加 20 万元。

第 2 年再摊销时，会计摊销额 =70 ÷9 =7.8（万元）。

借：管理费用　　78000

　　贷：累计摊销　　78000

销售时：

借：银行存款　　500000

　　减值准备　　200000

　　累计摊销　　178000

　　营业外支出　　122000

　　贷：无形资产　　1000000

分析：会计摊销 7.8 万元，税收摊销 10 万元，调减 2.2 万元；会计损失 12.2 万元，税务损失 30 万元，调减 17.8 万元，合计 20 万元。

填企业所得税表（08 版）：的附表三 42 行，账载金额 12.2 万元，税收金额 30 万元，调减 17.8 万元；附表九会计摊销 7.8 万元，税收 10 万元，调减 2.2 万元；附表十期初金额 20 万元，本期转回 20 万元，本期计提 0，调减 20（0—20）万元。

（2）扣除依据。国务院令［1993］137 号《中华人民共和国企业所得税暂行条例》第七条：在计算应纳税所得额时，无形资产受让、开发支出不得扣除。

财法［1994］3 号《中华人民共和国企业所得税暂行条例实施细则》第二十七条：无形资产受让、开发支出，是指不得直接扣除的纳税人购置或自行开发无形资产发生的费用。无形资产开发支出未形成资产的部分准予扣除。

新所得税法《实施条例》第六十七条：无形资产按照直线法计算的摊销费用，准予扣除。无形资产的摊销年限不得低于 10 年。作为投资或者受让的无形资产，有关法律规定或者合同约定了使用年限的，可以按照规定或者约定的使用年限分期摊销。外购商誉的支出，在企业整体转让或者清算时，准予扣除。

(3) 吸收合并方式产生的商誉。会计处理：新《企业会计准则19号——合并准则》将商誉单作一项资产。

例1－11，某企业支付1200万元吸收合并A公司，A公司资产2000万元，负债1000万元，所有者权益1000万元。

会计处理：合并时：

借：相应资产　　20000000

　　无形资产——外购商誉支出　　2000000

　　贷：负债　　10000000

　　　　银行存款　　12000000

分期摊销时：

借：管理费用　　200000

　　贷：无形资产摊销　　200000

税法：外购商誉的支出，在企业整体转让或者清算时，准予扣除。

(4) 财工字［1996］41号：企业单独购入的计算机应用软件，作为无形资产管理，按法律规定的有效期限或合同规定的受益年限进行摊销，没有规定有效期限或受益年限的，在5年内平均摊销。

## 十、在建工程

### (一) 在建工程试运行收入

会计上：工程达到预定可使用状态前，因进行试运转所发生的净支出（按实际销售收入或按预计售价冲减工程成本），计入工程成本，即企业的在建工程项目在达到预定可使用状态前而进行的联合试车（试运转）支出进工程成本。形成的能外售的产品，其发生生产成本计入工程成本，外售或转为产品时，按售价或预计售价冲减工程成本。

税法规定，企业在建工程试运行收入应并入收入总额征税。

### (二) 关注土地使用权的会计处理方法变化

会计处理：原行业会计制度——工业用地土地使用权列“无形资产”。

《企业会计制度》(2001) ——工业用地土地使用权并入房屋建造成本一并组资，计入固定资产。

新企业会计准则——工业用地土地使用权列“无形资产”核算。

税务处理：国税发［2000］84号《企业所得税税前扣除办法》第二十九条：纳税人为取得土地使用权支付给国家或其他纳税人的土地出让价款应作为无形资产管理，并在不短于合同规定的使用期间内平均摊销。

带来两个涉税问题：

第一，如何计提折旧？原所得税法下我们建议房屋建筑物按 30 年、土地使用权按 50 年计提折旧。按 30 年摊完后，土地使用权剩下 20/50 价值通过固定资产清理转入无形资产，按规定摊销。若再建厂房，重新按上述思路计提折旧。

第二，如何缴纳房产税（1.2%）？财税地字（86）008 号《财政部税务总局关于房产税若干具体问题的解释和暂行规定》规定所谓的房产原值是指纳税人按照会计制度规定，在账簿“固定资产”科目中记载的房屋原价。这样的规定就使房产税的征税范围被严格限制在“固定资产”科目中的房产了，在现实中很多企业的房屋其实已经实际使用但却一直不从“在建工程”科目转入“固定资产”科目，延迟纳税。

2001 年 1 月 1 日前：不包含土地使用权固定资产原值 ×1.2%；2001 年 1 月 1 日后：是不包含土地使用权固定资产原值 ×1.2% 还是包含土地使用权固定资产原值 ×1.2%？税法上没有明确规定，实际工作中，各地税务局掌握政策口径不一。

笔者认为，税收政策没有发生变化，只是会计核算方法发生了变化，应该对应纳税事项没有影响。由于会计核算上的变化造成固定资产原值加大，应该可以按原税收立法时的精神，按不包含土地使用权固定资产原值 ×1.2% 缴纳房产税。实际执行中，税务机关可能对政策把握不一。我们应据理力争。

财税［2008］152 号《关于房产税城镇土地使用税有关问题的通知》：“一、关于房产原值如何确定的问题对依照房产原值计税的房产，不论是否记载在会计账簿固定资产科目中，均应按照房屋原价计算缴纳房产税。房屋原价应根据国家有关会计制度规定进行核算。对纳税人未按国家会计制度规定核算并记载的，应按规定予以调整或重新评估。《财政部税务总局关于房产税若干具体问题的解释和暂行规定》（财税地字［1986］第 008 号）第十五条同时废止。二、关于索道公司经营用地应否缴纳城镇土地使用税的问题。公园、名胜古迹内的索道公司经营用地，应按规定缴纳城镇土地使用税。三、关于房产税、城镇土地使用税纳税义务截止时间的问题纳税人因房产、土地的实物或权利状态发生变化而依法终止房产税、城镇土地使用税纳税义务的，其应纳税款的计算应截止到房产、土地的实物或权利状态发生变化的当月末。四、本通知自 2009 年 1 月 1 日起执行。”

笔者认为，若企业采用新会计准则，则可以将房屋所占土地价值作为会计政策变更予以调出，仅就房屋价值余额计征房产税；但如果某企业既采用企业会计制度，又部分使用新会计准则，对房产所占土地价值进行剥离，则税务部门可依据 152 号文予以调整或重新评估。

### （三）关于土地使用权转让契税计税依据

财税［2007］162 号《财政部　国家税务总局关于土地使用权转让契税计税依据的批复》（2007 年 12 月 11 日）：土地使用者将土地使用权及所附建筑物、构筑物等（包括在建的房屋、其他建筑物、构筑物和其他附着物）转让给他人的，应按照转让的总价款计征契税。

国税函［2008］438 号《国家税务总局关于无效产权转移征收契税的批复》（成文

日期：2008 年 5 月 12 日)：按照现行契税政策规定，对经法院判决的无效产权转移行为不征收契税。法院判决撤销房屋所有权证后，已纳契税款应予退还。

国税函［2008］514 号国家税务总局关于全资子公司承受母公司资产有关契税政策的通知：根据《财政部 国家税务总局关于企业改制重组若干契税政策的通知》(财税［2003］184 号）和《国家税务总局关于企业改制重组契税政策有关问题解释的通知》(国税函［2006］844 号）的有关规定，公司制企业在重组过程中，以名下土地、房屋权属对其全资子公司进行增资，属同一投资主体内部资产划转，对全资子公司承受母公司土地、房屋权属的行为，不征收契税。

财税［2008］129 号《关于企业改制过程中以国家作价出资（入股）方式转移国有土地使用权有关契税问题的通知》：对以国家作价出资（入股）方式转移国有土地使用权的行为，应视同土地使用权转让，由土地使用权的承受方按规定缴纳契税。以国家作价出资（入股）方式转移国有土地使用权的行为不适用《财政部国家税务总局关于企业改制重组若干契税政策的通知》(财税［2003］184 号)。

财税［2008］175 号《关于企业改制重组若干契税政策的通知》(成文日期：2008 年 12 月 29 日)：“一、企业公司制改造。二、企业股权转让。三、企业合并。四、企业分立。五、企业出售。六、企业注销、破产。七、其他。本通知执行期限为 2009 年 1 月 1 日至 2011 年 12 月 31 日。”

国税函［2009］603 号《国家税务总局关于明确国有土地使用权出让契税计税依据的批复》(成文日期：2009 年 10 月 27 日)：根据《财政部 国家税务总局关于土地使用权出让等有关契税问题的通知》(财税［2004］134 号）规定，出让国有土地使用权，契税计税价格为承受人为取得该土地使用权而支付的全部经济利益。对通过“招、拍、挂”程序承受国有土地使用权的，应按照土地成交总价款计征契税，其中的土地前期开发成本不得扣除。

国税发［2009］89 号《国家税务总局关于企业改制重组契税政策若干执行问题的通知》(成文日期：2009 年 4 月 28 日)：“一、财税［2008］175 号文件第二条中规定的“股权转让”，仅包括股权转让后企业法人存续的情况，不包括企业法人注销的情况。在执行中，应根据工商管理部门对企业进行的登记认定，即企业不需办理变更和新设登记，或仅办理变更登记的，适用该条；企业办理新设登记的，不适用该条，对新设企业承受原企业的土地、房屋权属应征收契税。二、财税［2008］175 号文件第二、三、四条中的“企业”，是指公司制企业，包括股份有限公司和有限责任公司。三、财税［2008］175 号文件第七条中规定的“行政性调整和划转”，是指县级以上人民政府或国有资产管理部门批准的资产划转。四、以出让方式或国家作价出资（入股）方式承受原改制重组企业划拨用地的，不属于财税［2008］175 号文件规定的免税范围，对承受方应征收契税。五、《财政部 国家税务总局关于企业改制过程中以国家作价出资（入股）方式转移国有土地使用权有关契税问题的通知》(财税［2008］129 号）自文件发布之日起执行。六、按照《财政部 国家税务总局关于延长企业改制重组若干契税政策执行期限的通知》(财税［2006］41 号）规定，《财政部 国家税务总局关于企业改制重组若干契税政策的通知》(财税［2003］184号）于2008年12月31日执行期满。自2009年1月1日起，《国家税务总局关于企业改制重组契税政策有关问题解释的通知》(国税函［2006］844号）相应停止执行。”

### （四）土地使用者将土地使用权归还给土地所有者行为营业税问题

国税函［2008］277号《关于土地使用者将土地使用权归还给土地所有者行为营业税问题的通知》(2008年3月27日)：纳税人将土地使用权归还给土地所有者时，只要出具县级（含）以上地方人民政府收回土地使用权的正式文件，无论支付征地补偿费的资金来源是否为政府财政资金，该行为均属于土地使用者将土地使用权归还给土地所有者的行为，按照《国家税务总局关于印发〈营业税税目注释（试行稿)〉的通知》(国税发［1993］149号）规定，不征收营业税。

## 十一、递延资产——长期待摊费用

### （一）开办费

会计上：筹建期由开办费归集，进入生产经营当月转入管理费用。借记“管理费用”，贷记“长期待摊费用——开办费”。

税法上：进入正常生产经营，从次月起不少于5年内摊销。操作建议：按月申报，当月，按全额调增应纳税所得额，次月起，按开办费1/60调减应纳税所得额，直至第60个月。

怎样认定开办期结束，进入正常生产经营？

国税发［1997］191号《关于企业所得税若干业务问题的通知》规定，关于新办企业、单位开业之日计算问题：财政部、国家税务总局《关于企业所得税若干优惠政策的通知》(［94］财税字第001号）对新办企业、单位开业之日有多种提法，为便于各地具体招待和掌握，对新办企业、单位开业之日的执行口径，统一为纳税人从生产经营之日起开始计算。生产经营之日，是指从纳税人开始从事生产经营的当天算起，包括试营业。

正确理解此文件：细则中规定试营业即进行正常生产经营，较笼统。一般实务中，生产经营之日以营业执照日期为准。特殊行业规定：外资房地产企业生产经营之日为取得第一笔销售收入之日；外资林业企业生产经营之日为取得第一笔售林收入之日。

外资企业，开办费需要税务机关认定并审定。

国税函［2009］98号国税总局关于企业所得税若干税务事项衔接问题的通知(2009年2月27日）规定，关于开（筹）办费的处理：新税法中开（筹）办费未明确列作长期待摊费用，企业可以在开始经营之日的当年一次性扣除，也可以按照新税法有关长期待摊费用的处理规定处理，但一经选定，不得改变。企业在新税法实施以前年度的未摊销完的开办费，也可根据上述规定处理。

### （二）维修支出

会计处理：分为大修支出、小修支出和改良支出，区别列账。对维护修理支出，直接计入管理费用或销售费用，可在当年扣除；对改良支出，对固定资产资本化后续支出计入在建工程，更新改造结束，在建工程转入固定资产，按照新的折旧因素重新计提折旧；对经营租入固定资产，列长期待摊费用按租赁期摊销。

税法规定：国税发［2000］84号文31条：固定资产修理支出和改良支出。关于“改良支出”的认定：税法规定三个条件：修理支出达固定资产原值20%以上（如何计算没标准）；修理后固定资产的使用年限可以延长2年以上（预计使用年限，也很难界定）；使用用途发生变化（主要指房屋类）。

新所得税法：分为改建支出和大修理支出。

新法第十三条在计算应纳税所得额时，企业发生的下列支出，作为长期待摊费用，按照规定摊销的，准予扣除：（1）已足额提取折旧的固定资产的改建支出；（2）租入固定资产的改建支出；（3）固定资产的大修理支出；（4）其他应当作为长期待摊费用的支出。第（1）项和第（2）项所称固定资产的改建支出，是指改变房屋或者建筑物结构、延长使用年限等发生的支出。第（1）项所规定的支出，按照固定资产预计尚可使用年限摊销；第（2）项所规定的支出，按照合同约定的剩余租赁期摊销。

《实施条例》第六十八条：固定资产的改建支出，是指改变房屋或者建筑物结构、延长使用年限等发生的支出，按照固定资产预计尚可使用年限分期或合同约定的剩余租赁期限分期摊销。改建的固定资产延长使用年限的，应当适当延长折旧年限。第六十九条：固定资产的大修理支出，是指同时符合下列条件的支出：（1）修理支出达到取得固定资产时的计税基础50%以上；（2）修理后固定资产的使用年限延长2年以上。按照固定资产尚可使用年限分期摊销。

实务中操作策略：如对一个8年租赁合同的业务，可分签两份合同，一份3年，再续5年。这样，就可在前3年内将改良支出摊销完。

——网络问题咨询（在线交流）

问：企业发生固定资产的大修理支出（改变结构），不超过固定资产计税基础50%以上，所发生的费用可一次性扣除？如固定资产1000万元，发生装修费用499万元，可以一次计入费用吗？

缪慧频司长解答：对，只要符合（1）修理支出达到取得固定资产时的计税基础50%以上；（2）修理后固定资产的使用年限延长2年以上条件之一的，才需要分期摊销，其他的修理支出可以直接扣除。

### （三）外资企业装修费用

国税函［2000］704号文：外商投资企业和外国企业发生的房屋装修费，凡房屋产权属于本企业拥有的，其投入使用前所发生的房屋装修费，应并入房屋价格，按照税法所规定的房屋固定资产折旧年限计提折旧；房屋投入使用后所发生的房屋装修费，可在房屋重新装修后投入使用的次月开始，按5年平均摊销。外商投资企业和外国企业发生的房屋装修费，凡房屋产权不属于本企业的，可在房屋装修后投入使用的次月开始，按5年平均摊销。

### （四）关于应计未计、应提未提的费用、折旧

财税字［1996］79号文件规定："企业纳税年度内应计未计扣除项目，包括各类应计未计费用、应提未提折旧等，不得移转以后年度补扣。"

国税发［1997］191号文件规定：上述规定"是指年度终了，纳税人在规定的申报期申报后，发现的应计未计、应提未提的税前扣除项目。"

企业日常财税实践中，往往以企业所得税汇算清缴期为限。

### （五）长期待摊费用支出

新会计准则："长期待摊费用"和"待处理财产损失"科目，核算内容与原制度相应科目核算内容基本相同。

新所得税法：《实施条例》第七十条：企业所得税法第十三条第（四）项所称其他应当作为长期待摊费用的支出，自支出发生月份的次月起，分期摊销，摊销年限不得低于3年。

## 第二节　主要负债项目税收政策分析及会计与税收差异比较

按照企业资产负债表的主要负债项目顺序，逐项分析短期借款、应付票据、应付账款和其他应付款、预收账款、应付工资、应付福利费、（应付职工薪酬）、应交税金及其他应交款、应付股利、预计负债、长期借款等主要负债项目涉及的税收政策，部分项目会计处理与税务处理的差异。

### 一、短期借款

会计上：根据重要性原则，短期借款可以不预提利息。根据权责发生制原则和配比原则，也可以计提利息。例1-12，2010年7月1日短期借款，2011年6月30日到期，约定到期还本付息。2010年12月31日按会计核算配比原则，可以计提2个季度的利息：

企业会计制度：借记"财务费用"，贷记"预提费用"。

新企业会计准则：借记"财务费用"，贷记"应付利息"。

税收上：能否在企业所得税前扣除，没有明确，但税务局通常认可，因为与银行有

短期借款合同作为计提依据。

## 二、应付票据

一般情况下，无差异，需关注贴息税前扣除问题。

## 三、应付账款和其他应付款

### （一）包装物押金

会计处理：列“其他应付款”。

税法规定：国税发［1998］228号：（1）所谓“逾期未返还”，是指在买卖双方合同或书面约定的收回包装物，返还押金的期限内，不返还的押金。考虑到包装物属于流动性较强的存货资产，为了加强应税收入的管理，企业收取的包装物押金，从收取之日起计算，已超过1年（指12个月）仍未返还的，原则上要确认为期满之日所属年度的收入。（2）包装物周转期间较长的，如有关购销合同明确规定了包装物押金的返还期的，经主管税务机关核准，包装物押金确认为收入的期限可适当延长，但最长不得超过3年。（3）企业向有长期固定购销关系的客户收取的可循环使用包装物的押金，其收取的合理的押金在循环使用期间不作为收入。

国税函［2004］827号《国家税务总局关于取消包装物押金逾期期限审批后有关问题的通知》：纳税人为销售货物出租出借包装物而收取的押金，无论包装物周转使用期限长短，超过1年（含1年）以上仍不退还的均并入销售额征税。

政策变化：该文前的规定：分三个期间，1年、3年和无限期的，该文中的规定：1年以上不返还的，并入当期应纳税所得额。

财政部　国家税务总局第51号令《中华人民共和国消费税暂行条例实施细则》第十三条：（1）应税消费品连同包装物销售的，无论包装物是否单独计价以及在会计上如何核算，均应并入应税消费品的销售额中缴纳消费税。（2）如果包装物不作价随同产品销售，而是收取押金，此项押金则不应并入应税消费品的销售额中征税。但对因逾期未收回的包装物不再退还的或者已收取的时间超过12个月的押金，应并入应税消费品的销售额，按照应税消费品的适用税率缴纳消费税。（3）对既作价随同应税消费品销售，又另外收取押金的包装物的押金，凡纳税人在规定的期限内没有退还的，均应并入应税消费品的销售额，按照应税消费品的适用税率缴纳消费税。

### （二）逾期应付款项未付业务

税务处理。分内资企业：《企业财产损失所得税前扣除管理办法》（国家税务总局令2005年第13号）第五条：企业已申报扣除的财产损失又获得价值恢复或补偿，应在价值恢复或实际取得补偿年度并入应纳税所得。因债权人原因确实无法支付的应付账款，包括超过3年以上未支付的应付账款，如果债权人已按本办法规定确认损失并在税前扣除的，应并入当期应纳税所得依法缴纳企业所得税。

国税发［2006］56号文，逾期3年以上的应付账款和其他应付款，调增应纳税所得额——填列企业所得税申报表（08版）附表四。

外资企业：国税发［1999］195号文，企业的应付未付款，凡债权人逾期两年未要求偿还的，应计入企业当年度收益计算缴纳企业所得税。

**（三）价外费：代收代付款项和其他价外费用**

例1－13，某房产开发企业，售房给张三，收房款100万元，办产权证等费用4万元，开发商办证后，将相关税费发票交给张三。

会计处理：房产开发企业收款时：

借：现金　　1040000

　　贷：主营业务收入　　1000000

　　　　其他应付款　　40000

税务处理：根据营业税条例规定，开发商按104万元（包含代收代付款项）缴纳营业税及附加。

处理策略：交由物业公司办理，可按差额作为行税营业额缴纳营业税。

财税［2005］165号《财政部　国家税务总局关于增值税若干政策的通知》第八、九、十项对增值税特殊价外费用项目进行了明确，规定销售货物企业利润返还，视同价外费缴纳增值税。

税价外费用新规定：

财政部、国家税务总局第50号令《中华人民共和国增值税暂行条例实施细则》第十二条，条例第六条第一款所称价外费用，包括价外向购买方收取的手续费、补贴、基金、集资费、返还利润、奖励费、违约金、滞纳金、延期付款利息、赔偿金、代收款项、代垫款项、包装费、包装物租金、储备费、优质费、运输装卸费以及其他各种性质的价外收费。但下列项目不包括在内：（1）受托加工应征消费税的消费品所代收代缴的消费税。（2）同时符合以下条件的代垫运输费用：①承运部门的运输费用发票开具给购买方的；②纳税人将该项发票转交给购买方的。（3）同时符合以下条件代为收取的政府性基金或者行政事业性收费：①由国务院或者财政部批准设立的政府性基金，由国务院或者省级人民政府及其财政、价格主管部门批准设立的行政事业性收费；②收取时开具省级以上财政部门印制的财政票据；③所收款项全额上缴财政。（4）销售货物的同时代办保险等而向购买方收取的保险费，以及向购买方收取的代购买方缴纳的车辆购置税、车辆牌照费。

财政部、国家税务总局第52号令《中华人民共和国营业税暂行条例实施细则》第十三条，条例第五条所称价外费用，包括收取的手续费、补贴、基金、集资费、返还利润、奖励费、违约金、滞纳金、延期付款利息、赔偿金、代收款项、代垫款项、罚息及其他各种性质的价外收费，但不包括同时符合以下条件代为收取的政府性基金或者行政

事业性收费：(1) 由国务院或者财政部批准设立的政府性基金，由国务院或者省级人民政府及其财政、价格主管部门批准设立的行政事业性收费；(2) 收取时开具省级以上财政部门印制的财政票据；(3) 所收款项全额上缴财政。

财政部、国家税务总局第51号令《中华人民共和国消费税暂行条例实施细则》第十四条，条例第六条所称价外费用，是指价外向购买方收取的手续费、补贴、基金、集资费、返还利润、奖励费、违约金、滞纳金、延期付款利息、赔偿金、代收款项、代垫款项、包装费、包装物租金、储备费、优质费、运输装卸费以及其他各种性质的价外收费。但下列项目不包括在内：(1) 同时符合以下条件的代垫运输费用：①承运部门的运输费用发票开具给购买方的；②纳税人将该项发票转交给购买方的。(2) 同时符合以下条件代为收取的政府性基金或者行政事业性收费：①由国务院或者财政部批准设立的政府性基金，由国务院或者省级人民政府及其财政、价格主管部门批准设立的行政事业性收费；②收取时开具省级以上财政部门印制的财政票据；③所收款项全额上缴财政。

## 四、预收账款

### (一) 非房地产企业预收账款税务处理

非房地产企业，预收账款一般不发生增值税纳税义务。根据增值税暂行条例，增值税一般以货物发出（通常以出库单为准）为纳税义务发生时间。

根据财税［2003］16号文，营业税一般以该项预收性质款项按财务会计制度规定确认收入时为纳税义务发生时间。

财政部、国家税务总局第52号令《中华人民共和国营业税暂行条例实施细则》第二十五条：纳税人转让土地使用权或者销售不动产，采取预收款方式的，其纳税义务发生时间为收到预收款的当天。纳税人提供建筑业或者租赁业劳务，采取预收款方式的，其纳税义务发生时间为收到预收款的当天。纳税人发生本细则第五条所称将不动产或者土地使用权无偿赠送其他单位或者个人的，其纳税义务发生时间为不动产所有权、土地使用权转移的当天。纳税人发生本细则第五条所称自建行为的，其纳税义务发生时间为销售自建建筑物的纳税义务发生时间。

税务检查时，普遍关注合同：一是看印花税是否缴纳；二是看合同约定交货时间，审查产品是否发出，是否有未确认收入。

### (二) 房地产企业的预收账款的处理

会计处理：收款时列“预收账款”；预交税时，作预交税金处理，借记“应交税费”，贷记“银行存款”，或借记待摊费用，贷记应交税费；而不能借记“主营业务税金及附加”，贷记“应交税费”。待确认收入时，再转列税金借记“主营业务税金及附加”，贷记“应交税费”。

税法处理：按现行规定，预收账款预交5.5%的营业税及附加，从2003年起，还预交1%的土地增值税。预交的流转税及附加不允许在所得税前扣除，但可以作为土地增值税扣除项目。

预收房款时：

内资房地产企业：根据国税发［2006］31号文件规定：按毛利20%调增应纳税所得额，预交的流转税在申报表上作调减处理。

国税发［2009］31号国家税务总局关于印发《房地产开发经营业务企业所得税处理办法》的通知（成文日期：2009年3月6日）第九条规定，企业销售未完工开发产品取得的收入，应先按预计计税毛利率分季（或月）计算出预计毛利额，计入当期应纳税所得额。开发产品完工后，企业应及时结算其计税成本并计算此前销售收入的实际毛利额，同时将其实际毛利额与其对应的预计毛利额之间的差额，计入当年度企业本项目与其他项目合并计算的应纳税所得额。

第八条规定，企业销售未完工开发产品的计税毛利率由各省、自治、直辖市国家税务局、地方税务局按下列规定进行确定：（1）开发项目位于省、自治区、直辖市和计划单列市人民政府所在地城市城区和郊区的，不得低于15%；（2）开发项目位于地及地级市城区及郊区的，不得低于10%；（3）开发项目位于其他地区的，不得低于5%；（4）属于经济适用房、限价房和危改房的，不得低于3%。

外资房地产企业：根据国税发［2001］142号，按10%预交企业所得税。

### （三）引申：归纳有关房屋自建的税务问题

房屋自建自用：免交营业税，组建固定资产按规定计提折旧。

房屋自建出租：按5%交营业税，有所得时交企业所得税。

房屋自建出售：营业税的自建税率3%（按组税价格）；出售税率（销售价格）5%。

房屋投资：合同中约定“风险共担”的，不交营业税，被投资方有所得交企业所得税；合同中规定“固定利润”的，认定为租金按5%交营业税，认定为“出资为假出租为真”。股权转让，不交营业税，有所得时交企业所得税。

## 五、应付工资

新会计准则：《企业会计准则第9号——职工薪酬》规定，应付职工薪酬为获得职工提供的服务而给予各种形式的报酬以及其他相关支出。

### （一）工资薪金支出的内容

《职工薪酬准则》职工薪酬范围：在职和离职后提供给职工的货币性和非货币性薪酬；提供给职工本人、配偶、子女或其他被赡养人福利等。

税收认定工资内容：基本工资、允许作为工资内容、视为工资的部分。具体包括基本工资、奖金、津贴、补贴、年终加薪、加班工资，以及与任职或者受雇有关的其他支出；地区补贴、物价补贴和误餐补贴均应作为工资薪金支出；高新技术人员获奖，算工资薪金所得，不算偶然所得。超过规定标准交纳或发放的住房公积金、住房补贴：商品房住房补贴（税务认定为工资）；住房困难补贴（免个税）；提租补贴（算工资薪金所得）。

《企业财务通则》（财政部令第41号）第四十二条：企业应当按照劳动合同及国家有关规定支付职工报酬，并为从事高危作业的职工缴纳团体人身意外伤害保险费，所需费用直接作为成本（费用）列支。经营者可以在工资计划中安排一定数额，对企业技术研发、降低能源消耗、治理“三废”、促进安全生产、开拓市场等作出突出贡献的职工给予奖励。

**（二）关于职工人员构成**

会计处理：企业会计制度：在本企业任职或与其有雇佣关系的员工包括固定职工、合同工、临时工，但下列情况除外：应从提取的职工福利费中列支的医务室、职工浴室、理发室、幼儿园、托儿所人员；已领取养老保险金、失业救济金的离退休职工、下岗职工、待岗职工；已出售的住房或租金收入计入住房周转金的出租房的管理服务人员。

《职工薪酬准则》职工的范围：与企业订立正式劳动合同的所有人员（含全职、兼职和临时职工）；企业正式任命的人员（如董事会、监事会和内部审计委员会成员等）；虽未订立正式劳动合同或企业未正式任命、但在企业的计划、领导和控制下提供类似服务的人员。

税务处理：财税字［1999］258号文件规定，企业在列支工资时，下列人员不得列入计税工资人员基数：与企业解除劳动合同关系的原企业职工；虽未与企业解除劳动合同关系，但企业不支付基本工资、生活费的人员；由职工福利费、劳动保险费等列支工资的职工。

实务中，工资对象税务一般认可三类人：正式职工、长期合同工、返聘离退休人员（2005年后），正规企业、事业单位，税务认可的是人力资源部门提供的名单；不认可的包括：在建工程人员、福利部门人员、离退休人员、和本公司解除合同的人员、临时工。（这与企业会计准则——应付职工薪酬核算对象有差异）。

**（三）计税工资扣除**

原税法下，区别内外资企业政策有差异。

1. 内资企业。

（1）企业工效挂钩工资：国有企业工效挂钩工资目前国企由国资委审批，如国资发分配［2005］303号。税法政策主要有国税发［1994］250号文、国税发［1998］86号、国税发［2004］82号文。

（2）计税工资：2006年7月1日前：根据财税字［1994］009号，每人每月800

元或 960 元（地方浮动 20%）。2006 年 7 月 1 日后：根据财税［2006］126 号及国税发［2006］137 号规定，每人每月 1600 元。

（3）饮食业提成工资。

（4）全额扣除行业：事业单位、高风险行业（如软件开发企业执行财税［1999］273 号文件）。

2. 外资企业：董事会决议通过的工资总额即为计税工资总额，可全额扣除。注意计提工资、实发工资、工资扣除标准和税前允许扣除工资额的区别。

3. 新企业所得税法。《实施条例》第三十四条：企业发生的合理的工资薪金支出，准予扣除。前款所称工资薪金，是指企业每一纳税年度支付给在本企业任职或者受雇的员工的所有现金形式或者非现金形式的劳动报酬，包括基本工资、奖金、津贴、补贴、年终加薪、加班工资，以及与员工任职或者受雇有关的其他支出。

4. 关于合理工资薪金和工资薪金总额。国税函［2009］3 号《国家税务总局关于企业工资薪金及职工福利费扣除问题的通知》（成文日期：2009 年 1 月 4 日）规定："一、关于合理工资薪金问题：《实施条例》第三十四条所称的'合理工资薪金'，是指企业按照股东大会、董事会、薪酬委员会或相关管理机构制定的工资薪金制度规定实际发放给员工的工资薪金。税务机关在对工资薪金进行合理性确认时，可按以下原则掌握：（一）企业制定了较为规范的员工工资薪金制度；（二）企业所制定的工资薪金制度符合行业及地区水平；（三）企业在一定时期所发放的工资薪金是相对固定的，工资薪金的调整是有序进行的；（四）企业对实际发放的工资薪金，已依法履行了代扣代缴个人所得税义务；（五）有关工资薪金的安排，不以减少或逃避税款为目的。二、关于工资薪金总额问题：《实施条例》第四十、四十一、四十二条所称的"工资薪金总额"，是指企业按照本通知第一条规定实际发放的工资薪金总和，不包括企业的职工福利费、职工教育经费、工会经费以及养老保险费、医疗保险费、失业保险费、工伤保险费、生育保险费等社会保险费和住房公积金。属于国有性质的企业，其工资薪金，不得超过政府有关部门给予的限定数额；超过部分，不得计入企业工资薪金总额，也不得在计算企业应纳税所得额时扣除。五、本通知自 2008 年 1 月 1 日起执行。"

企便函［2009］33 号国家税务总局关于 2009 年度税收自查有关政策问题的函（2009 年 9 月 4 日）：2008 年工资税前扣除方式改变的前后税收衔接问题。根据《国家税务总局关于企业工资薪金及职工福利费扣除问题的通知》（国税函［2009］3 号）第一条规定，工资薪金按实际发放为原则。如果企业将 2007 年度计提并已进行税前扣除的工资，在 2008 年度实际发放时再次进行税前扣除，应进行纳税调整。请各地税务机关在本阶段复核中作为重点复核的政策要点，督促企业进行自查调整。

5. 个人工资薪金所得与企业的工资费用支出比对。国税函［2009］259 号《关于加强个人工资薪金所得与企业的工资费用支出比对问题的通知》（成文日期：2009 年 5 月 15 日）："一、各地国税局应于每年 7 月底前，将所辖进行年度汇算清缴企业的纳税人名称、纳税人识别号、登记注册地址、企业税前扣除工资薪金支出总额等相关信息传递给同级地税局。地税局应对所辖企业及国税局转来的企业的工资薪金支出总额和已经代扣代缴个人所得税的工资薪金所得总额进行比对分析，对差异较大的，税务人员应到企业进行实地核查，或者提交给稽查部门，进行税务稽查。2009 年，地税局进行比对分析的户数，不得低于实际汇算清缴企业总户数的 10%。信息化基础较好的地区，可以根据本地实际扩大比对分析面，直至对所有汇算清缴的企业进行比对分析。二、地税局到企业进行实地核查时，主要审核其税前扣除的工资薪金支出是否足额扣缴了个人所得税；是否存在将个人工资、薪金所得在福利费或其他科目中列支而未扣缴个人所得税的情况；有无按照企业全部职工平均工资适用税率计算纳税的情况；以非货币形式发放的工资薪金性质的所得是否依法履行了代扣代缴义务；有无隐匿或少报个人收入情况；企业有无虚列人员、增加工资费用支出等情况。三、地税局在核查或检查中发现的问题，属于地税局征管权限的，应按照税收征管法及相关法律、法规的规定处理；属于国税局征管权限的，应及时将相关信息转交国税局处理。各地地税局应于每年 11 月底前，将国税局提供的有关信息的比对及使用效果等情况通报或反馈同级国税局。四、各级税务机关要高度重视此项工作，要将其作为提高个人所得税征管质量，规范工资薪金支出税前扣除，大力组织所得税收入的有效措施，精心组织，周密部署，扎扎实实地开展工作。要制定切实可行的工作方案，充分利用信息化手段加强比对工作。国税局和地税局之间要密切配合，通力协作，形成工作合力，按照本通知要求及时传递和反馈信息，共享信息资源和工作成果，对工作过程中发现的带有共性的问题，要联合采取措施，加强所得税管理。各省国税局、地税局在 2009 年底之前将工作情况正式书面上报税务总局（所得税司）。税务总局将在下半年组织检查、督导。”

6. 延长下岗失业人员再就业有关税收政策。财税［2009］23 号《财政部 国家税务总局关于延长下岗失业人员再就业有关税收政策的通知》（成文日期：2009 年 3 月 3 日）：“根据《国务院关于做好当前经济形势下就业工作的通知》（国发［2009］4 号）精神，一、对持《再就业优惠证》人员从事个体经营的，3 年内按每户每年 8000 元为限额依次扣减其当年实际应缴纳的营业税、城市维护建设税、教育费附加和个人所得税。二、对符合条件的企业在新增加的岗位中，当年新招用持《再就业优惠证》人员，与其签订 1 年以上期限劳动合同并缴纳社会保险费的，3 年内按实际招用人数予以定额依次扣减营业税、城市维护建设税、教育费附加和企业所得税。定额标准为每人每年 4000 元，可上下浮动 20%。由各省、自治区、直辖市人民政府根据本地区实际情况在此幅度内确定具体定额标准，并报财政部和国家税务总局备案。三、上述税收优惠政策的审批期限为 2009 年 1 月 1 日至 2009 年 12 月 31 日。具体操作办法继续按照《财政部 国家税务总局关于下岗失业人员再就业有关税收政策问题的通知》（财税［2005］186 号）和《国家税务总局劳动和社会保障部关于下岗失业人员再就业有关税收政策具体实施意见的通知》（国税发［2006］8 号）的相关规定执行。”

7. 吸收安置残废人企业的特别优惠。企业安置残疾人员的，按实际支付给残疾职工工资的 100% 加计扣除。

财税［2009］70 号《关于安置残疾人员就业有关企业所得税优惠政策问题的通知》（2009 年 4 月 30 日）：“一、企业安置残疾人员的，在按照支付给残疾职工工资据实扣除的基础上，可以在计算应纳税所得额时按照支付给残疾职工工资的100%加计扣除。企业就支付给残疾职工的工资，在进行企业所得税预缴申报时，允许据实计算扣除；在年度终了进行企业所得税年度申报和汇算清缴时，再依照本条第一款的规定计算加计扣除。二、残疾人员的范围适用《中华人民共和国残疾人保障法》的有关规定。三、企业享受安置残疾职工工资100%加计扣除应同时具备如下条件：（一）依法与安置的每位残疾人签定了1年以上（含1年）的劳动合同或服务协议，并且安置的每位残疾人在企业实际上岗工作；（二）为安置的每位残疾人按月足额缴纳了企业所在区县人民政府根据国家政策规定的基本养老保险、基本医疗保险、失业保险和工伤保险等社会保险；（三）定期通过银行等金融机构向安置的每位残疾人实际支付了不低于企业所在区县适用的经省级人民政府批准的最低工资标准的工资；（四）具备安置残疾人上岗工作的基本设施。四、企业应在年度终了进行企业所得税年度申报和汇算清缴时，向主管税务机关报送本通知第四条规定的相关资料、已安置残疾职工名单及其《中华人民共和国残疾人证》或《中华人民共和国残疾军人证（1至8级）》复印件和主管税务机关要求提供的其他资料，办理享受企业所得税加计扣除优惠的备案手续。五、在企业汇算清缴结束后，主管税务机关在对企业进行日常管理、纳税评估和纳税检查时，应对安置残疾人员企业所得税加计扣除优惠的情况进行核实。六、本通知自2008年1月1日起执行。”

8. 关于工效挂钩企业工资储备基金的处理。国税函［2009］98号《国税总局关于企业所得税若干税务事项衔接问题的通知》（2009年2月27日）：关于工效挂钩企业工资储备基金的处理：原执行工效挂钩办法的企业，在2008年1月1日以前已按规定提取，但因未实际发放而未在税前扣除的工资储备基金余额，2008年及以后年度实际发放时，可在实际发放年度企业所得税前据实扣除。

9. 辞退福利税务处理。在税务处理上，企业已经制定正式的解除劳动关系计划或提出自愿裁减建议，并即将实施而确认因解除与职工的劳动关系给予补偿而产生的预计负债，应在实际发生时才允许在税前扣除。

国税函［2001］918号：企业对已达一定工作年限、一定年龄或接近退休年龄的职工内部退养支付的一次性生活补贴，以及企业支付给解除劳动合同职工的一次性补偿支出（包括买断工龄支出）等，属于“与取得应纳税收入有关的所有必要和正常的支出”，原则上可以在企业所得税税前扣除。各种补偿性支出数额较大，一次性摊销对当年企业所得税收入影响较大的，可以在以后年度均匀摊销。

企便函［2009］33号国家税务总局关于2009年度税收自查有关政策问题的函（2009年9月4日）：“（十）企业向退休人员发放的补助的税前扣除问题。根据新企业所得税法实施条例第三十四条、《国家税务总局关于印发〈企业所得税税前扣除办法〉的通知》（国税发［2000］84号）第十八条规定，企业向退休人员发放的补助不得税前扣除。退休人员取得的上述补助应按规定扣缴个人所得税。”“（十五）企业因解除劳动关系向职工支付的经济补偿、生活补助等支出，应根据《财政部国家税务总局关于企业收取和交纳的各种价内外基金（资金、附加）和收费征免企业所得税等几个政策问题的通知》（财税字［1997］22号）第三条规定，按劳动部关于《违反和解除劳动合同的经济补偿办法》规定支付给职工的经济补偿金，可在企业所得税税前扣除。”

**（四）工会经费**

会计处理：按实际发放工资总额计提，借记相关成本费用科目，贷记“其他应付款”（企业会计制度）或“应付职工薪酬”（新准则），按《工会法》规定渠道支用。

税务处理：原企业所得税法，计税工资标准内计提的部分，才能税前扣除；新税法，据实扣除。

国税函［2000］678号文《国家税务总局关于工会经费税前扣除问题的通知》：工会经费只有向上一级工会上交一部分时才能企业所得税前扣除。建立工会组织的企业、事业单位、社会团体，按每月全部职工工资总额的2%向工会拨交的经费，凭工会组织开具的《工会经费拨缴款专用收据》在税前扣除。凡不能出具《工会经费拨缴款专用收据》的，其提取的职工工会经费不得在企业所得税前扣除。

总工发［2005］9号《中华全国总工会、国家税务总局关于进一步加强工会经费税前扣除管理的通知》：凡依法建立工会组织的企业、事业单位以及其他组织，每月按照全部职工工资总额的2%向工会拨缴工会经费，并凭工会组织开具的《工会经费拨缴款专用收据》在税前扣除。工资总额按照国家统计局《关于工资总额组成的规定》（1990年第1号令）颁布的标准执行，工资总额组成范围内的各种奖金、津贴和补贴等，均计算在内。《工会经费拨缴款专用收据》是由财政部、全国总工会统一监制和印制的收据，由工会系统统一管理。

国税发［2006］56号文：有关计税工资规定。

新企业所得税法《实施条例》第四十一条：企业拨缴的工会经费，不超过工资薪金总额2%的部分，准予扣除。

《企业财务通则》（财政部令第41号）第四十四条：工会经费按照国家规定比例提取并拨缴工会。

**（五）职工教育经费**

1. 会计处理：按实际发放工资总额计提，借记相关成本费用科目，贷记“其他应付款”（企业会计制度）或“应付职工薪酬”（新会计准则）。

2. 《企业财务通则》（财政部令第41号）第四十四条：职工教育经费按照国家规定的比例提取，专项用于企业职工后续职业教育和职业培训。

3. 税务处理：原企业所得税法，计税工资标准内计提的部分才能税前扣除；新税法据实限额扣除。

国税函［2003］847号《国家税务总局关于中国移动通信集团公司有关所得税问题的通知》：国家税务总局批准中国联通按2.5%计提职工教育经费并列支。

财税［2006］88号：第二项关于职工教育经费，对企业当年提取并实际使用的职工教育经费，在不超过计税工资总额2.5%以内的部分，可在企业所得税前扣除。

新企业所得税法《实施条例》第四十二条：除国务院财政、税务主管部门另有规定外，企业发生的职工教育经费支出，不超过工资薪金总额2.5%的部分，准予扣除；超过部分，准予在以后纳税年度结转扣除。

关于以前年度职工教育经费余额的处理：国税函［2009］98号国家税务总局关于企业所得税若干税务事项衔接问题的通知（2009年2月27日）：对于在2008年以前已经计提但尚未使用的职工教育经费余额，2008年及以后新发生的职工教育经费应先从余额中冲减。仍有余额的，留在以后年度继续使用。

软件生产企业职工教育经费的税前扣除问题：国税函［2009］202号《关于企业所得税执行中若干税务处理问题的通知》（成文日期：2009年4月21日）：软件生产企业发生的职工教育经费中的职工培训费用，根据《财政部 国家税务总局关于企业所得税若干优惠政策的通知》（财税［2008］1号）规定，可以全额在企业所得税前扣除。软件生产企业应准确划分职工教育经费中的职工培训费支出，对于不能准确划分的，以及准确划分后职工教育经费中扣除职工培训费用的余额，一律按照《实施条例》第四十二条规定的比例扣除。

财建［2006］317号关于印发《关于企业职工教育经费提取与使用管理的意见》的通知："（五）企业职工教育培训经费列支范围包括：1. 上岗和转岗培训；2. 各类岗位适应性培训；3. 岗位培训、职业技术等级培训、高技能人才培训；4. 专业技术人员继续教育；5. 特种作业人员培训；6. 企业组织的职工外送培训的经费支出；7. 职工参加的职业技能鉴定、职业资格认证等经费支出；8. 购置教学设备与设施；9. 职工岗位自学成才奖励费用；10. 职工教育培训管理费用；11. 有关职工教育的其他开支。（六）经单位批准或按国家和省、市规定必须到本单位之外接受培训的职工，与培训有关的费用由职工所在单位按规定承担。（七）经单位批准参加继续教育以及政府有关部门集中举办的专业技术、岗位培训、职业技术等级培训、高技能人才培训所需经费，可从职工所在企业职工教育培训经费中列支。（八）职工教育培训经费的60%以上应用于企业一线职工的教育和培训。职工教育培训经费的重点投向技能型人才特别是高技能人才的培养以及在岗人员的技术培训和继续学习。（九）企业职工参加社会上的学历教育以及个人为取得学位而参加的在职教育，所需费用应由个人承担。（十）对于企业高层管理人员的境外培训和考察，其一次性单项支出较高的费用应从其他管理费用中支出。"

**（六）个人所得税常见事项**

——关于工资、薪金所得：工资、薪金所得，是指个人因任职或者受雇而取得的工资、薪金、奖金、年终加薪、劳动分红、津贴、补贴以及任职或者受雇有关的其他所得。一般来说，工资、薪金所得属于非独立个人劳动所得。所谓非独立个人劳动，是指个人所从事的是由他人指定、安排并接受管理的劳动，工作或服务于公司、工厂、行政、事业单位的人员（私营企业主除外）均为非独立劳动者。他们从上述单位取得的劳动报酬，是以工资、薪金的形式体现的。在这类报酬中，工资和薪金的收入主体略有差异。通常情况下，把直接从事生产、经营或服务的劳动者（工人）的收入称为工资，即所谓“蓝领阶层”所得；而将从事社会公职或管理活动的劳动者（公职人员）的收入称为薪金，即所谓“白领阶层”所得。从简便易行的角度考虑，将工资、薪金合并为一个项目计征个人所得税。

个人取得的应纳税所得，包括现金、实物和有价证券。所得为实物的，应当按照取得的凭证上所注明的价格计算应纳税所得额；无凭证的实物或者凭证上所注明的价格明显偏低的，由主管税务机关参照当地的市场价格核定应纳税所得额。所得为有价证券的，由主管税务机关根据票面价格和市场价格核定应纳税所得额。

免征个人所得税的优惠：(1）省级人民政府、国务院部委和中国人民解放军军以上单位，以及外国组织颁发的科学、教育、技术、文化、卫生、体育、环境保护等方面的奖金。(2）国债和国家发行的金融债券利息。(3）按照国家统一规定发给的补贴、津贴。指按照国务院规定发给的政府特殊津贴和国务院规定免纳个人所得税的补贴、津贴。发给中国科学院资深院士和中国工程院资深院士每人每年1万元的资深院士津贴免予征收个人所得税。国务院规定免纳个人所得税的补贴、津贴：独生子女补贴、执行公务员工资制度未纳入基本工资总额的补贴、津贴差额和家属成员的副食品补贴、托儿补助费、差旅费津贴、误餐补助。(4）福利费、抚恤金、救济金。这里所说的福利费，是指根据国家有关规定，从企业、事业单位、国家机关、社会团体提留的福利费或者工会经费中支付给个人的生活补助费；所说的救济金，是指国家民政部门支付给个人的生活困难补助费。(5）保险赔款。(6）军人的转业费、复员费。(7）按照国家统一规定发给干部、职工的安家费、退职费、退休工资、离休工资、离休生活补助费。(8）关于发给见义勇为者的奖金。(9）企业和个人按照省级以上人民政府规定的比例提取并缴付的住房公积金、医疗保险金、基本养老保险金、失业保险金，不计入个人当期的工资、薪金收入，免予征收个人所得税。超过规定的比例缴付的部分计征个人所得税。个人领取原提存的住房公积金、医疗保险金、基本养老保险金时免予征收个人所得税。

减征个人所得税的优惠：(1）残疾、孤老人员和烈属的所得。(2）因严重自然灾害造成重大损失的。(3）其他经国务院财政部门批准减税的。

暂免征收个人所得税的优惠：外籍个人；个人举报、协查各种违法、犯罪行为而获得的奖金；个人办理代扣代缴税款手续，按规定取得的扣缴手续费；个人转让自用达5年以上并且是惟一的家庭居住用房取得的所得；对按《国务院关于高级专家离休退休若干问题的暂行规定》和《国务院办公厅关于杰出高级专家暂缓离休审批问题的通知》精神，达到离休、退休年龄，但确因工作需要，适当延长离休、退休年龄的高级专家（指享受国家发放的政府特殊津贴的专家、学者），其在延长离休、退休期间的工资、薪金所得，视同退休工资、离休工资免征个人所得税；股权分置改革中非流通股股东通过对价方式向流通股股东支付的股份、现金等收入，暂免征收流通股股东应缴纳的个人所得税。

——关于个人提供担保取得收入征收个人所得税问题：个人为单位或他人提供担保获得报酬，应按照《个人所得税法》规定的“其他所得”项目缴纳个人所得税，税款由支付所得的单位或个人代扣代缴。

——相关政策归纳：

1. 关于个人所得税法实施条例的修改。国务院令452号《国务院关于修改〈中华人民共和国个人所得税法实施条例〉的决定》：自2006年1月1日起施行。免征个人所得税的奖金项目：按照国务院规定发给的政府特殊津贴、院士津贴、资深院士津贴，以及国务院规定免纳个人所得税的其他补贴、津贴。

国务院令第519号《国务院关于修改〈中华人民共和国个人所得税法实施条例〉的决定》：个人所得的形式，包括现金、实物、有价证券和其他形式的经济利益。自2008年3月1日起施行。

2. 减除费用标准。国税发［2005］196号《关于工资薪金所得计算缴纳个人所得税政策衔接问题的通知》（2005年12月9日）：根据十届全国人大常委会第十八次全体会议《关于修改〈中华人民共和国个人所得税法〉的决定》，从2006年1月1日起，工资、薪金所得费用扣除标准从每月800元提高到每月1600元。

财税［2005］183号《财政部　国家税务总局关于个人所得税工资薪金所得减除费用标准有关政策问题的通知》（2005年12月19日）：纳税人自2006年1月1日起就其实际取得的工资、薪金所得，按照1600元/月的减除费用标准，计算缴纳个人所得税。工资、薪金所得政策口径，各地一律按统一标准执行（需要关注的是，部分省市仍有物价补贴）。

国税发［2008］20号《关于个人所得税工资薪金所得减除费用标准政策衔接问题的通知》：根据《中华人民共和国主席令》（第八十五号）公布的《全国人民代表大会常务委员会关于修改〈中华人民共和国个人所得税法〉的决定》（2007年12月29日第十届全国人民代表大会常务委员会第三十一次会议通过），自2008年3月1日起，个人所得税工资、薪金所得减除费用标准从每月1600元提高到每月2000元。工资、薪金所得计算缴纳个人所得税的政策衔接问题。

国税函［2007］1306号《国家税务总局关于2007年度李四光地质科学奖奖金免征个人所得税问题的通知》：国土资源部根据《李四光地质科学奖章程》2007年共评出16位获奖者，每人奖金5万元人民币。根据《中华人民共和国个人所得税法》第四条关于国务院部、委颁发的科学、教育、技术等方面的奖金免征个人所得税的规定，对2007年李四光地质科学奖获奖者个人所获奖金，免予征收个人所得税。

3. 个人所得税代扣代缴手续费涉及个人所得税、营业税、企业所得税。财税字［1994］20号《财政部、国家税务总局关于个人所得税若干政策问题的通知》：个人办理代扣代缴税款手续，按规定取得的扣缴手续费，暂免征收个人所得税。

手续费发给个人时，会计处理：暂收暂付，借记“银行存款”，贷记“其他应付款”；借记“其他应付款”，贷记“现金”。

税务处理：免个人所得税。

手续费不发给个人时，会计处理：借记“其他应付款”，贷记“待转资产价值”；借记“待转资产价值”，贷记“资本公积”。

税务处理：视同个人对企业捐赠。

财行［2005］365号《财政部　国家税务总局　中国人民银行关于进一步加强代扣代收代征税款手续费管理的通知》："三代"范围（代扣代缴、代收代缴、委托代征），税务机关应对负有代扣代缴、代收代缴义务的扣缴义务人办理扣缴税款登记，核发扣缴税款登记证件；税务机关委托单位和个人代征税款应签定委托代征协议书，明确双方的权利和义务，职责与责任。税务机关应在"三代"单位和个人申报并结报票款后，按有关规定支付"三代"税款手续费。对不能及时支付的，应予说明，并在1个季度内结清，最长不得超过6个月。因税务机关的原因，未领或少领"三代"手续费的单位和个人，有权要求税务机关按照规定及时支付手续费。因"三代"单位和个人自己的原因，3年不到税务机关领取"三代"税款手续费的，税务机关将停止支付手续费。"三代"单位所取得的手续费收入应该单独核算，计入本单位收入，用于"三代"管理支出，也可以适当奖励相关工作人员。

企业按照税务机关的要求履行扣缴税款义务，实际上是代理行为，只不过是法定代理，该项代理收入应作为其他业务收入缴纳营业税。此项手续费收入是企业的一项业务收入，同样，在税法没有规定将其纳入免税收入和不征税收入的情况下，企业应将该收入纳入收入总额计算缴纳企业所得税。

4. 出差补贴、误餐补助、通信补贴、交通补贴收入。国税发［1994］89号：出差补贴和误餐补助免征个人所得税，所得税前扣除。其中，误餐补助是指按照财政部规定，个人因公在城区、郊区工作，不能在工作单位或返回就餐的，根据实际误餐顿数，按规定的标准领取的误餐费。单位以误餐补助名义发给职工的补助、津贴不能包括在内。

财企［2009］242号《关于企业加强职工福利费财务管理的通知》第一条规定：为职工卫生保健、生活等发放或支付的各项现金补贴和非货币性福利属于福利费，包括未办职工食堂统一供应午餐支出。

企业差旅费补助标准可以按照财政部门制定的标准执行或经企业董事会决议自定标准。自定标准的应将企业董事会决议和内部控制文书报主管税务机关备案。《财政部关于印发〈中央国家机关和事业单位差旅费管理办法〉的通知》（财行［2006］313号）规定，从2007年1月1日起，出差人员住宿，暂时按照副部长级人员每人每天600元、司局级人员每人每天300元、处级以下人员每人每天150元标准以下凭据报销。差旅费开支范围包括城市间交通费、住宿费、伙食补助费和公杂费。城市间交通费和住宿费在规定标准内凭据报销，伙食补助费和公杂费实行定额包干。出差人员的伙食补助费按出差自然（日历）天数实行定额包干，每人每天50元。出差人员的公杂费按出差自然（日历）天数实行定额包干，每人每天30元，用于补助市内交通、通信等支出。

国税发［1999］58号《国家税务总局关于个人所得税有关政策问题的通知》：个人因公务用车和通讯制度改革而取得的公务用车、通讯补贴收入，扣除一定标准的公务费用后，按照"工资、薪金"所得项目计征个人所得税按月发放的，并入当月"工资、薪金"所得计征个人所得税；不按月发放的，分解到所属月份并与该月份"工资、薪金”所得合并后计征个人所得税：单位为个人通讯工具（因公需要）负担通讯费采取全额实报实销或限额实报实销部分的，可不并入当月工资、薪金征收个人所得税；单位为个人通讯工具负担通讯费采取发放补贴形式的，应并入当月工资、薪金计征个人所得税。从中不难看出，只要纳税人发放现金，不论是以何种名义发放，都会被税务机关视作工薪所得而征收个人所得税。

企便函［2009］33 号《国家税务总局关于个人所得税有关政策问题的通知》（国税发［1999］58 号）第二条规定，企业向职工发放的通讯补贴，扣除一定标准的公务费用后，按照“工资、薪金”所得项目计征个人所得税。公务费用扣除标准由当地政府制定，如当地政府未制定公务费用扣除标准，按通讯补贴全额的 20% 作为个人收入扣缴个人所得税。

国税函［2006］245 号国家税务总局关于个人因公务用车制度改革取得补贴收入征收个人所得税问题的通知：因公务用车制度改革而以现金报销等形式向职工个人支付的收入，均应视为个人取得公务用车补贴收入，按照“工资、薪金所得”项目计征个人所得税；具体计征方法，按《国家税务总局关于个人所得税有关政策问题的通知》（国税发［1999］58 号）第二条“关于个人取得公务交通、通讯补贴收入征税问题”的有关规定执行。

国税函［2009］3 号《国家税务总局关于企业工资薪金及职工福利费扣除问题的通知》规定，企业为员工报销的燃油费，应作为职工交通补贴在职工福利费中扣除。

财企［2009］242 号会计上已经实行货币化改革的，按月按标准发放或支付的交通补贴或者车改补贴应当纳入职工工资总额，不再纳入职工福利费管理；尚未实行货币化改革的，企业发生的相关支出作为职工福利费管理。而税法上则统一做福利费。

企便函［2009］33 号：根据《国家税务总局关于个人所得税有关政策问题的通知》（国税发［1999］58 号）第二条规定，企业采用报销私家车燃油费等方式向职工发放交通补贴的行为，扣除一定标准的公务费用后，按照“工资、薪金”所得项目计征个人所得税。公务费用扣除标准由当地政府制定，如当地政府未制定公务费用扣除标准，按交通补贴全额的 30% 作为个人收入扣缴个人所得税。

5. 年终发放数月奖金、年薪计税政策的变化。国税发［2005］9 号《关于调整个人取得全年一次性奖金等计算征收个人所得税方法问题的通知》：一次性奖金也包括年终加薪、实行年薪制和绩效工资办法的单位根据考核情况兑现的年薪和绩效工资。先将雇员当月内取得的全年一次性奖金除以 12 个月，按其商数确定适用税率和速算扣除数；再将雇员个人当月内取得的全年一次性奖金，按上述适用税率和速算扣除数计算征税；在一个纳税年度内，对每一个纳税人，该计税办法只允许采用一次。

例 1－14，发年终奖 12 万元，按 2004 年政策计算个人所得税：120000 × 45% － 15375 = 38625（元）；按国税发［2005］9 号文件计算个人所得税为：120000 × 20% － 375 = 23625（元），税负明显降低。

但这个政策规定的个人所得税税率计算方法，既不是总额累进，也不是超额累进，带来了临界点不公平问题：年终奖相差几十元，个税多交一百多元。又如，甲年终奖

6000 元，计缴个税为：6000 × 5% - 0 = 300（元），乙年终奖 6060 元，计缴个税为：6060 × 10% - 25 = 581（元），不公平性一目了然。

建议措施：对乙年终奖按 6000 元发放，按国税发［2005］9 号文件计缴个税；另 60 元按加班工资发放，并入当月工资薪金计缴个税。

不含税全年一次性奖金收入计征个人所得税。

国税函［2005］715 号《关于纳税人取得不含税全年一次性奖金收入计征个人所得税问题的批复》（2005 年 7 月 7 日）：（1）按照不含税的全年一次性奖金收入除以 12 的商数，查找相应适用税率 A 和速算扣除数 A。（2）含税的全年一次性奖金收入 =（不含税的全年一次性奖金收入 - 速算扣除数 A）÷（1 - 适用税率 A）。（3）按含税的全年一次性奖金收入除以 12 的商数，重新查找适用税率 B 和速算扣除数 B。（4）应纳税额 = 含税的全年一次性奖金收入 × 适用税率 B - 速算扣除数 B。

6. “五险一金”项目扣除问题。

——关于失业保险费（金）征税问题：城镇企业事业单位及其职工个人按照《失业保险条例》规定的比例，实际缴付的失业保险费，均不计入职工个人当期工资、薪金收入，免予征收个人所得税；超过《失业保险条例》规定的比例缴付失业保险费的，应将其超过规定比例缴付的部分计入职工个人当期的工资、薪金收入，依法计征个人所得税。具备《失业保险条例》规定条件的失业人员，领取的失业保险金，免予征收个人所得税。

——关于支付各种免税之外的保险金的征税方法：企业为员工支付各项免税之外的保险金，应在企业向保险公司缴付时（即该保险落到被保险人的保险账户）并入员工当期的工资收入，按“工资、薪金所得”项目计征个人所得税，税款由企业负责代扣代缴。

——办理补充养老保险退保和提供担保个人所得税的征税方法：关于单位为个人办理补充养老保险退保后个人所得税及企业所得税的处理问题。单位为职工个人购买商业性补充养老保险等，在办理投保手续时应作为个人所得税的“工资、薪金所得”项目，按税法规定缴纳个人所得税；因各种原因退保，个人未取得实际收入的，已缴纳的个人所得税应予以退回。

财税［1997］144 号、国税发［2000］83 号：“三项统筹保险及住房公积金”不交个人所得税。

国税函［2005］318 号：省级政府规定标准内的“五大保险费”（养老、医疗、失业、工伤、生育保险）支出允许所得税前扣除；商业险和补充保险不允许在税前扣除，个人所得部分计入当月工资薪金所得计缴个人所得税。特例：医疗改革城市工资总额的 4% 的医疗补充保险，可以税前扣除，个人不交个税。

财税［2005］94 号：单位为个人办理补充养老保险，并入个人工资薪金所得纳税。

财企［2008］34 号《财政部关于企业新旧财务制度衔接有关问题的通知》：补充养老保险属于企业职工福利范畴，由企业缴费和个人缴费共同组成。补充养老保险的企业缴费总额在工资总额 4% 以内的部分，从成本（费用）中列支。企业缴费总额超出规定比例的部分，不得由企业负担，企业应当从职工个人工资中扣缴。个人缴费全部由个人负担，企业不得提供任何形式的资助。

财税［2008］8号《财政部　国家税务总局关于生育津贴和生育医疗费有关个人所得税政策的通知》：生育妇女按照县级以上人民政府根据国家有关规定制定的生育保险办法，取得的生育津贴、生育医疗费或其他属于生育保险性质的津贴、补贴，免征个人所得税。

国务院令452号《国务院关于修改〈中华人民共和国个人所得税法实施条例〉的决定》：自2006年1月1日起施行。“三险一金”免交个税：基本养老保险费、基本医疗保险费、失业保险费、住房公积金，从纳税义务人的应纳税所得额中扣除。

财税［2006］12号：企业交住房公积金，最高不超过上年平均工资总额12%，企业可以税前扣除，个人免交个人所得税。

《企业财务通则》（财政部令第41号）第四十三条：企业应当依法为职工支付基本医疗、基本养老、失业、工伤等社会保险费，所需费用直接作为成本（费用）列支。已参加基本医疗、基本养老保险的企业，具有持续盈利能力和支付能力的，可以为职工建立补充医疗保险和补充养老保险，所需费用按照省级以上人民政府规定的比例从成本（费用）中提取。超出规定比例的部分，由职工个人负担。

国税函［2005］318号《国家税务总局关于单位为员工支付有关保险缴纳个人所得税问题的批复》（2005年4月13日）规定：依据《中华人民共和国个人所得税法》及有关规定，对企业为员工支付各项免税之外的保险金，应在企业向保险公司缴付时（即该保险落到被保险人的保险账户）并入员工当期的工资收入，按“工资、薪金所得”项目计征个人所得税，税款由企业负责代扣代缴。

财税［2009］27号《财政部　国家税务总局关于补充养老保险费、补充医疗保险费有关企业所得税政策问题的通知》（成文日期：2009年6月2日）：自2008年1月1日起，企业根据国家有关政策规定，为在本企业任职或者受雇的全体员工支付的补充养老保险费、补充医疗保险费，分别在不超过职工工资总额5%标准内的部分，在计算应纳税所得额时准予扣除；超过的部分，不予扣除。

企便函［2009］33号国家税务总局关于2009年度税收自查有关政策问题的函（2009年9月4日）：

——企业为职工购买人身意外险的企业所得税前扣除问题。根据《国家税务总局关于印发〈企业所得税税前扣除办法〉的通知》（国税发［2000］84号）第四十九条及新企业所得税法实施条例第三十六条规定，除企业依照国家有关规定为特殊工种职工支付的人身安全保险费和国务院财政、税务主管部门规定可以扣除的其他商业保险费（如为从事高危工种职工投保的工伤保险、为因公出差的职工按次投保的航空意外险）外，企业为投资者或者职工支付的商业保险费，不得在企业所得税前扣除。

——企业为职工购买的人身意外险的个人所得税问题。根据《国家税务总局关于单位为员工支付有关保险缴纳个人所得税问题的批复》（国税函［2005］318号）规定，企业为员工支付各项免税之外的保险金，应在企业向保险公司缴付时并入员工当期

的工资收入，按“工资、薪金所得”项目计征个人所得税。

——企业为职工缴付的补充医疗保险的个人所得税问题。《财政部国家税务总局关于住房公积金医疗保险金、养老保险金征收个人所得税问题的通知》（财税字［1997］144号）规定，应扣缴个人所得税。如果企业委托保险公司单独建账，集中管理，未建立个人账户，应按企业统一计提时所用的具体标准乘以每人每月工资总额计算个人每月应得补充医疗保险，全额并入当月工资扣缴个人所得税。

7. 住房补贴、住房租赁。财税字［1997］144号《财政部国家税务总局关于住房公积金、医疗保险金、养老保险金征收个人所得税问题的通知》第三条规定：企业以现金形式发给个人的住房补贴、医疗补助费，应全额计入领取人的当期工资、薪金收入计征个人所得税，但对外籍个人以实报实销方式取得的住房补贴，仍按照相关条件，暂免征收个人所得税。

国税函［1999］165号：住房补贴并入工资薪金缴个人所得税，但很多省市地税局发文对此项支出免交个人所得税。

国税发［2001］39号：企业为员工按省政府规定的标准发放的住房补贴可以不作为工资总额（列管理费用），企业可以所得税前扣除，但个人需交个税。

财税［2008］24号《财政部　国家税务总局关于廉租住房经济适用住房和住房租赁有关税收政策的通知》：对个人按《廉租住房保障办法》（建设部等9部委令第162号）规定取得的廉租住房货币补贴，免征个人所得税；对于所在单位以廉租住房名义发放的不符合规定的补贴，应征收个人所得税。对个人出租住房取得的所得减按10%的税率征收个人所得税；对个人出租、承租住房签订的租赁合同，免征印花税；对个人出租住房，不区分用途，在3%税率的基础上减半征收营业税，按4%的税率征收房产税，免征城镇土地使用税；对企事业单位、社会团体以及其他组织按市场价格向个人出租用于居住的住房，减按4%的税率征收房产税。

国税函［2009］639号《国家税务总局关于个人转租房屋取得收入征收个人所得税问题的通知》（成文日期：2009年11月18日）：（1）个人将承租房屋转租取得的租金收入，属于个人所得税应税所得，应按“财产租赁所得”项目计算缴纳个人所得税。（2）取得转租收入的个人向房屋出租方支付的租金，凭房屋租赁合同和合法支付凭据允许在计算个人所得税时，从该项转租收入中扣除。（3）《国家税务总局关于个人所得税若干业务问题的批复》（国税函［2002］146号）有关财产租赁所得个人所得税前扣除税费的扣除次序调整为：①财产租赁过程中缴纳的税费；②向出租方支付的租金；③由纳税人负担的租赁财产实际开支的修缮费用；④税法规定的费用扣除标准。

但有些省份对符合标准的缴存住房公积金中心的住房补贴也是免予征税的，纳税人可以参照所在地的规定。

《企业财务通则》（财政部令第41号）第四十四条：企业为职工缴纳住房公积金以及职工住房货币化分配的财务处理，按照国家有关规定执行。

8. 关于个人所得税申报管理。国务院令452号《国务院关于修改〈中华人民共和国个人所得税法实施条例〉的决定》：自2006年1月1日起施行。全员全额申报。

国税发［2005］205号国家税务总局关于印发《个人所得税全员全额扣缴申报管理暂行办法》的通知：从2006年1月1日起执行。注意附件扣缴个人所得税报告表、支付个人收入明细表。

国税发［2005］207号国家税务总局关于个人所得税纳税人纳税申报有关事项的通知：哪些纳税人2005年度办理纳税申报，纳税人自2006年1月1日起，当年取得所得12万元以上的，应认真记录各项收入信息，按规定于次年3月底前向主管税务机关申报年度全部所得。

国税发［2005］120号国家税务总局关于印发《个人所得税管理办法》的通知：个人收入档案管理制度、代扣代缴明细账制度、纳税人与扣缴义务人向税务机关双向申报制度与社会各部门配合的协税制度、加快信息化建设、加强高收入者的重点管理、加强税源的源泉管理、加强全员全额管理。

国税发［2006］162号关于印发《个人所得税自行纳税申报办法（试行）》的通知：申报内容、申报地点、申报期限、申报方式、申报管理、法律责任。

国税函［2006］1200号关于明确年所得12万元以上自行纳税申报口径的通知：所得计算口径主要是为了方便纳税人履行自行申报义务，仅适用于个人年所得12万元以上的年度自行申报，不适用于个人计算缴纳税款。

国税函［2007］1248号关于加强年所得12万元以上个人自行纳税申报信息保密管理的通知：要求切实维护纳税人的合法权益，规范和加强年所得12万元以上个人自行纳税申报信息的保密管理。

9. 企业承担的个人应交个人所得税业务。《企业财务通则》（财政部令第41号）第四十六条：企业不得承担属于个人的下列支出：（1）娱乐、健身、旅游、招待、购物、馈赠等支出；（2）购买商业保险、证券、股权、收藏品等支出；（3）个人行为导致的罚款、赔偿等支出；（4）购买住房、支付物业管理费等支出；（5）应由个人承担的其他支出。

对企业为个人承担的个人所得税，会计处理与税务处理有差异：

会计处理：一般列“营业外支出”。

税务处理：国税函［2005］715号中规定：企业负担的个税属与“生产经营无关的支出”，不能从所得税前扣除。

建议：若企业由于需要，高薪聘请特殊员工并由企业承担特殊员工个税，应将个人所得还原成税前所得，按换算额支付工资并计缴个人所得税。

10. 明确个人兼职和退休人员再任职征收个人所得税问题。国税函［2005］382号：个人兼职取得的收入应按照“劳务报酬所得”应税项目缴纳个人所得税；退休人员再任职取得的收入，在减除按个人所得税法规定的费用扣除标准后，按“工资、薪金所得”应税项目缴纳个人所得税。

国税函［2008］723号《关于离退休人员取得单位发放离退休工资以外奖金补贴征收个人所得税的批复》（2008年8月7日）：离退休人员除按规定领取离退休工资或养老金外，另从原任职单位取得的各类补贴、奖金、实物，不属于《中华人民共和国个人所得税法》第四条规定可以免税的退休工资、离休工资、离休生活补助费。根据《中华人民共和国个人所得税法》及其实施条例的有关规定，离退休人员从原任职单位取得的各类补贴、奖金、实物，应在减除费用扣除标准后，按“工资、薪金所得”应税项目缴纳个人所得税。

11. 旅游支出。会计处理：有的列费用，有的列“应付福利费”。

税务处理：财税［2004］11 号《财政部 国家税务总局关于企业以免费旅游方式提供对营销人员个人奖励有关个人所得税政策的通知》：按照我国现行个人所得税法律法规有关规定，对商品营销活动中，企业和单位对营销业绩突出人员以培训班、研讨会、工作考察等名义组织旅游活动，通过免收差旅费、旅游费对个人实行的营销业绩奖励（包括实物、有价证券等），应根据所发生费用全额计入营销人员应税所得，依法征收个人所得税，并由提供上述费用的企业和单位代扣代缴。其中，对企业雇员享受的此类奖励，应与当期的工资薪金合并，按照“工资、薪金所得”项目征收个人所得税；对其他人员享受的此类奖励，应作为当期的劳务收入，按照“劳务报酬所得”项目征收个人所得税。上述规定明确了“免费旅游”属于支付个人所得，因此，对企业和单位给非营销人员以免费旅游方式给予奖励，应当比照上述规定扣缴个人所得税。

企业组织职工旅游发生的费用支出纳入职工福利费（职工福利费包括为职工卫生保健、生活、住房、交通等所发放的各项补贴和非货币性福利）管理范畴，并按照税收规定扣除。如果企业以职工旅游的名义，列支职工家属或者其他非本单位雇员所发生的旅游费，则属于与生产经营无关的支出，不得纳入职工福利费管理，也不得税前扣除。通过支付给中介（培训公司）相关费用，采取学习与旅游结合模式，取得中介开具的培训费发票，而不是旅行社的发票。

12. 股票期权。财税［2005］35 号：职业经理人股票激励所得按“工资薪金所得”项目计缴个人所得税，社会专家股票激励所得按“劳务报酬所得”项目计缴个人所得税。在适用税率计算上，可按取得股票市价的 1/12 去找对应税率及速算扣除数。

国税函［2006］902 号《关于个人股票期权所得缴纳个人所得税有关问题的补充通知》。

财税［2009］5 号《财政部 国家税务总局关于股票增值权所得和限制性股票所得征收个人所得税有关问题的通知》（成文日期：2008 年 1 月 7 日）：对于个人从上市公司（含境内、外上市公司，下同）取得的股票增值权所得和限制性股票所得，比照《财政部 国家税务总局关于个人股票期权所得征收个人所得税问题的通知》（财税［2005］35 号）、《国家税务总局关于个人股票期权所得缴纳个人所得税有关问题的补充通知》（国税函［2006］902 号）的有关规定，计算征收个人所得税。本通知所称股票增值权，是指上市公司授予公司员工在未来一定时期和约定条件下，获得规定数量的股票价格上升所带来收益的权利。被授权人在约定条件下行权，上市公司按照行权日与授权日二级市场股票差价乘以授权股票数量，发放给被授权人现金。本通知所称限制性股票，是指上市公司按照股权激励计划约定的条件，授予公司员工一定数量本公司的股票。实施股票增值权计划或限制性股票计划的境内上市公司，应在向中国证监会报备的同时，将企业股票增值权计划、限制性股票计划或实施方案等有关资料报送主管税务机关备案。实施股票增值权计划或限制性股票计划的境内上市公司，应在做好个人所得税扣缴工作的同时，按照《国家税务总局关于印发〈个人所得税全员全额扣缴申报管理暂行办法〉的通知》（国税发［2005］205号）的有关规定，向主管税务机关报送其员工行权等涉税信息。

13. 股息红利所得计税。国税函［1997］656号《国家税务总局关于利息、股息、红利所得征税问题的通知》规定：扣缴义务人将属于纳税义务人应得的利息、股息、红利收入，通过扣缴义务人的往来科目分配到个人名下，收入所有人有权随时提取，在这种情况下，扣缴义务人将利息、股息、红利所得分配到个人名下时，即应认为所得的支付，应按税收法规规定及时代扣代缴个人应缴纳的个人所得税。

财税［2003］158号：个人投资者从被投资企业借款，纳税年度结束还未归还，视同个人取得“股息红利”所得计税。

财税［2005］102号《财政部 国家税务总局关于股息红利个人所得税有关政策的通知》对个人投资者从上市公司取得的股息红利所得，暂减按50%计入个人应纳税所得额，依照现行税法规定计征个人所得税。上述规定自文发之日起（2005年6月13日）执行。

财税［2005］107号《财政部 国家税务总局关于股息红利有关个人所得税政策的补充通知》：财税［2005］102号文下发之日后（含当日）上市公司实际派发的股息红利所得，按照财税［2005］102号文规定的减征个人所得税政策执行；对证券投资基金从上市公司分配取得的股息红利所得，按照财税［2005］102号文规定，扣缴义务人在代扣代缴个人所得税时，减按50%计算应纳税所得额。

14. 开放式证券投资基金收益分配中取得的收入。财税［2002］128号《财政部 国家税务总局关于开放式证券投资基金有关税收问题的通知》：投资者（包括个人和机构投资者）从基金收益分配中取得的收入，暂不征收个人所得税和企业所得税。

15. 企业为个人股东购车并承担费用。有的企业给个人股东买车，股东作为办公车辆使用，车辆费用在企业列支。

会计处理：有的企业在成本费用中列支了车辆费用。

税务处理：国税函［2005］364号《国家税务总局关于企业为股东个人购买汽车征收个人所得税的批复》：企业购买车辆并将车辆所有权办到股东个人名下，其实质为企业对股东进行了红利性质的实物分配，应按照“利息、股息、红利所得”项目征收个人所得税。考虑到该股东个人名下的车辆同时也为企业经营使用的实际情况，允许合理减除部分所得，减除的具体数额由主管税务机关根据车辆的实际使用情况合理确定。企业为个人股东购买的车辆，不属于企业的资产，不得在企业所得税前扣除折旧。

16. 企业向个人支付不竞争款项征收个人所得税问题。财税［2007］102号《财政部 国家税务总局关于企业向个人支付不竞争款项征收个人所得税问题的批复》（2007年9月12日）：不竞争款项是指资产购买方企业与资产出售方企业自然人股东之间在资产购买交易中，通过签订保密和不竞争协议等方式，约定资产出售方企业自然人股东在交易完成后一定期限内，承诺不从事有市场竞争的相关业务，并负有相关技术资料的保密义务，资产购买方企业则在约定期限内，按一定方式向资产出售方企业自然人股东所支付的款项。资产出售方企业自然人股东取得的所得，应按照“偶然所得”项目计算缴纳个人所得税，税款由资产购买方企业在向资产出售方企业自然人股东支付不竞争款项时代扣代缴。

17. 个人通过网络买卖虚拟货币取得收入征收个人所得税。国税函［2008］818号《关于个人通过网络买卖虚拟货币取得收入征收个人所得税问题的批复》：个人通过网络收购玩家的虚拟货币，加价后向他人出售取得的收入，应按照“财产转让所得”项目计算缴纳个人所得税。个人销售虚拟货币的财产原值为其收购网络虚拟货币所支付的价款和相关税费。对于个人不能提供有关财产原值凭证的，由主管税务机关核定其财产原值。

18. 合伙企业合伙人所得税问题。财税［2008］159号《关于合伙企业合伙人所得税问题的通知》（成文日期：2008年12月23日）：合伙企业以每一个合伙人为纳税义务人。合伙企业合伙人是自然人的，缴纳个人所得税；合伙人是法人和其他组织的，缴纳企业所得税。合伙企业生产经营所得和其他所得采取“先分后税”的原则。具体应纳税所得额的计算按照《关于个人独资企业和合伙企业投资者征收个人所得税的规定》（财税［2000］91号）及《财政部　国家税务总局关于调整个体工商户个人独资企业和合伙企业个人所得税税前扣除标准有关问题的通知》（财税［2008］65号）的有关规定执行。合伙企业的合伙人是法人和其他组织的，合伙人在计算其缴纳企业所得税时，不得用合伙企业的亏损抵减其盈利。上述规定自2008年1月1日起执行。此前规定与本通知有抵触的，以本通知为准。

19. 关于代开货物运输业发票个人所得税预征率。国税函［2008］977号《国家税务总局关于代开货物运输业发票个人所得税预征率问题的通知》：对《国家税务总局关于货物运输业若干税收问题的通知》（国税发［2004］88号）第四条规定的代开货运发票的个人所得税纳税人，统一按开票金额的2.5%预征个人所得税。年度终了后，查账征税的代开货运发票个人所得税纳税人，按本通知第一条规定预征的个人所得税可以在汇算清缴时扣除；实行核定征收个人所得税的，按本通知第一条规定预征的个人所得税，不得从已核定税额中扣除。

20. 关于企业改组改制过程中个人取得的量化资产征税问题。国税发［2000］60号《关于企业改组改制过程中个人取得的量化资产征收个人所得税问题的通知》：对职工个人以股份形式取得的量化资产仅作为分红依据，不拥有所有权的企业量化资产，不征收个人所得税。对职工个人以股份形式取得的拥有所有权的企业量化资产，暂缓征收个人所得税；待个人将股份转让时，就其转让收入额，减除个人取得该股份时实际支付的费用支出和合理转让费用后的余额，按“财产转让所得”项目计征个人所得税。对职工个人以股份形式取得的企业量化资产参与企业分配而获得的股息、红利，应按“利息、股息、红利”项目征收个人所得税。

21. 对个人因解除劳动合同取得经济补偿金的征税方法。根据《财政部　国家税务总局关于个人与用人单位解除劳动关系取得的一次性补偿收入征免个人所得税问题的通知》和《国家税务总局关于国有企业职工因解除劳动合同取得一次性补偿收入征免个人所得税问题的通知》精神，自2001年10月1日起，按以下规定处理：（1）企业依照国家有关法律规定宣告破产，企业职工从该破产企业取得的一次性安置费收入，免征个人所得税。（2）个人因与用人单位解除劳动关系而取得的一次性补偿收入（包括用人单位发放的经济补偿金、生活补助费和其他补助费用），其收入在当地上年职工平均工资3倍数额以内的部分，免征个人所得税；超过3倍数额部分的一次性补偿收入，可视为一次取得数月的工资、薪金收入，允许在一定期限内平均计算。方法为以超过3倍数额部分的一次性补偿收入，除以个人在本企业的工作年限数（超过12年的按12年计算），以其商数作为个人的月工资、薪金收入，按照税法规定计算缴纳个人所得税。个人在解除劳动合同后又再次任职、受雇的，已纳税的一次性补偿收入不再与再次任职、受雇的工资薪金所得合并计算补缴个人所得税。（3）个人领取一次性补偿收入时按照国家和地方政府规定的比例实际缴纳的住房公积金、医疗保险费、基本养老保险费、失业保险费，可以在计征其一次性补偿收入的个人所得税时予以扣除。

例1-15，2009年3月，某单位与在单位工作了10年的张三解除劳动关系，取得一次性补偿收入10万元，当地上年职工平均工资20000元，则张三该项收入应纳的个人所得税是多少？

①计算免征额 =20000×3=60000（元）

②按其工作年限平摊其应税收入，即工作多少年，就应将收入看作多少个月的工资，最后再摊回全部应纳税额：视同月应纳税所得额 =（100000-60000）÷10年-2000=2000（元）

③应纳个人所得税 =（2000×10%-25）×10=1750（元）

例1-16，2009年3月，某单位减员增效与在单位工作了16年的李四解除劳动关系，取得一次性补偿收入10万元，当地上年职工平均工资20000元，则李四该项收入应纳的个人所得税是多少？

①计算免征额 =20000×3=60000（元）

②按其工作年限平摊其应税收入，即工作多少年，就应将收入看作多少个月的工资，但最多不超过12个月，最后再摊回全部应纳税额：视同月应纳税所得额 =（100000-60000）÷12年-2000=1333.33（元）

③应纳个人所得税 =（1333.33×10%-25）×12=1300（元）

22. 企事业单位将自建住房以低于购置或建造成本价格销售给职工的个人所得税的征税规定。

（1）根据住房制度改革政策的有关规定，国家机关、企事业单位及其他组织（以下简称单位）在住房制度改革期间，按照所在地县级以上人民政府规定的房改成本价格向职工出售公有住房，职工因支付的房改成本价格低于房屋建造成本价格或市场价格而取得的差价收益，免征个人所得税。

（2）除上述符合规定的情形外，根据《中华人民共和国个人所得税法》及其实施条例的有关规定，单位按低于购置或建造成本价格出售住房给职工，职工因此而少支出的差价部分，属于个人所得税应税所得，应按照“工资、薪金所得”项目缴纳个人所得税。其中“差价部分”，是指职工实际支付的购房价款低于该房屋的购置或建造成本价格的差额。

(3) 对职工取得的上述应税所得，比照《国家税务总局关于调整个人取得全年一次性奖金等计算征收个人所得税方法问题的通知》（国税发［2005］9号）规定的全年一次性奖金的征税办法，计算征收个人所得税，即先将全部所得数额除以12，按其商数并根据个人所得税法规定的税率表确定适用的税率和速算扣除数，再根据全部所得数额、适用的税率和速算扣除数，按照税法规定计算征税。此前未征税款不再追征，已征税款不予退还。

国税函［2009］285号《国家税务总局关于加强股权转让所得征收个人所得税管理的通知》第三条规定：个人转让非上市股权，个人股东股权转让所得个人所得税以发生股权变更企业所在地地税机关为主管税务机关，纳税人或扣缴义务人应到主管税务机关办理纳税申报和税款入库手续，也即不是在扣缴义务人机构或居住所在地入库，此举是从实际出发的变通之举。

财税［2009］167号财政部　国家税务总局　证监会《个人转让上市公司限售股所得征收个人所得税有关问题的通知》：自2010年1月1日起，对个人转让限售股取得的所得，按“财产转让所得”，适用20%的比例税率征收个人所得税。个人转让限售股，以每次限售股转让收入，减除股票原值和合理税费后的余额，为应纳税所得额。

## 六、应付福利费

### （一）会计处理

按实际发放工资总额计提，借记相关成本费用科目，贷记“其他应付款”（企业会计制度）或“应付职工薪酬”（新会计准则）。

### （二）新《企业财务通则》

“第四十三条：企业应当依法为职工支付基本医疗、基本养老、失业、工伤等社会保险费，所需费用直接作为成本（费用）列支。”将原来应当由职工福利费开支的基本医疗保险、补充医疗保险、补充养老保险等内容，都规定为直接列入成本（费用），企业因此不再按照工资总额的14%计提职工福利费，终结了已经延续了几十年的职工福利费财务制度。对于2007年已经提取的职工福利费，应予冲回。对国企而言，据实列支，职工福利费若有余额，继续使用，不调整应纳税额，若是红字，依次用企业未分配利润、任意盈余公积、法定盈余公积、以后年度净利润弥补。对民企而言，若是蓝字，区分情况处理，第一种情况：只计提但一直未用，要求全部调增企业所得税；第二种情况：一直在用但未用完，结余额继续保留；若是红字，若是正常医药费、福利费形成红字，由税后利润弥补，若是旅游、发放物品等形成红字，调增应纳税所得额。

财企［2009］242 号《关于企业加强职工福利费财务管理的通知》（2009 年 11 月 12 日）：（1）企业职工福利费是指企业为职工提供的除职工工资、奖金、津贴、纳入工资总额管理的补贴、职工教育经费、社会保险费和补充养老保险费（年金）、补充医疗保险费及住房公积金以外的福利待遇支出，包括发放给职工或为职工支付的以下各项现金补贴和非货币性集体福利。（2）企业为职工提供的交通、住房、通讯待遇，已经实行货币化改革的，按月按标准发放或支付的住房补贴、交通补贴或者车改补贴、通讯补贴，应当纳入职工工资总额，不再纳入职工福利费管理；尚未实行货币化改革的，企业发生的相关支出作为职工福利费管理，但根据国家有关企业住房制度改革政策的统一规定，不得再为职工购建住房。企业给职工发放的节日补助、未统一供餐而按月发放的午餐费补贴，应当纳入工资总额管理。（3）职工福利是企业对职工劳动补偿的辅助形式，企业应当参照历史一般水平合理控制职工福利费在职工总收入的比重。按照《企业财务通则》第四十六条规定，应当由个人承担的有关支出，企业不得作为职工福利费开支。企业职工福利费财务管理应当遵循以下原则和要求：①制度健全；②标准合理；③管理科学；④核算规范。在计算应纳税所得额时，企业职工福利费财务管理同税收法律、行政法规的规定不一致的，应当依照税收法律、行政法规的规定计算纳税。本通知自印发之日起施行。以前有关企业职工福利费的财务规定与本通知不符的，以本通知为准。金融企业另有规定的，从其规定。

### （三）所得税处理

老企业所得税法，计税工资标准内计提的部分才能税前扣除。

新企业所得税法：《实施条例》第四十条：企业发生的职工福利费支出，不超过工资薪金总额 14% 的部分，准予扣除。

国税函［2008］264 号《国家税务总局关于做好 2007 年度企业所得税汇算清缴工作的补充通知》：2007 年度的企业职工福利费，仍按计税工资总额的 14% 计算扣除，未实际使用的部分，应累计计入职工福利费余额。2008 年及以后年度发生的职工福利费，应先冲减以前年度累计计提但尚未实际使用的职工福利费余额，不足部分按新企业所得税法规定扣除。企业以前年度累计计提但尚未实际使用的职工福利费余额已在税前扣除，属于职工权益，如果改变用途的，应调整增加应纳税所得额。

国税函［2009］3 号《国家税务总局关于企业工资薪金及职工福利费扣除问题的通知》（成文日期：2009 年 1 月 4 日）关于职工福利费扣除问题：《实施条例》第四十条规定的企业职工福利费，包括以下内容：（1）尚未实行分离办社会职能的企业，其内设福利部门所发生的设备、设施和人员费用，包括职工食堂、职工浴室、理发室、医务所、托儿所、疗养院等集体福利部门的设备、设施及维修保养费用和福利部门工作人员的工资薪金、社会保险费、住房公积金、劳务费等；（2）为职工卫生保健、生活、住房、交通等所发放的各项补贴和非货币性福利，包括企业向职工发放的因公外地就医费用、未实行医疗统筹企业职工医疗费用、职工供养直系亲属医疗补贴、供暖费补贴、职工防暑降温费、职工困难补贴、救济费、职工食堂经费补贴、职工交通补贴等；(3) 按照其他规定发生的其他职工福利费，包括丧葬补助费、抚恤费、安家费、探亲假路费等。关于职工福利费核算问题：企业发生的职工福利费，应该单独设置账册，进行准确核算。没有单独设置账册准确核算的，税务机关应责令企业在规定的期限内进行改正。逾期仍未改正的，税务机关可对企业发生的职工福利费进行合理的核定。

关于以前年度职工福利费余额的处理。国税函［2009］98号《国税总局关于企业所得税若干税务事项衔接问题的通知》（2009年2月27日）："四、关于以前年度职工福利费余额的处理：根据《国家税务总局关于做好2007年度企业所得税汇算清缴工作的补充通知》（国税函［2008］264号）的规定，企业2008年以前按照规定计提但尚未使用的职工福利费余额，2008年及以后年度发生的职工福利费，应首先冲减上述的职工福利费余额，不足部分按新税法规定扣除；仍有余额的，继续留在以后年度使用。企业2008年以前节余的职工福利费，已在税前扣除，属于职工权益，如果改变用途的，应调整增加企业应纳税所得额。"

### （四）应付福利费借方支付给个人的福利费与困难补助

国税发［1998］155号《国家税务总局关于生活补助费范围确定问题的通知》规定：下列收入不属于免税的福利费范畴，(1) 从超出国家规定的比例或基数计提的福利费、工会经费中支付给个人的各种补贴、补助。(2) 从福利费、工会经费中支付给本单位职工的人人有份的补贴、补助。(3) 单位为个人购买汽车、住房、电子计算机等不属于临时性生活困难补助性质的支出。而生活困难补助费一般指由于某些特定事件或原因而给纳税人本人或其家庭的正常生活造成一定困难，其任职单位按国家规定从提留的福利费、工会经费中向其支付的临时性生活困难补助。企业按国家政策从工会经费或福利费中为员工发放的困难补助、补贴，免交个人所得税。

## 七、应交税金（费）及其他应交款（费）

新会计准则：会计科目"应交税费"，二级科目：应交增值税、未交增值税、应交营业税、应交消费税、应交资源税、应交所得税、应交土地增值税、应交城市维护建设税、应交房产税、应交土地使用税、应交车船使用税、应交个人所得税、教育费附加、土地（矿产）资源补偿费等。

### （一）城建税及教育费附加

会计处理：按当期应缴纳的"三税"（增值税、营业税、消费税）计提并缴纳。

税务处理：城建税：纳税义务人为缴纳增值税、消费税、营业税的单位和个人。但两类不征：一是外商投资企业不属于城市维护建设税纳税人，对内资不对外资企业，另外海关代征的增值税、消费税不予征收城市维护建设税。

税率：市区7%，县城、镇5%，其他1%，具体纳税环境的判断选择税率。

财税［2005］72号：《关于增值税营业税消费税实行先征后返等办法有关城建税和教育费附加政策的通知》：对“三税”实行先征后返、先征后退、即征即退办法的，除另有规定外，对随“三税”附征的城市维护建设税和教育费附加，一律不予退（返）还。

国务院令第448号《国务院关于修改征收教育费附加的暂行规定的决定》：以实际缴纳的“三税”为依据，教育费附加率为3%。

**（二）行政事业性收费项目**

地方性收费指各地方开征的其他费用，如地方教育附加、防洪基金、防沙基金、城市文化发展基金、土地（矿产）资源补偿费、堤防费等，具体情况各省差异较大。

财综［2007］28号《财政部　国家发展改革委关于公布2006年全国性及中央部门和单位行政事业性收费项目目录的通知》（2007年4月23日）：根据国务院或财政部、国家发展改革委批准设立、调整、取消行政事业性收费项目的情况，以及相关法律、行政法规的规定，编制了《2006年全国性及中央部门和单位行政事业性收费项目目录》，《收费目录》中的行政事业性收费项目为截至2006年12月31日仍在执行的全国性及中央部门和单位的行政事业性收费项目，其具体征收范围、征收标准及资金管理方式等，应分别按照《收费目录》中注明的文件规定执行。2006年12月31日以前全国性及中央部门和单位的行政事业性收费项目，一律以《收费目录》为准。凡未列入《收费目录》以及《收费目录》所列文件依据中未规定的行政事业性收费项目，公民、法人和其他社会组织应拒绝支付。2007年1月1日以后，全国性及中央部门和单位新增或调整的行政事业性收费项目，按照财政部、国家发展改革委的有关规定执行；各省、自治区、直辖市新增或调整的行政事业性收费项目，按照省、自治区、直辖市财政、价格主管部门的规定执行。

财综函［2008］7号《关于同意湖北省征收地方教育附加的复函》：对本省行政区域内缴纳增值税、消费税、营业税的单位和个人，按照实际缴纳三税税额的1.5%征收地方教育附加。开征地方教育附加后，应即行废止《关于征收地方教育发展费的通知》（鄂政发［1997］25号），停止征收地方教育发展费。

财综［2008］78号《关于公布取消和停止征收100项行政事业性收费项目的通知》（2008年11月13日）：自2009年1月1日起，在全国统一取消和停止征收100项行政事业性收费（具体项目见附件）。各地区和部门出台的收费项目与本通知公布取消和停止征收的收费项目相类似的，一律予以取消。

财综［2009］12号《关于公布2008年全国政府性基金项目目录的通知》（2009年2月12日）附件：2008年全国政府性基金项目目录。

财综［2009］46号《关于印发2008年全国性及中央部门和单位行政事业性收费项目目录的通知》附件：2008年全国性及中央部门和单位行政事业性收费项目目录。

## 八、应付股利

会计处理：借记“利润分配”，贷记“应付股利”。

税务处理：原税法下，对应投资业务，投资企业对存在适用税率差异的被投资企业分回股利，可能涉及补税时点，产生补交企业所得税纳税义务。

## 九、预提费用

会计处理：现行会计制度，如短期借款按配比原则计提利息，借记“财务费用”，贷记“预提费用”。

新会计准则：新会计报表科目未设“预提费用”项目，转换调账时，如果预提费用中有预提利息的，将其转入“应付利息”科目，其他的转入“其他应付款”或摊销。

税务处理：对预提费用，因未实际发生，不允许企业所得税前扣除。

## 十、预计负债

会计处理：或有事项，对应借方科目为管理费用、营业费用、营业外支出等。

新会计准则：增加了对特定行业特定固定资产预计弃置费用的核算，需要折现计入固定资产账面价值。

税务处理：一般来说，因未实际发生，不符合确定性原则，不允许企业所得税前扣除。但是，对特定行业特定固定资产预计弃置费用的能否企业所得税前扣除，需专项政策明确。

## 十一、长期应付款、专项应付款、应付债券

此类业务较少，一般来讲，会计处理与税务处理没有差异。

## 十二、长期借款

新企业会计准则：长期借款、未确认融资费用等科目。

### （一）建造固定资产借款利息资本化处理

《借款准则》之前：会计与税法对借款利息资本化确认时点与金额一致，无调整事项；之后：发生变化，会计与税法有差异。

1. 借款利息资本化确认时点不同。

会计处理：会计准则规定三个条件。

税法上：国税发［2000］84 号，开始建造。

2. 金额计算口径不同。如借款 1000 万元，800 万元用于建造固定资产。

会计处理：800 万元利息资本化，200 万元利息列财务费用。

税务处理：全部利息资本化。

3. 借款利息资本化终点不同。

会计处理：固定资产达到预计可使用状态。

税务处理：固定资产交付使用。

### （二）房地产企业借款利息资本化

对房地产企业先借款，再用借款购买土地，按是否取得土地权证分两种情况处理：

会计处理：有的企业对拿到土地证前的借款费用，一般列财务费用，等取得土地证后再计入开发成本。

税务处理：国税发［2003］83 号：完工前的借款利息全部计入开发成本。

国税发［2006］31 号第 8 条：开发产品完工前的全部借款利息全部计入开发成本。

国税发［2009］31 号关于印发《房地产开发经营业务企业所得税处理办法》的通知：企业的利息支出按以下规定进行处理：（1）企业为建造开发产品借入资金而发生的符合税收规定的借款费用，可按企业会计准则的规定进行归集和分配，其中属于财务费用性质的借款费用，可直接在税前扣除；（2）企业集团或其成员企业统一向金融机构借款分摊集团内部其他成员企业使用的，借入方凡能出具从金融机构取得借款的证明文件，可以在使用借款的企业间合理的分摊利息费用，使用借款的企业分摊的合理利息准予在税前扣除。

## 第三节　主要所有者权益项目税收政策分析及会计与税收差异比较

按照现行资产负债表报表列示的主要权益项目为序，重点分析实收资本、资本公积等主要所有者权益项目涉及的税收政策，部分项目会计处理与税务处理的差异。

### 一、实收资本

#### （一）用资产对外投资

例 1－17，某项固定资产账面成本 100 万元，以其对外投资，评估价格 160 万元，双方确认投资价值 160 万元。

按企业会计制度会计处理（不考虑流转税）：

投资方：

借：长期投资　　1000000

　　贷：固定资产　　1000000（不确认公允价）

被投资方：

借：固定资产　　1600000

　　贷：实收资本　　1600000（接受公允价）

企业会计制度规定造成这两项金额不一致。

税务处理：对增值部分，接受投资企业将60万元增值调增应纳税所得额。

新会计准则会计处理（不考虑流转税）：

投资方：

借：长期投资　　1600000

　　贷：固定资产　　1000000

　　　　营业外收入　　600000

被投资方：

借：资产　　1600000

　　贷：实收资本　　1600000（接受公允价）

税务处理：对增值部分，投资企业已确认损益，并入应纳税所得额缴纳企业所得税。

### （二）转增资本（盈余公积、资本公积、未分配利润）

企业会计制度：不是所有资本公积都可转增资本（准备项目不能转增）。

1. 资本溢价转增资本。

会计处理：资本公积中的资本溢价不能直接转增资本，需经事务所验资报告、工商变更、章程修改等程序。

税务处理：国税发［1997］198号《国家税务总局关于股份制企业转增股本和派发红股征免个人所得税的通知》规定：股票溢价发行收入所形成的资本公积金，将此转增由个人所得的数额，不作为应税所得征收个人所得税，而与此不相符合的其他资本公积金分配个人所得部分，应当征收个人所得税。

2. 未分配利润转增资本。

例1－18，将100万元未分配利润转增资本，包括两个股东，其中公司股东占60%，自然人股东占40%。

会计处理：

借：利润分配——未分配利润　　1000000

　　贷：实收资本——公司股东　　600000

　　　　　　　　——自然人股东　　400000

借：其他应收款　　80000

　　贷：其他应付款——代扣代缴个税　　80000

税务处理：根据国税发［1997］198 号文、国税函［1998］289 号文，向自然人股东分配股利，企业有扣缴个人所得税义务。

### （三）股票股利

投资企业会计处理：股票股利，会计要素未发生变化，只在备查账上登记。

税务处理：股票股利，从经营角度没有所得，应不交所得税。但现行税收政策是需要交税。

财税［1998］61 号文：从 1997 年 1 月 1 日起，对个人转让上市公司股票取得所得，继续暂免征收个人所得税。个人转让财产，只有这一项不征收个人所得税。新税法按账面价值确认投资收益，调增投资计税基础。

取得股票股利′，主体分为企业和个人：

企业取得股票股利，按票面原值缴企业所得税；个人取得股票股利，按票面原值交个人所得税。

在企业分派股票股利时，老税法规定，若股东为公司，如存在地区税率差，则补缴（由投资企业交税，与分派股票股利企业无关），如不存在地区税率差，则不缴税。

国税发［1997］198 号文、国税函［1998］289 号文：若股东为自然人，取得的股票股利，企业有扣缴义务，应扣缴 20% 的个人所得税。

## 二、资本公积

会计处理：

企业会计制度：八项来源。

新企业会计准则：三项来源——股本溢价、公允价值变动、以账面价值交易产生的差额，会计处理上设两个明细科目——股本溢价和其他资本公积。增加了股份支付等核算内容。

### （一）资产评估

1. 需要资产评估的情形。《国有资产评估管理办法》（国务院令 91 号）：国有资产占有单位有下列五种情形之一的，应当进行资产评估：资产拍卖、转让；企业兼并、出售、联营、股份经营；与外国公司、企业和其他经济组织或者个人开办中外合资经营企业或者中外合作经营企业；企业清算；依照国家有关规定需要进行资产评估的其他情形。占有单位有下列情形之一，当事人认为需要的，可以进行资产评估：资产抵押及其他担保；企业租赁；需要进行资产评估的其他情形。

财企［2009］46 号《关于加强以非货币财产出资的评估管理若干问题的通知》（2009 年 3 月 30 日）：一、有下列情形的，应当进行资产评估：（一）…（二）…（三）…，九、本通知印发后，过去有关规定与本通知内容相抵触的，以本通知为准。

2. 是否调整资产账面价值的规定。《关于股份有限公司进行资产评估增值处理的复函》（财会二字［1995］25号文）：资产重估增值只有在法定重估和企业产权变动的情况下，才能调整被重估资产账面价值。

3. 资产评估增值部分处理。财税字［1997］77号《财政部、国家税务总局关于企业资产评估增值有关所得税处理问题的通知》：纳税人按照国务院的统一规定，进行清产核资时发生的固定资产评估净增值，不计入应纳税所得额；纳税人以非现金的实物资产和无形资产对外投资，发生的资产评估净增值，不计入应纳税所得额；纳税人在产权转让过程中，发生的产权转让净收益或净损失，计入应纳税所得额，依法缴纳企业所得税，国有资产产权转让净收益凡按国家有关规定全额上交财政的，不计入应纳税所得额；企业进行股份制改造发生的资产评估增值，应相应调整账户，所发生的固定资产评估增值可以计提折旧，但在计算应纳税所得额时不得扣除。

财税字［1998］50号：对财税字［1997］77号文的补充，“通知”适用于内资企业，其中第四条仅适用于进行股份制改造的内资企业；企业依据通知第四条的规定，按评估价调整了有关资产账面价值并据此计提折旧或摊销的，对已调整相关资产账户的评估增值部分，在计算应纳税所得额时不得扣除。企业在办理年度纳税申报时，应将有关计算资料一并附送主管税务机关审核。在计算申报年度应纳税所得额时，可按据实逐年调整或综合调整方法进行调整。

财会［1998］66号文：国有企业资产评估增值部分如折成股份（评估增值部分作资本公积），应该计算将来要交的税款，贷记“递延税款”（即借资产，贷：递延税款和资本公积）；如果评估资产将来不计提折旧或摊销，则对增值部分可以全额借记资产，贷记“资本公积——资产评估增值准备”。

国税发［1998］97号《企业改组改制中若干所得税业务问题的暂行规定》：企业合并、兼并后的各项资产，在缴纳企业所得税时，不能以企业为实现合并或兼并而对有关资产等进行评估的价值计价并计提折旧，应按合并或兼并前企业资产的账面历史成本计价，并在剩余折旧期内按该资产的净值计提折旧。凡合并或兼并后的企业在会计损益核算中，按评估价调整了有关资产账面价值并据此计提折旧的，应在计算应纳税所得额时进行调整，多计部分不得在税前扣除。

国税发［2000］118号：企业以经营活动的部分非货币性资产对外投资，包括股份公司的法人股东以其经营活动的部分非货币性资产向股份公司配购股票，应在投资交易发生时，将其分解为按公允价值销售有关非货币性资产和投资两项经济业务进行所得税处理，并按规定计算确认资产转让所得或损失。企业整体资产转让的转让企业取得接受企业的股权的成本，应以其原持有的资产的账面净值为基础确定，不得以经评估确认的价值为基础确定。接受企业接受转让企业的资产的成本，须以其在转让企业原账面净值为基础结转确定，不得按经评估确认的价值调整。

国税发［2000］119号《关于企业合并分立业务有关所得税问题的通知》：企业合并，通常情况下，被合并企业应视为按公允价值转让、处置全部资产，计算资产的转让所得，依法缴纳所得税。被合并企业以前年度的亏损，不得结转到合并企业弥补。合并企业接受被合并企业的有关资产，计税时可以按经评估确认的价值确定成本。合并企业接受被合并企业全部资产的计税成本，须以被合并企业原账面净值为基础确定。

财税［2008］82号财政部　国家税务总局关于中国国旅集团有限公司重组上市资产评估增值有关企业所得税政策问题的通知：在整体改制上市过程中发生的资产评估增值42612.36万元，直接转计中国国旅集团有限公司的资本公积，不征收企业所得税。对上述经过评估的资产，中国国旅股份有限公司及其所属子公司可按评估后的资产价值计提折旧或摊销，并在企业所得税税前扣除。

4. 资产评估减值。资产评估减值两个问题的处理：第一，若是存货评估减值，存货进项税额要不要转出？不转出，因为不是财产损失。第二，固资及无形资产减值测试，考虑真实性及公允性。

### （二）接受捐赠

1. 企业会计制度下的会计处理与税务处理。财会［2003］29号文规定，设过渡科目“待转资产价值”。例如，企业接受捐赠设备100万元。借记“固定资产100万”，贷记“待转资产价值100万”。

财税字［1997］077号《财政部、国家税务总局关于企业资产评估增值有关所得税处理问题的通知》：纳税人接受捐赠的实物资产，不计入企业的应纳税所得额。企业出售该资产或进行清算时，若出售或清算价格低于接受捐赠时的实物价格，应以接受捐赠时的实物价格计入应纳税所得或清算所得；若出售或清算价格高于接受捐赠时的实物价格，应以出售收入扣除清理费用后的余额计入应纳税所得或清算所得，依法缴纳企业所得税。

国税发［2003］45号文（覆盖了财税［1997］77号文）：接受捐赠，应并入应纳税所得额征收企业所得税，但政策有变化：

例1-19，接受100万元的捐赠，到底该缴多少税，列账时没法知道，这要看不含捐赠的企业应纳税所得额（记为T）的情况而定。

（1）若T=20万元，按100+20（万元）缴所得税，则会计分录为：

借：待转资产价值　　1000000

　　贷：应交税金——所得税　　330000

　　　　资本公积　　670000

（2）若T=-200万元，-200+100=-100（万元），则当年不缴所得税，会计分录为：

借：待转资产价值　　1000000

　　贷：资本公积　　1000000

（3）若T=-60万元，-60+100=40（万元），按40×33%=13.2（万元）交所得税，则会计分录为：

借：待转资产价值　　1000000

　　贷：应交税金——所得税　　132000

　　　　资本公积　　868000

小结：企业会计制度下，列到“资本公积”的资产部分是已缴过企业所得税的，所以审查捐赠是否足额交税，要往前找，查“待转资产价值”科目。

2. 新会计准则下的会计处理与税务处理。

会计处理：借记“固定资产”，贷记“营业外收入”。

税务处理：新企业所得税法实施条例第二十一条：企业所得税法第六条第（八）项所称接受捐赠收入，是指企业接受的来自其他企业、组织或者个人无偿给予的货币性资产、非货币性资产。接受捐赠收入，按照实际收到捐赠资产的日期确认收入的实现。

**（三）关联方交易差价**

会计处理：关联方交易准则规定，关联交易差价超过20%的，只能作“资本公积”。例1－20，某上市公司100万元商品卖给关联方，卖出价120万元，会计分录为：

| | |
|---|---|
| 借：银行存款 | 1200000×1.17 |
| 　贷：主营业务收入 | 1000000 |
| 　　资本公积——关联方交易差价 | 200000 |
| 　　应交税金——应交增值税（销项税额） | 1200000×0.17 |

税务处理：“资本公积——关联交易差价”科目余额应全部调整应纳税所得额。

政策依据：《关联企业间业务往来税务管理规程》（国税发［1998］59号）

关于修订《关联企业间业务往来税务管理规程》的通知（国税发［2004］143号）

新企业所得税法：《实施条例》第六章“特别纳税调整”——界定关联方、独立交易原则、合理方法、预约定价安排、相关资料、企业间接从关联方获得的债权性投资，企业与其关联方之间的业务往来，不符合独立交易原则，或者企业实施其他不具有合理商业目的的安排的，税务机关有权在该业务发生的纳税年度起10年内，进行纳税调整。

国税发［2008］114号国家税务总局关于印发《中华人民共和国企业年度关联业务往来报告表》的通知（成文日期：2008年12月5日）：关联关系表（表一）、关联交易汇总表（表二）、购销表（表三）、劳务表（表四）、无形资产表（表五）、固定资产表（表六）、融通资金表（表七）、对外投资情况表（表八）、对外支付款项情况表（表九）。

国税发［2009］2号国家税务总局关于印发《特别纳税调整实施办法（试行）》的通知（成文日期：2009年1月8日）：第一章　总则、第二章　关联申报、第三章　同期资料管理、第四章　转让定价方法、第五章　转让定价调查及调整、第六章　预约定价安排管理、第七章　成本分摊协议管理、第八章　受控外国企业管理、第九章　资本弱化管理、第十章　一般反避税管理、第十一章　相应调整及国际磋商、第十二章　法律责任、第十三章　附则。《国家税务总局关于关联企业间业务往来税务管理规程（试行）》（国税发［1998］59号）、《国家税务总局关于修订〈关联企业间业务往来税务管理规程〉（试行）的通知》（国税发［2004］143号）和《国家税务总局关于关联企业间业务往来预约定价实施规则》（国税发［2004］118号）同时废止。在本办法发布前实施的有关规定与本办法不一致的，以本办法为准。

国税函［2009］188号《国家税务总局关于加强转让定价跟踪管理有关问题的通知》(成文日期：2009年4月16日)：根据《国家税务总局关于印发〈特别纳税调整实施办法（试行)〉的通知》(国税发［2009］2号）的有关规定，现就加强转让定价跟踪管理的有关问题通知如下：(1) 2008年1月1日以后结案的转让定价调整案件，税务机关应自企业被调整的最后年度的下一年度起5年内实施跟踪管理。(2) 跟踪管理期内，涉及2008年度的转让定价调整，企业应在2009年12月31日之前向税务机关提供年度同期资料；涉及2009年及以后年度的转让定价调整，企业应在跟踪年度的次年6月20日之前向税务机关提供年度同期资料。税务机关应根据同期资料和纳税申报资料做好分析、评估工作。(3) 各地税务机关应建立健全转让定价跟踪管理监控机制，对于在跟踪管理年度提出谈签预约定价安排申请的企业，在预约定价安排正式签署之前，税务机关应严格按照转让定价调整方案，对企业的关联交易实施跟踪管理，防止企业利润下滑保证税款及时足额入库。

### (四) 债务重组

1. 债务重组收入。

税收概念——债务重组是指债权人（企业）与债务人（企业）之间发生的涉及债务条件修改的所有事项。

会计概念——债务重组，是指在债务人发生财务困难的情况下，债权人按照其与债务人达成的协议或者法院的裁定作出让步的事项。

债务重组的方式主要包括以资产清偿债务、将债务转为资本、修改其他债务条件以及以上三种方式的组合等。让步金额应作为债务人的收入纳税。

债务重组原表述五种情形：现金抵债、非现金抵债、混合支付、债转股、改变偿债条件。

2. 会计处理。

企业会计制度：列“资本公积——债务重组收益，营业外支出——债务重组损失”

新会计准则：列“营业外收入——债务重组利得，营业外支出——债务重组损失”(更合理)

3. 税收处理。根据国家税务总局6号令，债务重组收益并入应纳税所得额。关联方债务重组：债权方对债务人的让步将视为捐赠，全额调增应纳税所得额；债权方如果让步的是非货币性资产，视为资产转让，如果债务方是债权方的股东，视为对股东的分红，20%个人所得税；如果符合三个条件（法院裁定、全体债权人同意、税务部门批准）之一，则视为公允关联方重组。

新企业所得税法：《实施条例》第二十二条：企业所得税法第六条第（九）项所称其他收入，是指企业取得的除企业所得税法第六条第（一）项至第（八）项规定的收入外的其他收入，包括企业资产溢余收入、逾期未退包装物押金收入、确实无法偿付的应付款项、已作坏账损失处理后又收回的应收款项、债务重组收入、补贴收入、违约金收入、汇兑收益等。

税收处理：债务重组业务中债权人对债务人的让步，包括以低于债务计税成本的现金、非现金资产偿还债务等，债务人应当将重组债务的计税成本与支付的现金金额或者非现金资产的公允价值（包括与转让非现金资产相关的税费）的差额，确认为债务重组所得，计入企业当期的应纳税所得额中；债权人应当将重组债权的计税成本与收到的现金或者非现金资产的公允价值之间的差额，确认为当期的债务重组损失，冲减应纳税所得。

—现金还债

例 1－21，80 万元现金抵付 100 万元债务。

债权方：

借：银行存款　　800000

　　营业外支出——债务重组损失　　200000

　　贷：应收账款　　1000000

债务重组损失可以税前扣除，属于财产损失，按 13 号令规定报批。

债务方：

借：应付账款　　1000000

　　贷：银行存款　　800000

　　　　营业外收入　　200000（新准则）

　　　　资本公积　　200000（会计制度，并入当期缴所得税）

如果债务重组所得占当年应纳税所得 50% 以上，在 5 年内均匀交税。

—非现金抵债（存货，固定资产，无形资产）

债权方：

借：存货（固资、无形资产）　　800000 + 税款

　　营业外支出　　200000

　　贷：应收账款　　1000000 + 税款

债务方：

借：应付账款　　1000000 + 税款

　　贷：营业外收入　　200000（并入当期所得）

　　　　存货（固资）　　800000

无形资产（使用权——增值税，所有权——营业税）

例 1－22，甲企业欠乙企业 80 万元。双方协商后，乙同意甲以其生产的产品偿还债务，该产品售价为 60 万元，成本 44 万元。乙将产品作为产成品入库。

——甲企业的会计处理：

借：应付账款——乙企业　　800000

　　贷：产品销售收入　　600000

　　　　应交税金——销项　　102000

　　　　营业外收入——债务重组收入　　98000

——乙企业的会计处理：

借：库存商品　　600000

　　应交税金——进项　　102000

　　营业外支出——债务重组损失　　98000

　　贷：应收账款——甲企业　　800000

——企业重组业务中企业债务重组：

财税［2009］59号《关于企业重组业务企业所得税处理若干问题的通知》（成文日期：2009年4月30日）"企业债务重组，相关交易应按以下规定处理：1. 以非货币资产清偿债务，应当分解为转让相关非货币性资产、按非货币性资产公允价值清偿债务两项业务，确认相关资产的所得或损失。2. 发生债权转股权的，应当分解为债务清偿和股权投资两项业务，确认有关债务清偿所得或损失。3. 债务人应当按照支付的债务清偿额低于债务计税基础的差额，确认债务重组所得；债权人应当按照收到的债务清偿额低于债权计税基础的差额，确认债务重组损失。4. 债务人的相关所得税纳税事项原则上保持不变。企业债务重组确认的应纳税所得额占该企业当年应纳税所得额50%以上，可以在5个纳税年度的期间内，均匀计入各年度的应纳税所得额。企业发生债权转股权业务，对债务清偿和股权投资两项业务暂不确认有关债务清偿所得或损失，股权投资的计税基础以原债权的计税基础确定。企业的其他相关所得税事项保持不变。"

——关联方之间的债务重组：

关联方之间发生的债务重组，符合以下条件之一的，可以按规定确认债务重组所得或损失：（1）经法院裁定的；（2）有全体债权人同意的协议；（3）国务院财政、税务主管部门规定的。不符合条件的关联方之间的债务重组，债权人的让步损失，应当视为捐赠，不得在税前扣除，债务人应当确认捐赠收入；如果债务人是债权人的股东，债权人所做的让步应当推定为企业对股东的分配。

**（五）债务豁免（无法支付的款项）**

会计处理：根据企业财务制度规定，企业应当按期偿还各种负债，如确实无法支付的应付款项，企业会计制度列"资本公积"，新准则将此计入"营业外收入"。

税务处理：3年以上应付账款未付，都需调整纳税吗？国税发［1999］195号：企业的应付未付款，凡债权人逾期两年未要求偿还的，应计入企业当年度收益计算缴纳企业所得税。

《企业财产损失所得税前扣除管理办法》（国家税务总局令2005年第13号）第五条：企业已申报扣除的财产损失又获得价值恢复或补偿，应在价值恢复或实际取得补偿年度并入应纳税所得。因债权人原因确实无法支付的应付账款，包括超过3年以上未支付的应付账款，如果债权人已按本办法规定确认损失并在税前扣除的，应并入当期应纳税所得依法缴纳企业所得税。

国税函［2009］1号《关于债务重组所得企业所得税处理问题的批复》（成文日期：2008年1月4日）：《企业债务重组业务所得税处理办法》（国家税务总局令第6号）自2003年3月1日起执行。此前，企业债务重组中因豁免债务等取得的债务重组所得，应按照当时的会计准则处理，即“以低于债务账面价值的现金清偿某项债务的，债务人应将重组债务的账面价值与支付的现金之间的差额；或以债务转为资本清偿某项债务的，债务人应将重组债务的账面价值与债权人因放弃债权而享有股权的份额之间的差额”，确认为资本公积。

**附：**

国税函［2009］585 号国家税务总局关于纳税人资产重组有关增值税政策问题的批复，成文日期：2009 年 10 月 21 日。

国税函［2009］1 号国家税务总局关于债务重组所得企业所得税处理问题的批复，成文日期：2009 年 1 月 4 日。

财税［2009］59 号财政部 国家税务总局关于企业重组业务企业所得税处理若干问题的通知，成文日期：2009 年 4 月 30 日。

国税函［2009］388 号国家税务总局关于印发《中华人民共和国企业清算所得税申报表》的通知，成文日期：2009 年 7 月 17 日。

财税［2009］60 号关于企业清算业务企业所得税处理若干问题的通知，2009 年 4 月 30 日。

财税［2009］59 号《关于企业重组业务企业所得税处理若干问题的通知》：(1) 本通知所称企业重组，是指企业在日常经营活动以外发生的法律结构或经济结构重大改变的交易，包括企业法律形式改变、债务重组、股权收购、资产收购、合并、分立等。(2) 企业重组的税务处理区分不同条件分别适用一般性税务处理规定和特殊性税务处理规定。(3) 企业重组同时符合下列条件的，适用特殊性税务处理规定：①具有合理的商业目的，且不以减少、免除或者推迟缴纳税款为主要目的；②被收购、合并或分立部分的资产或股权比例符合本通知规定的比例；③企业重组后的连续 12 个月内不改变重组资产原来的实质性经营活动；④重组交易对价中涉及股权支付金额符合本通知规定比例；⑤企业重组中取得股权支付的原主要股东，在重组后连续 12 个月内，不得转让所取得的股权。(4) 企业发生符合本通知规定的特殊性重组条件并选择特殊性税务处理的，当事各方应在该重组业务完成当年企业所得税年度申报时，向主管税务机关提交书面备案资料，证明其符合各类特殊性重组规定的条件。企业未按规定书面备案的，一律不得按特殊重组业务进行税务处理。

# 利润表项目涉税分析

本章按照现行利润表报表列示的主要项目顺序，逐项分析各项目涉及的税收政策、常见项目会计处理与税务处理的差异。

## 第一节　主要收入项目税收政策分析及会计与税收差异比较

按照现行利润表报表列示的主要收入项目为序，逐项分析主营业务收入、其他业务收入、补贴收入等主要收入项目涉及的税收政策、常见项目会计处理与税务处理的差异。

### 一、会计与税法关于收入概念与内容差异及视同销售处理

#### （一）收入概念

税法：《企业所得税法》第六条：企业以货币形式和非货币形式从各种来源取得的收入，为收入总额。包括销售货物收入、提供劳务收入、转让财产收入、股息、红利等权益性投资收益、利息收入、租金收入、特许权使用费收入、接受捐赠收入、其他收入。

会计：会计准则，收入是指企业在日常活动中形成的，会导致所有者权益增加的，与所有者投入无关的经济利益的总流入。

营业外收入——会计口径，非税收口径。

视同销售收入——税法口径。

### （二）收入总额的内容

税法：收入总额列入纳税申报表，内容比会计准则规定更广。2006 版申报表：第 1 行"一、销售（营业）收入合计"下包括主营业务收入（按销售商品、提供劳务、让渡资产的使用权及建造合同列举）、其他业务收入（材料销售收入、代购代销手续费收入、包装物出租收入、其他）、视同销售收入（自产、委托加工产品视同销售的收入）处置非货币性资产视同销售的收入、其他视同销售的收入）；第 16 行"二、其他收入合计"下包括营业外收入（固定资产盘盈、处置固定资产净收益、非货币性资产交易收益、出售无形资产收益、罚款净收入、其他）和税收上应确认的其他收入（因债权人原因确实无法支付的应付款项、债务重组收益、接受捐赠的资产、资产评估增值、其他）。

收入包括内容：销售货物收入、提供劳务收入、转让财产收入、股息、红利等权益性投资收益、利息收入、租金收入、特许权使用费收入、接受捐赠收入、其他收入。

关于销售（营业）收入基数的确定问题：国税函［2009］202 号《关于企业所得税执行中若干税务处理问题的通知》（成文日期：2009 年 4 月 21 日）"一、关于销售（营业）收入基数的确定问题：企业在计算业务招待费、广告费和业务宣传费等费用扣除限额时，其销售（营业）收入额应包括《实施条例》第二十五条规定的视同销售（营业）收入额。"

会计：主营业务收入、其他业务收入、营业外收入（补贴收入）。

### （三）视同销售处理

1. 增值税的视同销售业务。

会计处理：企业会计制度：会计上不确认收入。

新会计准则：视同销售处理。

——下列行为视同销售，会计上作销售处理：将货物交付他人代销，收到代销清单时；销售代销货物。

——下列视同销售的行为，应确认收入与销项税，同时结转成本：将货物从一个分支结构移送至另一个不在同一县市的分支机构；将自产的或委托加工的货物用于非应税项目；将自产、委托加工或购买的货物用于投资；将自产、委托加工的货物用于集体福利和个人消费；将自产、委托加工或购买的货物无偿赠送他人。会计分录如下：

借：在建工程（长期股权投资、应付职工薪酬、营业外支出）

　　贷：主营业务收入

　　　　其他业务收入

　　　　应交税费——应交增值税（销项税额）

同时，结转存货成本。

税务处理：《中华人民共和国增值税暂行条例实施细则》（财法［1993］38 号）第

四条：单位或个体经营者的下列行为，视同销售货物：（1）将货物交付他人代销；（2）销售代销货物；（3）设有两个以上机构并实行统一核算的纳税人，将货物从一个机构移送其他机构用于销售，但相关机构设在同一县（市）的除外；（4）将自产或委托加工的货物用于非应税项目；（5）将自产、委托加工或购买的货物作为投资，提供给其他单位或个体经营者；（6）将自产、委托加工或购买的货物分配给股东或投资者；（7）将自产、委托加工的货物用于集体福利或个人消费；（8）将自产、委托加工或购买的货物无偿赠送他人。

财政部　国家税务总局第50号令《增值税暂行条例实施细则》第四条：单位或者个体工商户的下列行为，视同销售货物：（1）将货物交付其他单位或者个人代销；（2）销售代销货物；（3）设有两个以上机构并实行统一核算的纳税人，将货物从一个机构移送其他机构用于销售，但相关机构设在同一县（市）的除外；（4）将自产或者委托加工的货物用于非增值税应税项目；（5）将自产、委托加工的货物用于集体福利或者个人消费；（6）将自产、委托加工或者购进的货物作为投资，提供给其他单位或者个体工商户；（7）将自产、委托加工或者购进的货物分配给股东或者投资者；（8）将自产、委托加工或者购进的货物无偿赠送其他单位或者个人。

财税［2008］170号关于全国实施增值税转型改革若干问题的通知：纳税人发生细则第四条规定的固定资产视同销售行为，对已使用过的固定资产无法确定销售额的，以固定资产净值为销售额。

2. 营业税的视同销售业务。

会计处理：新会计准则确认收入。

税务处理：税法明确规定只有两项——单位将不动产和土地使用权无偿赠给他人，单位转让动产和土地永久使用权和有限产权的。

第52号令营业税条例实施细则第五条　纳税人有下列情形之一的，视同发生应税行为：（1）单位或者个人将不动产或者土地使用权无偿赠送其他单位或者个人；（2）单位或者个人自己新建（以下简称自建）建筑物后销售，其所发生的自建行为；（3）财政部、国家税务总局规定的其他情形。

3. 所得税的视同销售。

会计处理：新会计准则确认收入。

税务处理：《企业所得税实施细则》第五十五条：纳税人在基本建设、专项工程及职工福利等方面使用本企业的商品、产品的，均应作为收入处理。财税字［1996］79号：企业将自己生产的产品用于在建工程、管理部门、非生产机构、捐赠、赞助、集资、广告、样品、职工福利奖励等方面时，应视同对外销售处理。其产品的销售价格，应参照同期同类产品的市场销售价格；没有参照价格的，应按成本加合理利润的方法组成计税价格。

国税发［2000］118号、119号：用非货币性资产对外投资、整体资产转让、整体资产置换、合并、分立，视同对外销售处理。

国税发［2000］118号：关于非货币性交易（会计上称法，税收上称视同销售）

的处理规定。

新企业会计准则：商业实质、换入（出）资产公允价值能可靠确定；准则指南规定：补价占换出资产公允价值比重不大于25%，非货币性交易；补价占换出资产公允价值比重大于25%，货币性交易，按销售处理。

税务处理：国税发［2000］118号文：按公允价销售一项资产，按公允价购买一项资产；25%——免税临界点：不大于25%，双方不确认所得，免缴企业所得税；大于25%，确认所得。

此类业务要解决两个问题：第一，如何确认换入资产价值？企业会计制度规定，以换出资产账面价值为基础；新企业会计准则规定，按公允价值确认。第二，非货币性交易收益如何计算？确定如何缴纳流转税，如何计算收益。

交易完成后，对换入资产处理：

会计上：按会计成本计提折旧。

税法上：对公允价值与账面价差额按年限补提折旧，以后每年进行纳税调减。

——非货币性交换视同销售计税基础调整存在的问题。

例2－1，甲企业发生非货币性交易，换出资产A与换入资产B公允价值相同，为80万元。换出资产账面价值为50万元，不具有商业实质。会计处理如下：

借：资产B　　500000
　　应交税金——增值税——进项税金　　136000
　贷：资产A　　500000
　　　应交税金——增值税——销项税金　　136000

税务机关意见：甲企业视同销售需要调增应纳税所得额30万元。

——样品视同销售如何计缴所得税？

例2－2，某公司样品成本价格10万元，销售价15万元，则会计处理如下：

所有权未发生转移时：

借：营业费用　　125500
　贷：库存商品　　100000
　　　应交税金——增值税——销项税　　25500

所有权发生转移时：

视同销售处理：

借：营业费用　　175500
　贷：营业收入　　150000
　　　应缴税金——增值税——销项税　　25500（150000×17%）

借：营业成本　　100000
　贷：库存商品　　100000

国家税务总局6号令：债务人（企业）以非现金资产清偿债务，除企业改组或者清算另有规定外，应当分解为按公允价值转让非现金资产，再以与非现金资产公允价值相当的金额偿还债务两项经济业务进行所得税处理，债务人（企业）应当确认有关资产的转让所得（或损失）。

国税发［2003］45 号《关于执行〈企业会计制度〉需要明确的有关所得税问题的通知》：企业将自产、委托加工和外购的原材料、固定资产、无形资产和有价证券（商业企业包括外购商品）用于捐赠，应分解为按公允价值视同对外销售和捐赠两项业务进行所得税处理。用非货币性资产对外捐赠。

国税发［2003］83 号文“三、关于开发产品视同销售行为的收入确认问题”：应视同销售确认收入行为：将开发产品用于本企业自用、捐赠、赞助、广告、样品、职工福利、奖励等；将开发产品转作经营性资产；将开发产品用作对外投资以及分配给股东或投资者；以开发产品抵偿债务；以开发产品换取其他企事业单位、个人的非货币性资产。视同销售行为应于开发产品所有权或使用权转移，或于实际取得利益权利时确认。

国税发［2006］31 号《国家税务总局关于房地产开发业务征收企业所得税问题的通知》第六项关于开发产品视同销售行为的税务处理问题：开发企业将开发产品转作固定资产或用于捐赠、赞助、职工福利、奖励、对外投资、分配给股东或投资人、抵偿债务、换取其他企事业单位和个人的非货币性资产等行为，应视同销售。

国税发［2009］31 号关于印发《房地产开发经营业务企业所得税处理办法》的通知。

国税函［2008］309 号：《关于应用评估技术核定房地交易价格的意见》。

国税函［2008］828 号《国家税务总局关于企业处置资产所得税处理问题的通知》（成文日期：2008 年 10 月 9 日）：“一、企业发生下列情形的处置资产，除将资产转移至境外以外，由于资产所有权属在形式和实质上均不发生改变，可作为内部处置资产，不视同销售确认收入，相关资产的计税基础延续计算。（一）将资产用于生产、制造、加工另一产品；（二）改变资产形状、结构或性能；（三）改变资产用途（如，自建商品房转为自用或经营）；（四）将资产在总机构及其分支机构之间转移；（五）上述两种或两种以上情形的混合；（六）其他不改变资产所有权属的用途。二、企业将资产移送他人的下列情形，因资产所有权属已发生改变而不属于内部处置资产，应按规定视同销售确定收入：（一）用于市场推广或销售；（二）用于交际应酬；（三）用于职工奖励或福利；（四）用于股息分配；（五）用于对外捐赠；（六）其他改变资产所有权属的用途。三、企业发生本通知第二条规定情形时，属于企业自制的资产，应按企业同类资产同期对外销售价格确定销售收入；属于外购的资产，可按购入时的价格确定销售收入。四、本通知自 2008 年 1 月 1 日起执行。对 2008 年 1 月 1 日以前发生的处置资产，2008 年 1 月 1 日以后尚未进行税务处理的，按本通知规定执行。”

4. 消费税的视同销售。消费税暂行条例实施细则具体规定：国务院令第 539 号消费税暂行条例第四条：纳税人生产的应税消费品，于纳税人销售时纳税。纳税人自产自用的应税消费品，用于连续生产应税消费品的，不纳税；用于其他方面的，于移送使用时纳税。

第 51 号令消费税暂行条例实施细则第六条：条例第四条第一款所称用于连续生产应税消费品，是指纳税人将自产自用的应税消费品作为直接材料生产最终应税消费品，自产自用应税消费品构成最终应税消费品的实体。条例第四条第一款所称用于其他方面，是指纳税人将自产自用应税消费品用于生产非应税消费品、在建工程、管理部门、非生产机构、提供劳务、馈赠、赞助、集资、广告、样品、职工福利、奖励等方面。

特别强调：视同销售涉及增值税、营业税、消费税、企业所得税，各税种视同销售认定条件各自独立，不具通用性，不能跨税种通用确认。

## 二、主营业务收入

### （一）收入确认与财税处理

会计处理：依据《企业会计准则——收入》、《企业会计准则——建造合同》。

税务处理：增值税，营业税，消费税，企业所得税等条例和具体政策有规定。

实务中需重点把握会计上收入确认时点和纳税义务发生时间的有关规定：

——增值税。国务院令第538号增值税暂行条例第十九条：增值税纳税义务发生时间：（1）销售货物或者应税劳务，为收讫销售款项或者取得索取销售款项凭据的当天；先开具发票的，为开具发票的当天；（2）进口货物，为报关进口的当天。增值税扣缴义务发生时间为纳税人增值税纳税义务发生的当天。

第50号令《增值税暂行条例实施细则》第三十八条：条例第十九条第一款第（一）项规定的收讫销售款项或者取得索取销售款项凭据的当天，按销售结算方式的不同，具体为：（1）采取直接收款方式销售货物，不论货物是否发出，均为收到销售款或者取得索取销售款凭据的当天；（2）采取托收承付和委托银行收款方式销售货物，为发出货物并办妥托收手续的当天；（3）采取赊销和分期收款方式销售货物，为书面合同约定的收款日期的当天，无书面合同的或者书面合同没有约定收款日期的，为货物发出的当天；（4）采取预收货款方式销售货物，为货物发出的当天，但生产销售生产工期超过12个月的大型机械设备、船舶、飞机等货物，为收到预收款或者书面合同约定的收款日期的当天；（5）委托其他纳税人代销货物，为收到代销单位的代销清单或者收到全部或者部分货款的当天。未收到代销清单及货款的，为发出代销货物满180天的当天；（6）销售应税劳务，为提供劳务同时收讫销售款或者取得索取销售款的凭据的当天；（7）纳税人发生本细则第四条第（三）项至第（八）项所列视同销售货物行为，为货物移送的当天。

——营业税条例第十二条：营业税纳税义务发生时间为纳税人提供应税劳务、转让无形资产或者销售不动产并收讫营业收入款项或者取得索取营业收入款项凭据的当天。国务院财政、税务主管部门另有规定的，从其规定。营业税扣缴义务发生时间为纳税人营业税纳税义务发生的当天。

第52号令营业税条例实施细则第二十四条：条例第十二条所称收讫营业收入款项，是指纳税人应税行为发生过程中或者完成后收取的款项。条例第十二条所称取得索取营业收入款项凭据的当天，为书面合同确定的付款日期的当天；未签订书面合同或者书面合同未确定付款日期的，为应税行为完成的当天。

——消费税。国务院令第 539 号消费税暂行条例第四条：纳税人生产的应税消费品，于纳税人销售时纳税。纳税人自产自用的应税消费品，用于连续生产应税消费品的，不纳税；用于其他方面的，于移送使用时纳税。

财政部　国家税务总局第 51 号令消费税暂行条例实施细则第八条：消费税纳税义务发生时间，根据条例第四条的规定，分列如下：纳税人销售应税消费品的，区分赊销和分期收款结算方式、采取预收货款结算方式、采取托收承付和委托银行收款方式和其他结算方式确定纳税义务发生时间。

1. 正常销售情况。

借：应收账款、银行存款等

　　贷：主营（其他）业务收入

　　　　应交税费——应交增值税（销项税额）

借：主营业务成本

　　贷：库存商品、原材料等

2. 特殊销售情况。

（1）赊销方式。一般以合同或协议约定的收款日期确认收入实现。如果暂不满足收入确认条件时，即不符合收入确认条款的情况下的处理（如购货方资金周转暂时存在问题），则：

借：发出商品

　　贷：库存商品

借：应收账款——应收销项税额

　　贷：应交税费——应交增值税（销项税额）

当购货方条件好转时：

借：应收账款——XX 企业

　　贷：主营业务收入

借：主营业务成本

　　贷：发出商品

（2）分期收款方式销售。企业会计制度：以合同或协议约定的收款日期确认收入实现。具体处理概括为“一交四分期”：一交，一次交货；四分期，分期确认收入、分期开发票、分期交税、分期确认成本。

新会计准则：对合同或协议明确规定销售商品需要延期收取价款，如分期收款销售商品情形，按照应收的合同或协议价款的现值确定其公允价值，会计分录如下：

借：长期应收款（各期应收款之和）

　　银行存款

　　贷：主营业务收入（各期应收款现值之和，商品的售价）

　　　　未实现融资收益

　　　　应交税费——增值税（销项税额）

各期摊销时：

借：未实现融资收益（各期应收款的摊余价值×实际利率）

　　贷：财务费用

在各期摊销处理后，应收账款的账面价值=各期应收款之和

各期收款时：

借：银行存款

　　贷：长期应收款

（3）委托代销方式销售。

会计处理：企业会计制度下：略。

新会计准则下：分为视同买断方式和收取手续费方式。

——视同买断方式代销的会计处理

A. 委托方：

发出商品时：

借：发出商品

　　贷：库存商品

B. 受托方：

收到代销商品：

借：受托代销商品（代理业务资产）

　　贷：受托代销商品款（代理业务负债）

收到代销清单确认收入：

借：应收账款

　　贷：主营业务收入

　　　　应交税费——应交增值税（销项税额）

实际销售代销商品时：

借：银行存款

　　贷：主营业务收入

　　　　应交税费——应交增值税（销项税额）

结转成本：

借：主营业务成本

　　贷：发出商品

结转成本：

借：主营业务成本

　　贷：受托代销商品

收到货款：

借：银行存款

　　贷：应收账款

同时，交付代销清单，取得增值税专用发票：

借：受托代销商品款

　　贷：应付账款

借：应付账款

　　应交税费——应交增值税（进项税额）

　　贷：银行存款

——收取手续费方式

在收取手续费方式下，受托方根据所代销商品的数额收取手续费。受托方收取的手续费属于劳务收入。

①委托方的会计处理：

发出商品时：

借：发出商品

　　贷：库存商品

结算手续费时：

借：销售费用

　　贷：应收账款（冲减应向受托方收取的价款和税金）

收到代销清单时正常的确认收入并结转成本。

实际收到货款和税金时：

借：银行存款

　　贷：应收账款

②受托方的会计处理：

收到受托代销商品时：

借：受托代销商品（约定售价）

　　贷：受托代销商品款（约定售价）

实际销售代销商品时：

借：银行存款、应收账款（含增值税）

　　贷：受托代销商品（卖出部分的约定售价）

　　　　应交税费——应交增值税（销项税额）

取得委托方开具的增值税专用发票，并支付代收款时：

借：应交税费——应交增值税（进项税额）

　　贷：应付账款

支付货款并结算手续费：

借：受托代销商品款

　　贷：受托代销商品

借：应付账款

　　贷：银行存款

　　　　其他业务收入或主营业务收入（手续费）

税务处理：

视同买断方式：缴纳增值税（销项税额－进项税额）

财税［2005］165号《财政部、国家税务总局关于增值税若干政策的通知》第二条：企业在委托代销货物的过程中，无代销清单纳税义务发生时间的确定：(1) 纳税人以代销方式销售货物，在收到代销清单前已收到全部或部分货款的，其纳税义务发生时间为收到全部或部分货款的当天；(2) 对于发出代销商品超过180天仍未收到代销清单及货款的，视同销售实现，一律征收增值税，其纳税义务发生时间为发出代销商品满180天的当天。

收取手续费方式：手续费收入按劳务收入交营业税。

3. 关于确认企业所得税收入若干问题。国税函［2008］875号《国家税务总局关于确认企业所得税收入若干问题的通知》："一、除企业所得税法及实施条例另有规定外，企业销售收入的确认，必须遵循权责发生制原则和实质重于形式原则。(一) 企业销售商品同时满足下列条件的，应确认收入的实现：1. 商品销售合同已经签订，企业已将商品所有权相关的主要风险和报酬转移给购货方。2. 企业对已售出的商品既没有保留通常与所有权相联系的继续管理权，也没有实施有效控制。3. 收入的金额能够可靠地计量。4. 已发生或将发生的销售方的成本能够可靠地核算。(二) 符合上款收入确认条件，采取下列商品销售方式的，应按以下规定确认收入实现时间：1. 销售商品采用托收承付方式的，在办妥托收手续时确认收入。2. 销售商品采取预收款方式的，在发出商品时确认收入。3. 销售商品需要安装和检验的，在购买方接受商品以及安装和检验完毕时确认收入。如果安装程序比较简单，可在发出商品时确认收入。4. 销售商品采用支付手续费方式委托代销的，在收到代销清单时确认收入。(三) 采用售后回购方式销售商品的，销售的商品按售价确认收入，回购的商品作为购进商品处理。有证据表明不符合销售收入确认条件的，如以销售商品方式进行融资，收到的款项应确认为负债，回购价格大于原售价的，差额应在回购期间确认为利息费用。(四) 销售商品以旧换新的，销售商品应当按照销售商品收入确认条件确认收入，回收的商品作为购进商品处理。(五) 企业为促进商品销售而在商品价格上给予的价格扣除属于商业折扣，商品销售涉及商业折扣的，应当按照扣除商业折扣后的金额确定销售商品收入金额。债权人为鼓励债务人在规定的期限内付款而向债务人提供的债务扣除属于现金折扣，销售商品涉及现金折扣的，应当按扣除现金折扣前的金额确定销售商品收入金额，现金折扣在实际发生时作为财务费用扣除。企业因售出商品的质量不合格等原因而在售价上给的减让属于销售折让；企业因售出商品质量、品种不符合要求等原因而发生的退货属于销售退回。企业已经确认销售收入的售出商品发生销售折让和销售退回，应当在发生当期冲减当期销售商品收入。

二、企业在各个纳税期末，提供劳务交易的结果能够可靠估计的，应采用完工进度（完工百分比）法确认提供劳务收入。(一) 提供劳务交易的结果能够可靠估计，是指同时满足下列条件：1. 收入的金额能够可靠地计量。2. 交易的完工进度能够可靠地确定。3. 交易中已发生和将发生的成本能够可靠地核算。(二) 企业提供劳务完工进度的确定，可选用下列方法：1. 已完工作的测量。2. 已提供劳务占劳务总量的比例。3. 发生成本占总成本的比例。(三) 企业应按照从接受劳务方已收或应收的合同或协议价款确定劳务收入总额，根据纳税期末提供劳务收入总额乘以完工进度扣除以前纳税年度累计已确认提供劳务收入后的金额，确认为当期劳务收入；同时，按照提供劳务估计总成本乘以完工进度扣除以前纳税期间累计已确认劳务成本后的金额，结转为当期劳务成本。(四) 下列提供劳务满足收入确认条件的，应按规定确认收入：1. 安装费。2. 宣传媒介的收费。3. 软件费。4. 服务费。5. 艺术表演、招待宴会和其他特殊活动的收费。6. 会员费。7. 特许权费。8. 劳务费。”

《企业会计准则——建造合同》实务上难点问题：

第一，集团公司、子公司两级模式《建造合同》会计核算。第二，建造合同的两级抵消：合并抵消的时候，资产负债表抵消关系为：总包方应付账款 = 分包方应收 + 已完工未结算款（或已结算未完工款）；损益表抵消关系为：总包方的成本 = 分包方收入。合并抵消完成后，应站在合并报表角度，重新确认不含分包毛利的合同预计总成本，以及重新检查总分包合同合并应确认的完工进度，调整相应的收入、毛利。第三，应收质保金折现额调整。

4. 房地产企业销售方式。国税发［2003］83 号文：包销方式（有承销期包销 - 进销差价，无承销期包销 - 约定付款日 - 赊销）；基价加超基价双方分成方式，区别纳税。

国税发［2006］31 号文：收取手续费方式销售开发产品按手续费收入交税，视同买断方式按差额交税。

国税发［2009］31 号关于印发《房地产开发经营业务企业所得税处理办法》的通知。

**（二）销售退回处理**

1. 会计与税务处理的差异。

会计处理：一般情况：销售退回应直接冲减当期销售收入、成本。

特殊情况：销售退回属于资产负债表日后事项。

税务处理：把握销售退回资产负债表日与汇算清缴日划分的期间。

会计上：

1月1日　　资产负债表日后事项期间　　批准报出日
→
报告年度　　　　　　本年度

税收上：

1月1日　　汇算清缴日　　［退货日］　　批准报出日
→
报告年度　　　　　　本年度

企业所得税的汇算清缴期：原《企业所得税汇算清缴管理办法》规定为次年 4 月 30 日前，新企业所得税法规定为 5 月 31 日。

下面分两种情况讨论销售退回的会计与税务处理：

(1) 资产负债表日后事项中涉及报告年度所属期间的销售退回发生于报告年度所

得税汇算清缴之前，应调整报告年度会计报表的收入、成本等，并相应调整报告年度的应纳税所得额，以及报告年度应交的所得税等。

例2-3，甲公司2007年12月15日销售一批商品给丙企业，取得收入100万元（不含税，增值税率17%），甲公司发出商品后，按照正常情况已确认收入，并结转成本80万元。此笔货款到年末尚示收到，甲公司按应收账款的4%计提了坏账准备4.68万元。2008年1月15日，由于产品质量问题，本批货物被退回。按税法规定，经税务机关批准在应收款项余额5‰的范围内计提的坏账准备可以在税前扣除，本度除应收丙企业账款计提的坏账准备外，无其他纳税调整事项。甲公司所得税税率为33%，所得税采用资产负债表债务法核算，2008年2月28日完成了2007年所得税汇算清缴，甲公司按净利润的10%提取法定盈余公积。甲公司2007年财务会计报告在2008年3月31日经批准报出。

根据规定判断，该销售退回应作为调整事项进行处理：

①2008年1月15日，调整销售收入：

借：以前年度损益调整（调整主营业务收入）　　1000000

　　应交税费——应交增值税（销项税额）　　170000

　　贷：应收账款　　1170000

②调整坏账准备余额：

借：坏账准备　　46800

　　贷：以前年度损益调整（调整资产减值损失）　　46800

③调整销售成本：

借：库存商品　　800000

　　贷：以前年度损益调整（调整主营业务成本）　　800000

④调整应交所得税：

借：应交税费——应交所得税　　64069.5

　　贷：以前年度损益调整（调整所得税费用）　　64069.5

［（1000000－800000－1170000×5‰）×33%＝（200000－5850）×33%］

⑤调整原已确认的递延所得税资产：

借：以前年度损益（调整所得税费用）　　13513.5

　　贷：递延所得税资产　　13513.5（40950×33%）

［注：原应收账款资产的账面价值为1123200元（1170000－1170000×4%），计税基础为1164150元（1170000－1170000×5‰），产生可抵扣暂时性差异40950元，按33%的税率，原已确认递延所得税资产，现将其冲回］

⑥将“以前年度损益调整”项目余额（即减少的净利润）转入未分配利润：

借：利润分配——未分配年利润　　102644

　　贷：以前年度损益调整

　　102644（1000000－800000－46800－64069.5＋13513）

⑦因净利润减少，冲回多提的盈余公积：

借：盈余公积　　10264.4（102644×10%）

　　贷：利润分配——未分配利润　　10264.4

⑧调整报告年度报表（略）。

（2）资产负债表日后事项中涉及报告年度所属期间的销售退回发生于报告年度所得税汇算清缴之后，应调整报告年度会计报表的收入、成本等，但按照税法规定在此期间的销售退回所涉及的应交所得税，应作为本年度的纳税调整事项。

例 2－4，甲公司 2007 年 12 月 15 日销售一批商品给丙企业，取得收入 100 万元（不含税，增值税率为 17%），甲公司发出商品后，按照正常情况已确认收入，并结转成本 80 万元。此笔货款到年末尚未收到，甲公司按应收账款的 4% 计提了坏账准备 4.68 万元。2008 年 3 月 15 日，由于产品质量问题，本批货物被退回。按税法规定，经税务机关批准在应收款项余额 5‰的范围内计提的坏账准备可以在税前扣除，本年度除应收丙企业账款计提的坏账准备外，无其他纳税调整事项。甲公司所得税税率为 33%，所得税采用资产负债表债务法核算，2008 年 2 月 28 日完成了 2007 年所得税汇算清缴，甲公司按净利润的 10% 提取法定盈余公积。甲公司 2007 年财务会计报告在 2008 年 3 月 31 日经批准报出。

根据规定判断，应作为调整事项进行处理：

①2008 年 3 月 15 日，调整销售收入：

借：以前年度损益调整（调整主营业务收入）　　1000000

　　应交税费——应交增值税（销项税额）　　170000

　　贷：应收账款　　1170000

②调整坏账准备余额：

借：坏账准备　　46800

　　贷：以前年度损益调整（调整资产减值损失）　　46800

③调整销售成本：

借：库存商品　　800000

　　贷：以前年度损益调整（调整主营业务成本）　　800000

④调整所得税费用：

借：递延所得税资产　　64069.5

　　贷：以前年度损益调整（调整所得税费用）　　64069.5

［注：由于销售退回，2007 年多交所得税＝（1000000－800000－1170000×5‰）×33%＝（200000－5850）×33%＝64069.5（元），只能在 2008 年所得税申报时抵扣，负债产生的可抵扣暂时性差异，应计入递延所得税资产 64069.5 元］

⑤调整原已确认的递延所得税资产：

借：以前年度损益调整（调整所得税费用）　　13513.5

　　贷：递延所得税资产　　13513.5（40950×33%）

注：原应收账款资产的账面价值为 1123200 元（1170000－1170000×4%），计税基础为 1164150 元（1170000－1170000×5‰），产生可抵扣暂时性差异 40950 元，按 33% 的税率，原已确认递延所得

税资产，现将其冲回。

⑥将“以前年度损益益调整”科目余额（即减少的净利润）转入未分配利润：

借：利润分配——未分配利润　　　　102644

　　贷：以前年度损益调整

　　　　102644（1000000 - 800000 - 46800 - 64069.5 + 13513.5）

⑦因净利润减少，冲回多提的盈余公积：

借：盈余公积　　　　10264.4（102644 × 10%）

　　贷：利润分配——未分配利润　　　　10264.4

⑧调整报告年度报表（略）。

2. 发票的管理规定。国税发［1993］150号《增值税专用发票使用规定（试行）》第十二条：销售货物并向购买方开具专用发票后，如发生退货或销售折让，应视不同情况分别按以下规定办理：购买方在未付货款并且未做账务处理的情况下，须将原发票联和税款抵扣联主动退还销售方；在购买方已付货款，或者货款未付但已做账务处理，发票联及抵扣联无法退还的情况下，购买方必须取得当地主管税务机关开具的进货退出或索取折让证明单（以下简称证明单）送交销售方，作为销售方开具红字专用发票的合法依据。

国税发［2006］156号《关于修订〈增值税专用发票使用规定〉的通知》第十四条：一般纳税人取得专用发票后，发生销货退回、开票有误等情形但不符合作废条件的，或者因销货部分退回及发生销售折让的，购买方应向主管税务机关填报《开具红字增值税专用发票申请单》。

国税发［2007］18号《国家税务总局关于修订增值税专用发票使用规定的补充通知》（2007年2月16日）：“《国家税务总局关于修订〈增值税专用发票使用规定〉的通知》（国税发［2006］156号以下简称《通知》）下发后，各地陆续反映了一些执行中存在的问题，经研究，现补充通知如下：增值税一般纳税人开具增值税专用发票（以下简称专用发票）后，发生销货退回、销售折让以及开票有误等情况需要开具红字专用发票的，视五种不同情况分别按处理；税务机关为小规模纳税人代开专用发票需要开具红字专用发票的，比照一般纳税人开具红字专用发票的处理办法，通知单第二联交代开税务机关。”

### （三）混合销售行为

增值税、营业税混合销售行为和兼营行为。若属于同一税种内部，一般从高适用税率；若跨税种，新流转税细则规定由主管税务局核定。

1. 混合销售行为：销售和劳务针对同一标志物，且劳务从属于销售，是缴纳营业税还是增值税？两个判断标准：第一，纳税人主体性质，企业、企业单位：征收增值税，不征收营业税；其他单位和个人：征收营业税，不征收增值税。第二，交易额的比例，每个纳税年度内，销售额超过50%，征收增值税，不征收营业税。税法到此打住，能否推理：营业额超过50%，征收营业税，不征收增值税呢？各地执法口径不一，根据税法精神的理解，我们认为推理成立。

（1）营业税混合销售如何征税？第六条　一项销售行为如果既涉及应税劳务又涉及货物，为混合销售行为。除本细则第七条的规定外，从事货物的生产、批发或者零售的企业、企业性单位和个体工商户的混合销售行为，视为销售货物，不缴纳营业税；其他单位和个人的混合销售行为，视为提供应税劳务，缴纳营业税。第一款所称货物，是指有形动产，包括电力、热力、气体在内。第一款所称从事货物的生产、批发或者零售的企业、企业性单位和个体工商户，包括以从事货物的生产、批发或者零售为主，并兼营应税劳务的企业、企业性单位和个体工商户在内。

（2）关注兼营行为：可以分开核算分开纳税。第八条　纳税人兼营应税行为和货物或者非应税劳务的，应当分别核算应税行为的营业额和货物或者非应税劳务的销售额，其应税行为营业额缴纳营业税，货物或者非应税劳务销售额不缴纳营业税；未分别核算的，由主管税务机关核定其应税行为营业额。

2. 建筑施工企业混合销售行为。建筑施工企业提供建筑安装劳务，销售生产的产品行为。征税规定以2002年9月1日国税发［2002］117号文为分界点：2002年9月1日前，单一征收增值税；2002年9月1日后，可分别征税。

国税发［2002］117号《国家税务总局关于纳税人销售自产货物提供增值税劳务并同时提供建筑业劳务征收流转税问题的通知》："……同时符合以下条件的，对销售自产货物和提供增值税应税劳务取得的收入征收增值税，提供建筑业劳务收入征收营业税：（一）必须具备建设行政部门批准的建筑业施工（安装）资质；（二）签订建设工程施工总包或分包合同中单独注明建筑业劳务价款。（注：限定重型设备制造厂家负责安装，但不具备施工资质）凡不同时符合以上条件的，对纳税人取得的全部收入征收增值税，不征收营业税。"

关于自产货物范围：通知所称自产货物是指：（1）金属结构件：包括活动板房、钢结构房、钢结构产品、金属网架等产品；（2）铝合金门窗；（3）玻璃幕墙；（4）机器设备、电子通讯设备；（5）国家税务总局规定的其他自产货物（注：列举式规定，同时留有口子）。

国税发［2006］80号国家税务总局关于纳税人销售自产建筑防水材料并同时提供建筑业劳务征收流转税问题的通知。

财税［2005］165号《财政部、国家税务总局关于增值税若干政策的通知》第一条"销售自产货物提供增值税劳务并同时提供建筑业劳务征收增值税，纳税义务发生时间的确定"：按照《国家税务总局关于纳税人销售自产货物提供增值税劳务并同时提供建筑业劳务征收流转税问题的通知》（国税发［2002］117号）规定，纳税人销售自产货物提供增值税劳务并同时提供建筑业劳务应征增值税的，其增值税纳税义务发生时间依照《中华人民共和国增值税暂行条例实施细则》第三十三条的规定执行。

### （四）关于商业折扣、现金折扣、销售折让

1. 商业折扣。税法：是否商业折扣在同一张发票上注明。

例2-5，某商场为促销，买一套西装（1500元）赠一条领带（100元）

错误开发票：发票开西装（1500元），对领带（100元）不开票，直接列“营业费用”。

根据原所得税法：将赠送领带行为视同商场对个人捐赠。

按视同销售，缴纳增值税，100/（1+17%）×17%=14.52（元）；

属非公益性捐赠，调增缴纳企业所得税，100×33%=33（元）；

对个人属于偶然所得，代扣交个税，100/（1-20%）×20%=25（元）；

企业为个人承担的个税调增企业所得税25×33%=8.25（元）；

总税负：14.52+33+25+8.25=80.77（元）。

正确开发票：

方案一：西装、领带 1600×93.75%=1500（元）；

方案二：西装1500元、领带100元，折扣100元。

国税函［2008］875号《国家税务总局关于确认企业所得税收入若干问题的通知》：企业以买一赠一等方式组合销售本企业商品的，不属于捐赠，应将总的销售金额按各项商品的公允价值的比例来分摊确认各项的销售收入。

2. 现金折扣。会计上：总额法核算。

税法：国税发［2006］56号文前：现金折扣不得税前扣除，指的是不作为原表第15—42行的扣除项目，实际上，原表第3行折扣、折让已作为收入总额减项；56号文后，新申报表填列“财务费用”项。

3. 销售折让。销售折让在发生时，作当期销售商品收入抵减处理。

若发票未做账务处理，则退回发票；若发票已做账务处理，则：国税发［1993］150号文：同销售退回处理；国税函［2006］1279号《国家税务总局关于纳税人折扣折让行为开具红字增值税专用发票问题的通知》（2006年12月29日）：纳税人销售货物并向购买方开具增值税专用发票后，由于购货方在一定时期内累计购买货物达到一定数量，或者由于市场价格下降等原因，销货方给予购货方相应的价格优惠或补偿等折扣、折让行为，销货方可按现行《增值税专用发票使用规定》的有关规定开具红字增值税专用发票。

如销售折让属于资产负债表日后事项的，按照《资产负债表日后事项》准则进行处理（同销货退回）。

### （五）配比原则在营业收入中的应用

会计制度：配比原则确认收入成本，递延收益。

1. 纳税义务发生时间。财税［2003］16号文：单位和个人提供应税劳务、转让专利权、非专利技术、商标权、著作权和商誉时，向对方收取的预收性质的价款（包括预收款、预付款、预存费用、预收定金等，下同），其营业税纳税义务发生时间以按照财务会计制度的规定，该项预收性质的价款被确认为收入的时间为准。“单位和个人因财务会计核算办法改变将已缴纳过营业税的预收性质的价款逐期转为营业收入时，允许从营业额中减除。”

例 2-6，甲软件公司向乙公司转让一项软件使用权，转让期限为 5 年，一次性收费 50000 元，甲公司还要提供维护服务 5 年。已知开发成本 10000 元，每年维护服务成本 2000 元。

成本收入率 = 50000/（10000 + 2000 × 5） = 250%；

专利技术使用费收入 = 10000 × 250% = 25000（元）；

每年服务费收入 = 2000 × 250% = 5000（元）。

收款时：

| |  |  |
|---|---|---|
| 借：银行存款 | 50000 | |
| 贷：主营业务收入 | | 25000 |
| 递延收益 | | 25000 |
| 借：主营业务税金及附加 | 2500 | |
| 贷：应交税金——应交营业税 | | 2500 |

结转成本：

| |  |  |
|---|---|---|
| 借：主营业务成本 | 10000 | |
| 贷：库存商品 | | 10000 |

每年提供服务时：

| |  |  |
|---|---|---|
| 借：递延收益 | 5000 | |
| 贷：主营业务收入 | | 5000 |
| 借：主营业务成本 | 2000 | |
| 贷：劳务成本 | | 2000 |

2. 区别营业收入与计税营业额（营业税金及附加）。财税［2003］16 号文：关于营业额问题（十三）通信线路工程和输送管道工程所使用的电缆、光缆和构成管道工程主体的防腐管段、管件（弯头、三通、冷弯管、绝缘接头）、清管器、收发球筒、机泵、加热炉、金属容器等物品均属于设备，其价值不包括在工程的计税营业额中。其他建筑安装工程的计税营业额也不应包括设备价值，具体设备名单可由省级地方税务机关根据各自实际情况列举。

鄂地税发［2004］139 号：《湖北省地方税务局关于明确安装工程营业税计税依据问题的通知》：七类设备清单。

3. 建筑业计税依据不含甲供设备。新规定第十六条：除本细则第七条规定外，纳税人提供建筑业劳务（不含装饰劳务）的，其营业额应当包括工程所用原材料、设备及其他物资和动力价款在内，但不包括建设方提供的设备的价款。

原规定第十八条：纳税人从事建筑、修缮、装饰工程作业，无论与对方如何结算，其营业额均应包括工程所用原材料及其他物资和动力的价款在内。纳税人从事安装工程作业，凡所安装的设备的价值作为安装工程产值的，其营业额应包括设备的价款在内。

4. 对跨年度老合同实行营业税过渡政策。财税［2009］112 号《财政部 国家税务总局关于对跨年度老合同实行营业税过渡政策的通知》（成文日期：2009 年 8 月 25

日）：经国务院批准，现对2008年12月31日（含12月31日）之前签订的在上述日期前尚未执行完毕的劳务合同、销售不动产合同、转让无形资产合同（以下简称跨年度老合同）的有关营业税政策问题明确如下：跨年度老合同涉及的境内应税行为的确定和跨年度老合同涉及的建筑、旅游、外汇转贷及其他营业税应税行为营业额的确定，按照合同到期日和2009年12月31日（含12月31日）孰先的原则，实行按照《中华人民共和国营业税暂行条例》（国务院令第136号）、《中华人民共和国营业税暂行条例实施细则》（[93] 财法字第40号）及相关规定执行的过渡政策。上述跨年度老合同涉及的税率、纳税义务发生时间、纳税地点、扣缴义务人、人民币折合率、减免税优惠政策等其他涉税问题，自2009年1月1日起，应按照新条例和新细则的规定执行。文到之前纳税人已缴、多缴、已扣缴、多扣缴的营业税税款，允许从其以后的应纳税额中抵减或予以退税。

### （六）营业税若干免税政策

1. 保险产品取得的保费收入免征营业税。财税［2009］135号《财政部　国家税务总局关于下发免征营业税的1年期以上返还性人身保险产品名单（第二十二批）的通知》（成文日期：2009年11月17日）：根据《财政部　国家税务总局关于对若干项目免征营业税的通知》（财税字［1994］002号）和《财政部　国家税务总局关于人寿保险业务免征营业税若干问题的通知》（财税字［2001］118号）的有关规定，经审核，决定对有关保险公司开办的符合免税条件的下列保险产品取得的保费收入免征营业税，具体免税保险产品清单见附件。

2. 营业税若干免税政策——重要政策补丁。财税［2009］111号《财政部　国家税务总局关于个人金融商品买卖等营业税若干免税政策的通知》（成文日期：2009年9月27日）："经国务院批准，现将有关营业税优惠政策明确如下：一、对个人（包括个体工商户及其他个人，下同）从事外汇、有价证券、非货物期货和其他金融商品买卖业务取得的收入暂免征收营业税。

二、个人无偿赠与不动产、土地使用权，属于下列情形之一的，暂免征收营业税：（一）离婚财产分割；（二）无偿赠与配偶、父母、子女、祖父母、外祖父母、孙子女、外孙子女、兄弟姐妹；（三）无偿赠与对其承担直接抚养或者赡养义务的抚养人或者赡养人；（四）房屋产权所有人死亡，依法取得房屋产权的法定继承人、遗嘱继承人或者受遗赠人。

三、对中华人民共和国境内（以下简称境内）单位或者个人在中华人民共和国境外（以下简称境外）提供建筑业、文化体育业（除播映）劳务暂免征收营业税。

四、境外单位或者个人在境外向境内单位或者个人提供的完全发生在境外的《中华人民共和国营业税暂行条例》（国务院令第540号，以下简称条例）规定的劳务，不属于条例第一条所称在境内提供条例规定的劳务，不征收营业税。上述劳务的具体范围由财政部、国家税务总局规定。根据上述原则，对境外单位或者个人在境外向境内单位或者个人提供的文化体育业（除播映），娱乐业，服务业中的旅店业、饮食业、仓储业，以及其他服务业中的沐浴、理发、洗染、裱画、誊写、镌刻、复印、打包劳务，不征收营业税。

五、同时满足以下条件的行政事业性收费和政府性基金暂免征收营业税：（一）由国务院或者财政部批准设立的政府性基金，由国务院或者省级人民政府及其财政、价格主管部门批准设立的行政事业性收费和政府性基金；（二）收取时开具省级以上（含省级）财政部门统一印制或监制的财政票据；（三）所收款项全额上缴财政。凡不同时符合上述三个条件，且属于营业税征税范围的行政事业性收费或政府性基金应照章征收营业税。上述政府性基金是指各级人民政府及其所属部门根据法律、国家行政法规和中共中央、国务院有关文件的规定，为支持某项事业发展，按照国家规定程序批准，向公民、法人和其他组织征收的具有专项用途的资金。包括各种基金、资金、附加和专项收费。上述行政事业收费是指国家机关、事业单位、代行政府职能的社会团体及其他组织根据法律、行政法规、地方性法规等有关规定，依照国务院规定程序批准，在向公民、法人提供特定服务的过程中，按照成本补偿和非盈利原则向特定服务对象收取的费用。

六、属于本通知第二条规定情形的个人，在办理免税手续时，应根据情况提交以下相关资料：《国家税务总局关于加强房地产交易个人无偿赠与不动产税收管理有关问题的通知》（国税发［2006］144 号）第一条规定的相关证明材料等，税务机关应当认真审核赠与双方提供的上述资料，资料齐全并且填写正确的，在提交的国税发［2006］144 号文件所附《个人无偿赠与不动产登记表》上签字盖章后复印留存，原件退还提交人，同时办理营业税免税手续。

七、本通知自 2009 年 1 月 1 日起执行。"

## 三、其他业务利润——其他业务收入

### （一）"四技收入"（技术转让、技术咨询、技术服务、技术培训）所得税业务

［94］财税字第 001 号《财政部　国家税务总局关于企业所得税若干优惠政策的通知》：企业事业单位进行技术转让，以及在技术转让过程中发生的与技术转让有关的技术咨询、技术服务、技术培训的所得，年净收入在 30 万元以下的，暂免征收所得税。是指企业事业单位进行技术转让，以及在技术转让过程中发生的与技术转让有关的技术咨询、技术服务、技术培训的所得，年净收入在 30 万元以下的暂免征收所得税；超过 30 万元的部分，依法缴纳所得税。

财工字［1996］41 号文《财政部　国家税务总局关于促进企业技术进步有关财务税收问题的通知》：企业进行技术转让，以及在技术转让过程中发生的与技术转让有关的技术咨询、技术服务、技术培训所得，年净收入在 30 万元以下的，暂免征收所得税，超过 30 万元的部分，依法缴纳所得税。

新企业所得税法《实施条例》第九十条：企业所得税法第二十七条第（四）项所称符合条件的技术转让所得免征、减征企业所得税，是指一个纳税年度内，居民企业技

术转让所得不超过500万元的部分，免征企业所得税；超过500万元的部分，减半征收企业所得税。

国税函［2009］212号《国家税务总局关于技术转让所得减免企业所得税有关问题的通知》（成文日期：2009年4月24日）："一、根据企业所得税法第二十七条第（四）项规定，享受减免企业所得税优惠的技术转让应符合以下条件：（一）享受优惠的技术转让主体是企业所得税法规定的居民企业；（二）技术转让属于财政部、国家税务总局规定的范围；（三）境内技术转让经省级以上科技部门认定；（四）向境外转让技术经省级以上商务部门认定；（五）国务院税务主管部门规定的其他条件。二、符合条件的技术转让所得应按以下方法计算：技术转让所得＝技术转让收入－技术转让成本－相关税费。三、享受技术转让所得减免企业所得税优惠的企业，应单独计算技术转让所得，并合理分摊企业的期间费用；没有单独计算的，不得享受技术转让所得企业所得税优惠。四、企业发生技术转让，应在纳税年度终了后至报送年度纳税申报表以前，向主管税务机关办理减免税备案手续。（一）企业发生境内技术转让，向主管税务机关备案时应报送以下资料：1. 技术转让合同（副本）。2. 省级以上科技部门出具的技术合同登记证明。3. 技术转让所得归集、分摊、计算的相关资料。4. 实际缴纳相关税费的证明资料。5. 主管税务机关要求提供的其他资料。（二）企业向境外转让技术，向主管税务机关备案时应报送以下资料：1. 技术出口合同（副本）。2. 省级以上商务部门出具的技术出口合同登记证书或技术出口许可证。3. 技术出口合同数据表。4. 技术转让所得归集、分摊、计算的相关资料。5. 实际缴纳相关税费的证明资料。6. 主管税务机关要求提供的其他资料。五、本通知自2008年1月1日起执行。"

### （二）"四技收入"营业税

财税［1994］10号《财政部　国家税务总局关于对科研单位取得的技术转让收入免征营业税的通知》："一、为了鼓励技术引进和推广，对科研单位取得的技术转让收入免征营业税。二、本通知所说的技术转让，是指有偿转让专利和专利技术的所有权或使用权的行为。三、科研单位转让技术，应持各级科委技术市场管理机构出具的技术合同认定登记证明，向主管税务机关提出申请。由主管税务机关审核批准后，方可享受免征营业税照顾。"

财税［1999］273号《财政部、国家税务总局关于贯彻落实〈中共中央、国务院关于加强技术创新，发展高科技，实现产业化的决定〉有关税收问题的通知》：对单位和个人（包括外商投资企业、外商投资设立的研究开发中心、外国企业和外籍个人）从事技术转让、技术开发业务和与之相关的技术咨询、技术服务业务取得的收入，免征营业税。

财税［2005］39号：财税字［1999］273号中免征营业税的技术开发、技术转让业务，是指自然科学领域的技术开发和技术转让业务。

国税函［2004］825号《国家税务总局关于取消"单位和个人从事技术转让、技术开发业务免征营业税审批"后有关税收管理问题的通知》：根据《国务院关于第三批取消和调整行政审批项目的决定》（国发［2004］16号）精神，现就取消“单位和个人（不包括外资企业、外籍个人）从事技术转让、技术开发业务免征营业税审批”后，如何加强对该项工作的后续监督和管理，提出如下要求：《财政部、国家税务总局关于贯彻落实〈中共中央、国务院关于加强技术创新，发展高科技，实现产业化的决定〉有关税收问题的通知》（财税字［1999］273号）第二条第三款有关“单位和个人（不包括外资企业、外籍个人）从事技术转让，开发业务申请免征营业税时，须持技术转让，开发的书面合同，到纳税人所在地省级科技主管部门进行认定，再持有关的书面合同和科技主管部门审核意见证明报当地省级主管税务机关审核”予以取消。取消审核手续后，纳税人的技术转让、技术开发的书面合同仍应到省级科技主管部门进行认定，并将认定后的合同及有关证明材料文件报主管地方税务局备查。主管地方税务局要不定期地对纳税人申报享受减免税的技术转让、技术开发合同进行检查，对不符合减免税条件的单位和个人要取消税收优惠政策，同时追缴其所减免的税款，并按照《中华人民共和国税收征收管理法》的有关规定进行处罚。

地方政策，例如：鄂地税发［2001］143号《关于技术转让等业务免征营业税管理办法的通知》。

鄂地税发［2004］121号转发国家税务总局关于取消单位和个人从事技术转让、技术开发业务免征营业税审批后有关税收管理规定的通知。

外资企业：

国税发［1995］197号关于外商承包工程作业和提供劳务取得收入计算征税有关问题的通知；

国税发［2000］166号关于明确外国企业和外籍个人技术转让收入免征营业税范围问题的通知；

国税发［2006］83号关于加强外国企业承包工程税务管理的通知。

## 四、补贴收入/营业外收入

### （一）会计处理

企业会计制度，列“补贴收入”；新企业会计准则列“营业外收入”核算。

### （二）税收政策

财税［1994］74号《关于减免及返还的流转税并入企业利润征收所得税的通知》：对企业减免或返还的流转税（含即征即退、先征后退），除国务院、财政部、国家税务总局规定有指定用途的项目以外，都应并入企业利润，照章征收企业所得税。对直接减免和即征即退的，应并入企业当年利润征收企业所得税；对先征税后返还和先征后退的，应并入企业实际收到退税或返还税款年度的企业利润征收企业所得税。

财税字［1995］81号《关于企业补贴收入征税等问题的通知》：企业取得国家财

政性补贴和其他补贴收入，除国务院、财政部和国家税务总局规定不计入损益者外，应一律并入实际收到该补贴收入年度的应纳税所得额。

新企业所得税法《实施条例》第二十二条：其他收入，包括企业资产溢余收入、逾期未退包装物押金收入、确实无法偿付的应付款项、已作坏账损失处理后又收回的应收款项、债务重组收入、补贴收入、违约金收入、汇兑收益等。

减免企业所得税的具体政策：

财税［2006］105号《财政部 国家税务总局关于部分国家储备商品有关税收政策的通知》：中储粮总公司及其直属粮库、中储棉总公司及其直属棉库、华商储备商品管理中心取得的财政补贴收入免征营业税、企业所得税，对其资金账簿免征印花税……

财税［2000］25号《财政部、国家税务总局、海关总署关于鼓励软件产业和集成电路产业发展有关税收政策问题的通知》：软件产业对其增值税实际税负超过3%的部分实行即征即退政策。所退税款由企业用于研究开发软件产品和扩大再生产，不作为企业所得税应税收入，不予征收企业所得税。

财税［2002］70号：对增值税一般纳税人销售其自产的集成电路产品（含单晶硅片），按17%的税率征收增值税后，对其增值税实际税负超过3%的部分实行即征即退政策，所退税款由企业用于扩大再生产和研究开发集成电路产品。

财税［2005］33号：铸锻、模具和数控机床企业按照国家有关规定取得的增值税返还收入，计入"补贴收入"。在计算缴纳企业所得税时，暂不计入企业当年应纳税所得额，免征企业所得税。第二条要求设资金专户管理，专项用于技术研究和开发。

财税［2006］152号关于模具产品增值税先征后退政策的通知：自2006年1月1日至2008年12月31日，对本通知附件所列模具企业生产销售的模具产品实行先按规定征收增值税，后按实际缴纳增值税额退还50%的办法。退还的税款专项用于企业的技术改造、环境保护、节能降耗和模具产品的研究开发。

财税［2006］151号关于锻件产品增值税先征后退政策的通知：自2006年1月1日至2008年12月31日，对本通知附件所列的锻压企业生产销售的用于生产机器、机械的商品锻件，实行先按规定征收增值税，后按实际缴纳增值税额退还35%的办法。退还的税款专项用于企业的技术改造、环境保护、节能降耗和锻件产品的研究开发。

财税［2004］139号文《财政部 国家税务总局关于企业再就业专项补贴收入征免企业所得税问题的通知》：纳税人吸纳安置下岗失业人员再就业按《财政部劳动保障部关于促进下岗失业人员再就业资金管理有关问题的通知》（财社［2002］107号）中规定的范围、项目和标准取得的社会保险补贴和岗位补贴收入，免征企业所得税。纳税人取得的小额担保贷款贴息、再就业培训补贴、职业介绍补贴以及其他超出财社［2002］107号文件规定的范围、项目和标准的再就业补贴收入，应计入应纳税所得额按规定缴纳企业所得税。

国税发［2008］73号《关于坚持依法治税严格减免税管理的通知》（2008年7月17日）。

财税［2009］1号《关于坚决制止越权减免税 加强依法治税工作的通知》（2009

年1月19日)。

## (三) 增值税会计处理

出口退税政策：既免又退、只免不退、不免也不退。

退税额计算：生产企业——免抵退法、外贸企业——先征后退。

财税［2009］119号《财政部 国家税务总局关于再生资源增值税退税政策若干问题的通知》(成文日期：2009年9月29日)。

财税［2009］107号《财政部 海关总署 国家税务总局关于国内采购材料进入海关特殊监管区域适用退税政策的通知》(成文日期：2009年9月3日)。

国税函［2009］432号《关于增值税即征即退实施先评估后退税有关问题的通知》(成文日期：2009年8月13日)。

国税函［2009］448号《国家税务总局关于开展出口退税业务提醒工作的通知》(成文日期：2009年8月2日)。

国税函［2009］470号《国家税务总局关于跨境贸易人民币结算出口货物退（免）税有关事项的通知》(成文日期：2009年8月25日)。

国税函［2009］104号《国家税务总局关于简化出口货物退（免）税单证备案管理制度的通知》(成文日期：2009年3月6日)。

国税函［2009］108号《国家税务总局关于增值税小规模纳税人出口货物免税核销申报有关问题的通知》(成文日期：2009年3月5日)。

国税函［2008］1040号《国家税务总局关于金表壳及零件出口有关退税问题的通知》(成文日期：2008年12月18日)。

国税发［2008］121号《国家税务总局 国家发展和改革委员会关于外商投资项目采购国产设备退税有关政策的通知》(成文日期：2008年12月16日)。

(1) 增值税直接减免。

借：应交税金——应交增值税——减免税款

　　贷：补贴收入

(2) 增值税即征即退。

借：银行存款（实际收款时作，不可预计）

　　贷：补贴收入

(3) 增值税先征后退（铸锻、模具和数控机床企业）。

会计上：计入补贴收入，形成会计利润。

税收上：暂不计入企业当年应纳税所得额。

## (四) 营业税、消费税及教育费附加

目前，营业税，消费税没有“先征后还”政策。

国发［2009］36号《国务院关于进一步促进中小企业发展的若干意见》(成文日期：2009年9月19日)。

武政办［2009］19号《武汉市人民政府办公厅关于开展服务企业年活动的通知》：为进一步落实市委、市人民政府关于把2009年定为“服务企业年”的总体部署，切实贯彻《市人民政府关于优化政府服务促进企业发展的若干意见》（武政［2008］72号）文件精神，努力帮助企业解决当前面临的突出困难和问题，实现经济社会平稳较快发展。

——背景：一级政府一级财政，财政税务收支两条线，财政支出——扶持企业发展支出。

——申请奖励：扶持企业发展奖励基金、科技进步自主创新、近年为地方税费贡献额、金融危机对本企业效益、资金、员工安置产生影响、各税种留成比例及申请比例幅度。

——财税处理：暂收暂付，还是计入补贴收入？有所得考虑是否缴企业所得税。

**（五）企业所得税**

原税法下，有的企业对地方政府为“招商引资”而兑现的企业所得税返还，一般可绕过利润总额，冲减“所得税”。在实际收款时借记“银行存款”，贷记“所得税”。

财税［2007］80号关于执行《企业会计准则》有关企业所得税政策问题的通知：“二、企业按照国务院财政、税务主管部门有关文件规定，实际收到具有专门用途的先征后返所得税税款，按照会计准则规定应计入取得当期的利润总额，暂不计入取得当期的应纳税所得额。”

**（六）财政拨款和财政补贴**

根据财税字［1995］81号文，对财政专项拨款可借记“银行存款”，贷记“资本公积——上级拨款转入”；结转时，借记“资本公积——上级拨款转入”，贷记“资本公积——其他资本公积”。

新企业所得税法《实施条例》第二十六条：企业所得税法第七条第（一）项所称财政拨款，是指各级人民政府对纳入预算管理的事业单位、社会团体等组织拨付的财政资金，但国务院和国务院财政、税务主管部门另有规定的除外。企业所得税法第七条第（二）项所称行政事业性收费、政府性基金、国务院规定的其他不征税收入界定。

企业收到的各种财政补贴是否属于财政拨款的范畴呢？根据《实施条例》对不征税收入之中的“财政拨款”界定，在一般意义上排除了各级政府对企业拨付的各种价格补贴、税收返还等财政性资金，相当于采用了较窄口径的财政拨款定义。之所以这样规定，主要考虑：一是企业取得的财政补贴形式多种多样，既有减免的流转税，也有给予企业从事特定事项的财政补贴，都导致企业净资产增加和经济利益流入，予以征税符合立法精神；二是当前个别地方政府片面为了招商引资，采取各种财政补贴等变相“减免税”形式给予企业优惠，侵蚀了国家税收，对企业从政府取得的财政补贴收入征税，有利于加强财政补贴收入和减免税的规范管理；三是按照现行财务会计制度规定，财政补贴给企业的收入，在会计上作为政府补助，列作企业的营业外收入，税收在此问题上应与会计制度一致。

财税［2008］151号《关于财政性资金　行政事业性收费　政府性基金有关企业所得税政策问题的通知》："一、财政性资金本条所称财政性资金，是指企业取得的来源于政府及其有关部门的财政补助、补贴、贷款贴息，以及其他各类财政专项资金，包括直接减免的增值税和即征即退、先征后退、先征后返的各种税收，但不包括企业按规定取得的出口退税款；所称国家投资，是指国家以投资者身份投入企业、并按有关规定相应增加企业实收资本（股本）的直接投资。二、关于政府性基金和行政事业性收费（一）企业按照规定缴纳的、由国务院或财政部批准设立的政府性基金以及由国务院和省、自治区、直辖市人民政府及其财政、价格主管部门批准设立的行政事业性收费，准予在计算应纳税所得额时扣除。企业缴纳的不符合上述审批管理权限设立的基金、收费，不得在计算应纳税所得额时扣除。（二）企业收取的各种基金、收费，应计入企业当年收入总额。（三）对企业依照法律、法规及国务院有关规定收取并上缴财政的政府性基金和行政事业性收费，准予作为不征税收入，于上缴财政的当年在计算应纳税所得额时从收入总额中减除；未上缴财政的部分，不得从收入总额中减除。三、企业的不征税收入用于支出所形成的费用，不得在计算应纳税所得额时扣除；企业的不征税收入用于支出所形成的资产，其计算的折旧、摊销不得在计算应纳税所得额时扣除。四、本通知自2008年1月1日起执行。"

财税［2009］87号《关于专项用途财政性资金有关企业所得税处理问题的通知》（成文日期：2009年6月16日）："一、对企业在2008年1月1日至2010年12月31日期间从县级以上各级人民政府财政部门及其他部门取得的应计入收入总额的财政性资金，凡同时符合以下条件的，可以作为不征税收入，在计算应纳税所得额时从收入总额中减除：（一）企业能够提供资金拨付文件，且文件中规定该资金的专项用途；（二）财政部门或其他拨付资金的政府部门对该资金有专门的资金管理办法或具体管理要求；（三）企业对该资金以及以该资金发生的支出单独进行核算。二、根据实施条例第二十八条的规定，上述不征税收入用于支出所形成的费用，不得在计算应纳税所得额时扣除；用于支出所形成的资产，其计算的折旧、摊销不得在计算应纳税所得额时扣除。三、企业将符合本通知第一条规定条件的财政性资金作不征税收入处理后，在5年（60个月）内未发生支出且未缴回财政或其他拨付资金的政府部门的部分，应重新计入取得该资金第六年的收入总额；重新计入收入总额的财政性资金发生的支出，允许在计算应纳税所得额时扣除。"

**（七）房地产企业收到政府补偿款**

国税发［2006］31号："八、关于开发产品成本、费用的扣除问题第7项开发企业在开发区内建造的邮电通讯、学校、医疗设施应单独核算成本"：由开发企业与国家有关业务管理部门、单位合资建设，完工后有偿移交的，国家有关业务管理部门、单位给予的经济补偿可直接抵扣该项目的建造成本，抵扣的差额应计入当期应纳税所得额。

国税发［2009］31号："第十七条　企业在开发区内建造的会所、物业管理场所、电站、热力站、水厂、文体场馆、幼儿园等配套设施，按以下规定进行处理；第十八条 企业在开发区内建造的邮电通讯、学校、医疗设施应单独核算成本，其中，由企业与国家有关业务管理部门、单位合资建设，完工后有偿移交的，国家有关业务管理部门、单位给予的经济补偿可直接抵扣该项目的建造成本，抵扣后的差额应调整当期应纳税所得额。”

## 五、所得税中几项特殊收入（所得）的确认

其他收入确定：(1) 利息收入，按照合同约定的债务人应付利息的日期确认收入的实现。(2) 租金收入，按照合同约定的承租人应付租金的日期确认收入的实现。(3) 特许权使用费收入，按照合同约定的特许权使用人应付特许权使用费的日期确认收入的实现。(4) 接受捐赠收入，按照实际收到捐赠资产的日期确认收入的实现。

### （一）出售住房所得或损失的处理

国税发［2001］39号《国家税务总局关于企业住房制度改革中涉及的若干所得税业务问题的通知》：分别明确了取消住房基金和住房周转金制度前企业出售住房所得或损失的处理、取消住房基金和住房周转金制度后企业出售住房所得或损失的处理。

### （二）关于返利业务

针对有的商业企业从事销售，但没有进销差价（不缴增值税），但在年（月）底可从厂家中获得返利的业务（缴营业税），如沃尔玛超市、家乐福超市等。

国税发［1997］167号文件：商业企业从工业企业取得的利益，区分两种情况：第一，若与销售数量或销售额挂钩，则从进项税额转出。第二，若与销售数量或销售额无关，则为5.5%的营业税及附加，相当于收取货架费、进场费、展览费等业务（由商业企业给工业企业开具服务业发票）。

国税发［2004］136号《国家税务总局关于商业企业向货物供应方收取的部分费用征收流转税问题的通知》：“一、商业企业向供货方收取的部分收入，按照以下原则征收增值税或营业税：(一) 对商业企业向供货方收取的与商品销售量、销售额无必然联系，且商业企业向供货方提供一定劳务的收入，例如进场费、广告促销费、上架费、展示费、管理费等，不属于平销返利，不冲减当期增值税进项税金，应按营业税的适用税目税率征收营业税；(二) 对商业企业向供货方收取的与商品销售量、销售额挂钩（如以一定比例、金额、数量计算）的各种返还收入，均应按照平销返利行为的有关规定冲减当期增值税进项税金，不征收营业税。二、商业企业向供货方收取的各种收入，一律不得开具增值税专用发票。三、应冲减进项税金的计算公式调整为：当期应冲减进项税金＝当期取得的返还资金÷（1＋所购货物适用增值税税率）×所购货物适用增值税税率。四、本通知自2004年7月1日起执行。本通知发布前已征收入库税款不再进行调整。其他增值税一般纳税人向供货方收取的各种收入的纳税处理，比照本通知的规定

执行。”

国税函［2000］550号《国家税务总局关于沃尔玛商业咨询（深圳）有限公司向供应商收取费用征税问题的批复》：沃尔玛商业咨询（深圳）有限公司应一些生产厂家或供应商要求在商场内为其提供场地、服装和灯箱等进行商品的展示、广告宣传等各种促销活动以及制作条码等服务，并收取相应的场地和服务费用（促销费、展示费和条码费）。该公司取得的上述收入，不属于《国家税务总局关于平销行为征收增值税问题的通知》（国税发［1997］167号）第二条所称“因购买货物而从销售方收取的各种形式的返还资金”，应按“服务业”税目征收营业税。

**（三）关于递延所得、利息收入、租金收入和特许权使用费收入的确认**

国税函［2009］98号《关于企业所得税若干税务事项衔接问题的通知》：“二、关于递延所得的处理。

企业按原税法规定已作递延所得确认的项目，其余额可在原规定的递延期间的剩余期间内继续均匀计入各纳税期间的应纳税所得额。三、新税法实施前已按其他方式计入当期收入的利息收入、租金收入、特许权使用费收入，在新税法实施后，凡与按合同约定支付时间确认的收入额发生变化的，应将该收入额减去以前年度已按照其他方式确认的收入额后的差额，确认为当期收入。”

**（四）非居民企业取得B股等股票股息征收企业所得税**

国税函［2009］394号《国家税务总局关于非居民企业取得B股等股票股息征收企业所得税问题的批复》（成文日期：2009年7月24日）：根据《中华人民共和国企业所得税法》及其实施条例规定，在中国境内外公开发行、上市股票（A股、B股和海外股）的中国居民企业，在向非居民企业股东派发2008年及以后年度股息时，应统一按10%的税率代扣代缴企业所得税。非居民企业股东需要享受税收协定待遇的，依照税收协定执行的有关规定办理。

**（五）关于股权分置改革中上市公司取得资产及债务豁免对价收入征免所得税**

国税函［2009］375号《关于股权分置改革中上市公司取得资产及债务豁免对价收入征免所得税问题的批复》（成文日期：2009年7月13日）：根据《财政部 国家税务总局关于企业所得税若干优惠政策的通知》（财税［2008］1号）的规定，《财政部 国家税务总局关于股权分置试点改革有关税收政策问题的通知》（财税［2005］103号）的有关规定，自2008年1月1日起继续执行到股权分置试点改革结束。股权分置改革中，上市公司因股权分置改革而接受的非流通股股东作为对价注入资产和被非流通股股东豁免债务，上市公司应增加注册资本或资本公积，不征收企业所得税。

**（六）关于非营利组织企业所得税免税收入问题**

财税［2009］122号《财政部 国家税务总局关于非营利组织企业所得税免税收入

问题的通知》（成文日期：2009 年 11 月 11 日）：根据《中华人民共和国企业所得税法》第二十六条及《中华人民共和国企业所得税法实施条例》（国务院令第 512 号）第八十五条的规定，现将符合条件的非营利组织企业所得税免税收入范围明确如下：非营利组织的下列收入为免税收入：（1）接受其他单位或者个人捐赠的收入；（2）除《中华人民共和国企业所得税法》第七条规定的财政拨款以外的其他政府补助收入，但不包括因政府购买服务取得的收入；（3）按照省级以上民政、财政部门规定收取的会费；（4）不征税收入和免税收入孳生的银行存款利息收入；（5）财政部、国家税务总局规定的其他收入。

财税［2009］123 号《财政部　国家税务总局关于非营利组织免税资格认定管理有关问题的通知》（成文日期：2009 年 11 月 11 日）："根据《中华人民共和国企业所得税法》（以下简称《企业所得税法》）第二十六条及《中华人民共和国企业所得税法实施条例》（以下简称《实施条例》）第八十四条的规定，现对非营利组织免税资格认定管理有关问题明确如下：一、依据本通知认定的符合条件的非营利组织，必须同时满足以下条件：（一）依照国家有关法律法规设立或登记的事业单位、社会团体、基金会、民办非企业单位、宗教活动场所以及财政部、国家税务总局认定的其他组织；（二）从事公益性或者非营利性活动，且活动范围主要在中国境内；（三）取得的收入除用于与该组织有关的、合理的支出外，全部用于登记核定或者章程规定的公益性或者非营利性事业；（四）财产及其孳息不用于分配，但不包括合理的工资薪金支出；（五）按照登记核定或者章程规定，该组织注销后的剩余财产用于公益性或者非营利性目的，或者由登记管理机关转赠给与该组织性质、宗旨相同的组织，并向社会公告；（六）投入人对投入该组织的财产不保留或者享有任何财产权利，本款所称投入人是指除各级人民政府及其部门外的法人、自然人和其他组织；（七）工作人员工资福利开支控制在规定的比例内，不变相分配该组织的财产，其中，工作人员平均工资薪金水平不得超过上年度税务登记所在地人均工资水平的两倍，工作人员福利按照国家有关规定执行；（八）除当年新设立或登记的事业单位、社会团体、基金会及民办非企业单位外，事业单位、社会团体、基金会及民办非企业单位申请前年度的检查结论为"合格"；（九）对取得的应纳税收入及其有关的成本、费用、损失应与免税收入及其有关的成本、费用、损失分别核算。二、经省级（含省级）以上登记管理机关批准设立或登记的非营利组织，凡符合规定条件的，应向其所在地省级税务主管机关提出免税资格申请，并提供本通知规定的相关材料；经市（地）级或县级登记管理机关批准设立或登记的非营利组织，凡符合规定条件的，分别向其所在地市（地）级或县级税务主管机关提出免税资格申请，并提供本通知规定的相关材料。财政、税务部门按照上述管理权限，对非营利组织享受免税的资格联合进行审核确认，并定期予以公布。三、申请享受免税资格的非营利组织，需报送以下材料：（一）申请报告；（八）财政、税务部门要求提供的其他材料。四、非营利组织免税优惠资格的有效期为 5 年。非营利组织应在期满前 3 个月内提出复审申请，不提出复审申请或复审不合格的，其享受免税优惠的资格到期自动失效。非营利组织免税资格复审，按照初次申请免税优惠资格的规定办理。五、非营利组织必须按照《中华人民共和国税收征收管理法》（以下简称《税收征管法》）及《中华人民共和国税收征收管理法实施细则》（以下简称《实施细则》）等有关规定，办理税务登记，按期进行纳税申报。取得免税资格的非营利组织应按照规定向主管税务机关办理免税手续，免税条件发生变化的，应当自发生变化之日起 15 日内向主管税务机关报告；不再符合免税条件的，应当依法履行纳税义务；未依法纳税的，主管税务机关应当予以追缴。取得免税资格的非营利组织注销时，剩余财产处置违反本通知第一条第五项规定的，主管税务机关应追缴其应纳企业所得税款。六、已认定的享受免税优惠政策的非营利组织有下述情况之一的，应取消其资格。七、本通知从 2008 年 1 月 1 日起执行。”

## 第二节　主要成本费用项目税收政策分析及会计与税收差异比较

按照现行利润表报表列示的主要费用项目为序，逐项分析营业费用、管理费用、财务费用等主要费用项目涉及的税收政策、常见项目会计处理与税务处理的差异。

### 一、研发支出

研发支出用于高新技术企业认定、企业技术中心申报、企业特级资质就位申报等项目，可用于企业所得税前加计扣除，也可用于科研科目奖励申报。

#### （一）会计处理与财务管理

会计核算：在“研发支出”科目下设“费用化支出”和“资本化支出”明细科目。

财务管理：财企［2007］194 号《财政部关于企业加强研发费用财务管理的若干意见》：企业研发费用（即原“技术开发费”），指企业在产品、技术、材料、工艺、标准的研究、开发过程中发生的各项费用，包括八项；企业应当明确研发费用的开支范围和标准，严格审批程序，并按照研发项目或者承担研发任务的单位，设立台账归集核算研发费用；集团公司可以在所属全资及控股企业范围内集中使用研发费用；建立研发准备金制度；按规定披露研发费用相关财务信息，本意见所称企业研发人员和企业研发机构定义。

#### （二）研发支出（技术开发费）扣除

企业研究开发新产品、新技术、新工艺费用扣除政策：

财工字［1996］41 号文《财政部、国家税务总局关于促进企业技术进步有关财务税收问题的通知》：“（一）企业研究开发新产品、新技术、新工艺所发生的各项费用，包括新产品设计费，工艺规程制定费，设备调整费，原材料和半成品的试验费，技术图书资料费，未纳入国家计划的中间试验费，研究机构人员的工资，研究设计的折旧，与新产品的试制、技术研究有关的其他经费以及委托其他单位进行科研试制的费用，不受比例限制，计入管理费用。（二）企业研究开发新产品、新技术、新工艺所发生的各项费用应逐年增长，增长幅度在10%以上的企业，可再按实际发生额的50%抵扣应纳税额。具体抵扣办法，由国家税务总局另行制定。”

国税发［1996］152号《关于促进企业技术进步有关税收问题的补充通知》：盈利企业研究开发新产品、新技术、新工艺所发生的各项费用，比上年实际发生额增长达到10%以上（含10%），其当年实际发生的费用除按规定据实列支外，年终经由主管税务机关审核批准后，可再按其实际发生额的50%，直接抵扣当年应纳税所得额；增长未达到10%以上的，不得抵扣。

国税发［1999］49号文《企业技术开发费税前扣除管理办法》：“第三条：技术开发费是指纳税人在一个纳税年度生产经营中发生的用于研究开发新产品、新技术、新工艺的各项费用。包括以下项目：新产品设计费、工艺规程制定费、设备调整费、原材料和半成品的试制费、技术图书资料费、未纳入国家计划的中间实验费、研究机构人员的工资、研究设备的折旧、与新产品的试制和技术研究有关的其他经费、委托其他单位进行科研试制的费用。第四条：国有、集体工业企业及国有、集体企业控股并从事工业生产经营的股份制企业、联营企业（以下称纳税人）发生的技术开发费比上年实际增长10%（含10%）以上的，经税务机关审核批准，允许再按技术开发费实际发生额的50%，抵扣当年度的应纳税所得额。第五条：税务机关对企业技术开发费税前扣除审核批准的程序：立项，并编制技术项目开发计划和技术开发费预算；及时提出申请，并附送立项书、开发计划、技术开发费预算及有关资料；所在地方管税务机关审核无误后及时层报省级税务机关；省级税务机关应及时审核，并下达审核确认书；年度终了后1个月内，纳税人报经所在地主管税务机关审查核准后执行。”

财税［2006］88号《财政部、国家税务总局关于企业技术创新有关企业所得税优惠政策的通知》：对财务核算制度健全、实行查账征税的内外资企业、科研机构、大专院校等（以下统称企业），其研究开发新产品、新技术、新工艺所发生的技术开发费，按规定予以税前扣除。在按规定实行100%扣除基础上，允许再按当年实际发生额的50%在企业所得税税前加计扣除。

国家发展和改革委员会　科学技术部　财政部　海关总署　国家税务总局令第53号《国家认定企业技术中心管理办法》。

国税发［2007］78号《关于执行〈国家认定企业技术中心管理办法〉有关问题的通知》：各地税务机关对于申请成立国家企业技术中心的企业，要根据《办法》第五条第6款、第六条第2款规定进行认真核查，各地税务机关对于已经认定为国家企业技术中心的企业，要加强税收管理，对其依法纳税情况定期进行核查，各地进出口税收管理部门牵头负责本地国家认定企业技术中心的有关认定工作，并会同法规、稽查、征管等部门切实搞好国家认定企业技术中心涉税违法行为的核查工作。

新企业所得税法《实施条例》第九十五条：企业所得税法第三十条第（一）项所称研究开发费用的加计扣除，是指企业为开发新技术、新产品、新工艺发生的研究开发费用，未形成无形资产计入当期损益的，在按照规定据实扣除的基础上，按照研究开发费用的50%加计扣除；形成无形资产的，按照无形资产成本的150%摊销。

1.《高新技术企业认定管理工作指引》：国科发火［2008］362号关于印发《高新技术企业认定管理工作指引》的通知："四、研究开发活动确认及研究开发费用归集：（一）研究开发活动的确认：1. 研究开发活动定义。2. 判断依据和方法。3. 高技术服务业的企业研究开发活动。4. 研究开发项目的确定。（二）研究开发费用的归集。1. 企业研究开发费用的核算。2. 各项费用科目的归集范围：（1）人员人工；（2）直接投入；（3）折旧费用与长期待摊费用；（4）设计费用；（5）装备调试费；（6）无形资产摊销；（7）委托外部研究开发费用；（8）其他费用。3. 企业在中国境内发生的研究开发费用。"

国税函［2008］985号《国家税务总局关于高新技术企业2008年度缴纳企业所得税问题的通知》（2008年12月2日）："一、对经认定已取得"高新技术企业证书"的企业，各级税务机关要按《国家税务总局关于企业所得税减免税管理问题的通知》（国税发［2008］111号）的规定，及时按15%的税率办理税款预缴。二、经认定已取得"高新技术企业证书"的企业，2008年以来已按25%税率预缴税款的，可以就25%与15%税率差计算的税额，在2008年12月份预缴时抵缴应预缴的税款。"

国税函［2009］203号国家税务总局关于实施高新技术企业所得税优惠有关问题的通知（成文日期：2009年4月22日）："一、当年可减按15%的税率征收企业所得税或按照《国务院关于经济特区和上海浦东新区新设立高新技术企业实行过渡性税收优惠的通知》（国发［2007］40号）享受过渡性税收优惠的高新技术企业，在实际实施有关税收优惠的当年，减免税条件发生变化的，应按《科学技术部　财政部　国家税务总局关于印发〈高新技术企业认定管理办法〉的通知》（国科发火［2008］172号）第九条第二款的规定处理。二、原依法享受企业所得税定期减免税优惠尚未期满同时符合本通知第一条规定条件的高新技术企业，根据《高新技术企业认定管理办法》以及《科学技术部　财政部　国家税务总局关于印发〈高新技术企业认定管理工作指引〉的通知》（国科发火［2008］362号）的相关规定，在按照新标准取得认定机构颁发的高新技术企业资格证书之后，可以在2008年1月1日后，享受对尚未到期的定期减免税优惠执行到期满的过渡政策。三、2006年1月1日至2007年3月16日期间成立，截至到2007年底仍未获利（弥补完以前年度亏损后应纳税所得额为零）的高新技术企业，根据《高新技术企业认定管理办法》以及《高新技术企业认定管理工作指引》的相关规定，按照新标准取得认定机构颁发的高新技术企业证书后，可依据企业所得税法第五十七条的规定，免税期限自2008年1月1日起计算。四、认定（复审）合格的高新技术企业，自认定（复审）批准的有效期当年开始，可申请享受企业所得税优惠。企业取得省、自治区、直辖市、计划单列市高新技术企业认定管理机构颁发的高新技术企业证书后，可持"高新技术企业证书"及其复印件和有关资料，向主管税务机关申请办理减免税手续。手续办理完毕后，高新技术企业可按 15% 的税率进行所得税预缴申报或享受过渡性税收优惠。五、纳税年度终了后至报送年度纳税申报表以前，已办理减免税手续的企业应向主管税务机关备案以下资料：……以上资料的计算、填报口径参照《高新技术企业认定管理工作指引》的有关规定执行。六、未取得高新技术企业资格、或虽取得高新技术企业资格但不符合企业所得税法及实施条例以及本通知有关规定条件的企业，不得享受高新技术企业的优惠；已享受优惠的，应追缴其已减免的企业所得税税款。七、本通知自 2008 年 1 月 1 日起执行。"

2. 企业研究开发费用税前扣除：《企业研究开发费用税前扣除管理办法（试行）》的通知（国税发［2008］116 号）："本办法所称研究开发活动是指企业为获得科学与技术（不包括人文、社会科学）新知识，创造性运用科学技术新知识，或实质性改进技术、工艺、产品（服务）而持续进行的具有明确目标的研究开发活动。"

企业从事《国家重点支持的高新技术领域》和国家发展改革委员会等部门公布的《当前优先发展的高技术产业化重点领域指南（2007 年度）》规定项目的研究开发活动，其在一个纳税年度中实际发生的下列费用支出。第二条　本办法适用于财务核算健全并能准确归集研究开发费用的居民企业（以下简称企业）。第五条　对企业共同合作开发的项目，凡符合上述条件的，由合作各方就自身承担的研发费用分别按照规定计算加计扣除。第六条　对企业委托给外单位进行开发的研发费用，凡符合上述条件的，由委托方按照规定计算加计扣除，受托方不得再进行加计扣除。第十三条　主管税务机关对企业申报的研究开发项目有异议的，可要求企业提供政府科技部门的鉴定意见书。第十五条　企业集团根据生产经营和科技开发的实际情况，对技术要求高、投资数额大，需要由集团公司进行集中开发的研究开发项目，其实际发生的研究开发费，可以按照合理的分摊方法在受益集团成员公司间进行分摊。第二十条　本办法从 2008 年 1 月 1 日起执行。"

3. 关于技术开发费的加计扣除形成的亏损的处理：国税函［2009］98 号《关于企业所得税若干税务事项衔接问题的通知》：企业技术开发费加计扣除部分已形成企业年度亏损，可以用以后年度所得弥补，但结转年限最长不得超过 5 年。

4. 研发支出实务处理策略：公司长远研发规划、财务管理与会计核算办法、可行性研究报告（投入细化）、累计需要资金及缺口、日常账务、年底结账编申报表。

## 二、营业费用

### （一）广告费

1. 扣除依据。广告费扣除依据一般是"广告业发票"，而不应是"服务业发票"。

2. 扣除标准。［外资企业］据实扣除，没有限制。

［内资企业］三类政策：

国税发［2005］21 号文：制药行业 25%；

国税发［2001］89 号文：家电，房产，日化等十几个行业 8%；

国税发［2000］84 号文：符合广告费条件的 2%。

广告费是时间性差异，超标准部分当年不许扣除，超标准部分可以无限期结转以后年度扣除。

3. 扣除条件。税务机关认同，符合广告费的条件有三个：正规广告经营公司；广告费支付并取得正规发票（收付实现制）；公开媒体传播。但对于公开媒体，没有明确标准，没有界定范围。目前实务认可的包括：广播，电视，有国家独立刊号的图书，报刊，杂志等，网络。

### （二）业务宣传费

1. 原税法。［外资企业］业务宣传费据实扣除。

［内资企业］业务宣传费不超过当年销售收入 5‰的可以税前扣除，超过部分当年不许扣除，以后年度也不允许扣除，是永久性差异。所以，广告费与业务宣传费有区别：业务宣传费是永久性差异，扣除限额是销售收入的 5‰，所以实际做账时，尽量往广告费靠。

2. 广告费和业务宣传费扣除的“计算基数”。原税法：根据《企业所得税暂行条例实施细则》、《企业所得税税前扣除办法》相关规定理解，广告费和业务宣传费的“计算基数”为销售收入与其他业务收入之和。

《国家税务总局关于修订企业所得税纳税申报表的通知》（国税发［2006］56 号）明确，自 2006 年 7 月 1 日起，广告费和业务宣传费扣除的计算基数为申报表主表销售（营业）收入，包括主营业务收入、其他业务收入，以及根据税收规定应确认为当期收入的视同销售收入三部分组成。

### （三）新所得税法关于广告费和业务宣传费的规定

《实施条例》第四十四条：企业发生的符合条件的广告费和业务宣传费支出，除国务院财政、税务主管部门另有规定外，不超过当年销售（营业）收入 15% 的部分，准予扣除；超过部分，准予在以后纳税年度结转扣除。

纳税人申报扣除的广告费支出，必须符合下列条件：（1）广告是通过经工商部门批准的专门机构制作的；（2）已实际支付费用，并已取得相应发票；（3）通过一定的媒体传播。企业发生与生产活动无关的非广告性支出的赞助支出不允许扣除。

1. 关于以前年度未扣除的广告费的处理。国税函［2009］98 号《关于企业所得税若干税务事项衔接问题的通知》：企业在 2008 年以前按照原政策规定已发生但尚未扣除的广告费，2008 年实行新税法后，其尚未扣除的余额，加上当年度新发生的广告费和业务宣传费后，按照新税法规定的比例计算扣除。

2. 是否还有行业限制？1997 年中央电视台广告标王之争趋于白热化，“爱多”、“椰风”、“秦池”三家在现场的竞争非常激烈，秦池酒业以 32000 万元中标，没想到此举给秦池酒业乃至整个白酒行业带来了无穷的烦恼，乃至于秦池酒业的灭顶之灾。新闻

记者报道后，朱镕基总理知道这件事情，要求国家税务总局调查秦池酒业是否有欠税，是否有欠银行贷款，调查结果果然有大量欠税和银行贷款。朱总理批示：对白酒广告征税，利国利民。因此，国家税务总局迅速落实，以财税字［1998］45号规定从1998年1月1日起，粮食类白酒广告费一律不得税前扣除。

3. 部分行业广告费和业务宣传费税前扣除政策。财税［2009］72号《关于部分行业广告费和业务宣传费税前扣除政策的通知》：1. 对化妆品制造、医药制造和饮料制造（不含酒类制造，下同）企业发生的广告费和业务宣传费支出，不超过当年销售（营业）收入30%的部分，准予扣除；超过部分，准予在以后纳税年度结转扣除。2. 对采取特许经营模式的饮料制造企业，饮料品牌使用方发生的不超过当年销售（营业）收入30%的广告费和业务宣传费支出可以在本企业扣除。3. 烟草企业的烟草广告费和业务宣传费支出，一律不得在计算应纳税所得额时扣除。4. 本通知自2008年1月1日起至2010年12月31日止执行。

**（四）手续费及佣金**

1. 原税法扣除条件与扣除标准。国税发［2000］84号规定两个条件：取得单位和个人有经纪人资格证书（经营范围有“代理业”的一般都可以）；佣金已经支付并取得发票（收付实现制，服务业发票）。

税前扣除标准特殊情况：支付给个人的不超过5%；境内开发商委托境外代理机构，若境外销售楼盘，交易额的10%；保险公司：保险经纪人佣金8%；除此，其余没有明确标准，按行业标准认可应不存在税务问题了。

2. 新税法扣除政策。财税［2009］29号《财政部　国家税务总局关于企业手续费及佣金支出税前扣除政策的通知》（成文日期：2009年3月19日）：“一、企业发生与生产经营有关的手续费及佣金支出，不超过以下规定计算限额以内的部分，准予扣除；超过部分，不得扣除。1. 保险企业：财产保险企业按当年全部保费收入扣除退保金等后余额的15%计算限额；人身保险企业按当年全部保费收入扣除退保金等后余额的10%计算限额。2. 其他企业：按与具有合法经营资格中介服务机构或个人（不含交易双方及其雇员、代理人和代表人等）所签订服务协议或合同确认的收入金额的5%计算限额。二、企业应与具有合法经营资格中介服务企业或个人签订代办协议或合同，并按国家有关规定支付手续费及佣金。除委托个人代理外，企业以现金等非转账方式支付的手续费及佣金不得在税前扣除。企业为发行权益性证券支付给有关证券承销机构的手续费及佣金不得在税前扣除。三、企业不得将手续费及佣金支出计入回扣、业务提成、返利、进场费等费用。四、企业已计入固定资产、无形资产等相关资产的手续费及佣金支出，应当通过折旧、摊销等方式分期扣除，不得在发生当期直接扣除。五、企业支付的手续费及佣金不得直接冲减服务协议或合同金额，并如实入账。六、企业应当如实向当地主管税务机关提供当年手续费及佣金计算分配表和其他相关资料，并依法取得合法真实凭证。七、本通知自印发之日起实施。新税法实施之日至本通知印发之日前企业手续费及佣金所得税税前扣除事项按本通知规定处理。”

3. 保险营销人员佣金。国税函［2006］454 号《国家税务总局关于保险营销员取得佣金收入征免个人所得税问题的通知》：保险营销员的佣金由展业成本和劳务报酬构成。按照税法规定，对佣金中的展业成本，不征收个人所得税；对劳务报酬部分，扣除实际缴纳的营业税金及附加后，依照税法有关规定计算征收个人所得税。根据目前保险营销员展业的实际情况，佣金中展业成本的比例暂定为40%。

## 三、管理费用

### （一）保险支出

五大“保险费”项目：国税函［2005］318 号：省级政府规定标准内的“五大保险费”（养老、医疗、失业、工伤、生育保险）支出允许所得税前扣除；商业险和补充保险不允许在税前扣除。

财产险：对拥有所有权的财产投的财产险，可以据实税前扣除。

新企业所得税法：《实施条例》第四十六条：企业参加财产保险，按照规定缴纳的保险费，准予扣除。

### （二）住房公积金和住房补贴

国税发［2001］39 号《国家税务总局关于企业住房制度改革中涉及的若干所得税业务问题的通知》：企业按国家统一规定为职工交纳的住房公积金，按省级人民政府批准的办法发放的住房补贴、住房提租补贴和住房困难补贴，可在税前据实扣除；暂不计入企业的工资薪金支出；企业超过规定标准交纳或发放的住房公积金或各种名目的住房补贴，一律作为企业的工资薪金支出，超过计税工资标准的部分，不得在税前扣除。

### （三）房产税、城镇土地使用税

新会计准则——出租房产，投资性房地产。

国发［1986］90 号中华人民共和国房产税暂行条例 1986 年 9 月 15 日。

（86）财税地字第 008 号财政部税务总局关于房产税若干具体问题的解释和暂行规定（1986 年 9 月 25 日）。

财税［2004］140 号财政部　国家税务总局关于调整房产税有关减免税政策的通知（2004 年 8 月 19 日）。

国税函［2004］839 号国家税务总局关于房产税部分行政审批项目取消后加强后续管理工作的通知（2004 年 6 月 23 日）。

国税发［2003］89 号国家税务总局关于房产税、城镇土地使用税有关政策规定的通知（2003 年 7 月 15 日）。

财税［2005］181 号财政部　国家税务总局关于具备房屋功能的地下建筑征收房产税的通知（2005 年 12 月 23 日）。

财税［2000］125 号文：营业税 3% 房产税 4% 个人所得税 10% 个人房产由企业租用的，如企业租老板房产，规定由企业代交，签“租赁合同”，若租金较低，则可根据经营常规调整。

财税［2008］152 号关于房产税城镇土地使用税有关问题的通知：“一、关于房产原值如何确定的问题：对依照房产原值计税的房产，不论是否记载在会计账簿固定资产科目中，均应按照房屋原价计算缴纳房产税。房屋原价应根据国家有关会计制度规定进行核算。对纳税人未按国家会计制度规定核算并记载的，应按规定予以调整或重新评估。财政部税务总局关于房产税若干具体问题的解释和暂行规定》（财税地字［1986］第 008 号）第十五条同时废止。二、关于索道公司经营用地应否缴纳城镇土地使用税的问题：公园、名胜古迹内的索道公司经营用地，应按规定缴纳城镇土地使用税。三、关于房产税、城镇土地使用税纳税义务截止时间的问题：纳税人因房产、土地的实物或权利状态发生变化而依法终止房产税、城镇土地使用税纳税义务的，其应纳税款的计算应截至到房产、土地的实物或权利状态发生变化的当月末。四、本通知自 2009 年 1 月 1 日起执行。”

财税［2008］24 号文：经济适用房、廉租房，对廉租住房经营管理单位按照政府规定价格、向规定保障对象出租廉租住房的租金收入，免征营业税、房产税。对个人出租住房，不区分用途，在 3% 税率的基础上减半征收营业税，按 4% 的税率征收房产税，免征城镇土地使用税。

财税［2008］83 号《关于企业为个人购买房屋或其他财产征收个人所得税问题的批复》：符合以下情形的房屋或其他财产，不论所有权人是否将财产无偿或有偿交付企业使用，其实质均为企业对个人进行了实物性质的分配，应依法计征个人所得税：（1）企业出资购买房屋及其他财产，将所有权登记为投资者个人、投资者家庭成员或企业其他人员的；（2）企业投资者个人、投资者家庭成员或企业其他人员向企业借款用于购买房屋及其他财产，将所有权登记为投资者、投资者家庭成员或企业其他人员，且借款年度终了后未归还借款的。

国税发［1995］115 号《关于外商投资企业和外国企业以实物向雇员提供福利如何计征个人所得税的问题的通知》：对于个人取得前述实物福利可按企业规定取得该财产所有权需达到的工作年限内（高于 5 年的按 5 年计算）平均分月计入工资、薪金所得征收个人所得税。

国税函［2009］6 号国家税务总局关于做好外资企业及外籍个人房产税征管工作的通知（成文日期：2009 年 1 月 6 日）。

财税［2009］3 号财政部　国家税务总局关于对外资企业及外籍个人征收房产税有关问题的通知（成文日期：2009 年 1 月 12 日）。

财税［2009］128 号《财政部　国家税务总局关于房产税城镇土地使用税有关问题的通知》（成文日期：2009 年 11 月 22 日）：“一、关于无租使用其他单位房产的房产税问题：无租使用其他单位房产的应税单位和个人，依照房产余值代缴纳房产税。二、关于出典房产的房产税问题：产权出典的房产，由承典人依照房产余值缴纳房产税。

三、关于融资租赁房产的房产税问题：融资租赁的房产，由承租人自融资租赁合同约定开始日的次月起依照房产余值缴纳房产税。合同未约定开始日的，由承租人自合同签订的次月起依照房产余值缴纳房产税。四、关于地下建筑用地的城镇土地使用税问题：对在城镇土地使用税征税范围内单独建造的地下建筑用地，按规定征收城镇土地使用税。其中，已取得地下土地使用权证的，按土地使用权证确认的土地面积计算应征税款；未取得地下土地使用权证或地下土地使用权证上未标明土地面积的，按地下建筑垂直投影面积计算应征税款。对上述地下建筑用地暂按应征税款的50%征收城镇土地使用税。五、本通知自2009年12月1日起执行。《财政部税务总局关于房产税若干具体问题的解释和暂行规定》（(86) 财税地字第008号）第七条、《国家税务总局关于安徽省若干房产税业务问题的批复》（国税函发［1993］368号）第二条同时废止。”

政策归纳：

事业单位房产：自用免交房产税，出租按12%交房产税；企业单位房产：产权人——按原值缴纳，原值×（1－30%）×1.2%，出租——出租收入缴营业税及附加，按出租收入交房产税。

如果以房屋作为投资，采取共担风险方式，则由被投资方按房屋原值计征房产税。如果以房屋作为投资，收取固定收入，据国税函发（1993）368号《国家税务总局关于安徽省若干房产税业务问题的批复》规定，应由出租方按租金收入计征房产税，在这一点上与营业税是采取了同样做法。

**（四）业务招待费**

1. 扣除政策变化。原《企业所得税税前扣除办法》第四十三条规定：“纳税人发生的与其经营业务直接相关的业务招待费，在下列规定比例范围内，可据实扣除：全年销售（营业）收入净额在1500万元及其以下的，不超过销售（营业）收入净额的5‰；全年销售（营业）收入净额超过1500万元的，不超过该部分的3‰。”

新所得税法：自2008年1月1日起生效并实施的《企业所得税实施条例》第四十三条规定：“企业发生的与生产经营活动有关的业务招待费支出，按照发生额的60%扣除，但最高不得超过当年销售（营业）收入的5‰。”

财政部有关负责人解释，业务招待费是由商业招待和个人消费混合而成的，其中，个人消费的部分属于非经营性支出，不应该税前扣除。因此，就需要对业务招待费进行一定的比例限制。但商业招待和个人消费之间通常是难以划分的，国际上的处理办法一般是在二者之间人为规定一个划分比例，比如意大利，业务招待费的30%属于商业招待可在税前扣除，加拿大为80%，美国、新西兰为50%。借鉴国际做法，结合现行按销售收入比例限制扣除的经验，根据有关专家学者从严掌握的意见，我国采取了两者结合的措施，将业务招待费扣除比例规定为发生额的60%，同时规定最高不得超过当年销售（营业）收入的5‰。

2. 业务招待费扣除的“计算基数”。原税法：根据《企业所得税暂行条例实施细则》、《企业所得税税前扣除办法》相关规定理解，业务招待费的“计算基数”为销售收入与其他业务收入之和。

《国家税务总局关于修订企业所得税纳税申报表的通知》（国税发［2006］56号）明确，自2006年7月1日起，业务招待费扣除的计算基数为申报表主表销售（营业）收入，包括主营业务收入、其他业务收入，以及根据税收规定应确认为当期收入的视同销售收入三部分组成。

新所得税法：条例未明确。

3. 业务招待费会计处理策略。由于业务招待费定义宽泛，范围界限不明，合理与否难以区分，因此，财务人员应提高会计职业判断能力，区别业务招待的实际用途，规范业务招待费归集和核算：第一，对企业在筹建期间发生的业务招待费，计入“开办费”。第二，对在建工程发生的业务招待费，计入“在建工程”。第三，对高新技术研发期间发生的业务招待费，分两种情况处理：若是国家财政专项拨款，可直接从专项资金中支付；若是自行出资研发项目，则需要计入企业业务招待费。第四，对企业职工误餐费，如职工因误餐而就餐，企业应在餐饮发票上附上一份说明，系工作需要发生的餐费支出，可列“应付福利费”。第五，对外购的有特定用途的物品，如发票注明烟、酒、茶、饮料的，应根据用途区别对待，例如，茶一般可分为三种：办公室使用的，列为“办公费”，特点是每月均匀发生；防暑降温劳保用的列为“防暑降温费”，可按所在地区人均支出标准列支；招待客人用的，才列为“业务招待费”。第六，对外赠送的企业自行生产或经过委托加工的产品，对企业的形象、产品有标记及宣传作用的，可作为“业务宣传费”。第七，对出国旅游、字画礼品等特殊项目的支出，为避免争议，可列“营业外支出”，税务部门通常认定为捐赠项目。第八，在本单位食堂招待客人客餐支出项目，可以编制自制凭证作附件，注明时间、地点、人数、招待对象，由领导签批，根据成本对象列账，但税务部门一般易认定为交际应酬费。第九，对迎来送往正常招待费用，包括客户国内旅游费用、足疗保健费用等，统统归为业务招待费用。

4. 业务招待费税务处理策略。一是把握业务招待费扣除的“计算基数”，正确计算业务招待费限额。二是取得合法凭证。随着社会经济的发展，“业务招待费”支出项目更多了。企业支付业务招待费，除应取得有关合法凭证外，亦应保存与业务有关的交际应酬支出证明资料，作为企业所得税自行申报材料的备查资料。三是依法进行纳税调整。

### （五）劳动保护费支出

1. 劳保费的范围、发放方式。国税发［2000］84号文第五十四条，纳税人实际发生的合理的劳动保护支出，可以扣除。劳动保护支出是指确因工作需要为雇员配备或提供工作服、手套、安全保护用品、防暑降温用品等所发生的支出。

新企业所得税法《实施条例》第四十八条：企业发生的合理的劳动保护支出，准予扣除。

2. 扣除标准。国税函［1996］673号：由省级税务局规定在职生产人员人均每年最高扣除限额。

国税函（2009）3 号及财企（2009）242 号都规定：企业的采暖费、防暑降温补贴计入福利费中。只要不超过工资的 14% 就可以在税前抵扣。那么，这两项是否要征个税呢？对于取暖费是否属于上述免纳个人所得税的补贴，国家税务总局没有统一的规定，在实务操作中各地根据当地实际情况制定了适合本地的规定，一般采取按当地政府规定的标准取得的取暖补贴免征个人所得税，超过规定标准部分，并入当月工资所得，计算征收个人所得税。例如，《北京市地方税务局关于个人所得税有关业务政策问题的通知》（京地税个［2002］568 号）六、对个人在取暖季按标准取得煤炭取暖“煤火费补贴”（120 元/年）免予征税，超过标准发放的部分应并入当月工资薪金纳税。

**（六）上交总机构管理费与母子公司间提供服务支付费用**

1. 原税法上交总机构管理费。国税发［1996］177 号，国税函［1999］136 号文，国税函［2005］115 号文等。

范围：国有企业：全资子公司分公司，上交管理费不超过收入的 2%；

外资企业：只有分支机构才能交管理费，且不超过收入的 2%。

流转税：经批准的上级机构管理费可以不开发票，这样收取方不用交流转税。

所得税：缴纳方可以税前扣除，收取方调整应纳税所得额。

新企业所得税法《实施条例》第四十九条：企业之间支付的管理费、企业内营业机构之间支付的租金和特许权使用费，以及非银行企业内营业机构之间支付的利息，不得扣除。

2. 母子公司间提供服务支付费用。国税发［2008］86 号《国家税务总局关于母子公司间提供服务支付费用有关企业所得税处理问题的通知》：“一、母公司为其子公司（以下简称子公司）提供各种服务而发生的费用，应按照独立企业之间公平交易原则确定服务的价格，作为企业正常的劳务费用进行税务处理。母子公司未按照独立企业之间的业务往来收取价款的，税务机关有权予以调整。二、母公司向其子公司提供各项服务，双方应签订服务合同或协议，明确规定提供服务的内容、收费标准及金额等，凡按上述合同或协议规定所发生的服务费，母公司应作为营业收入申报纳税；子公司作为成本费用在税前扣除。三、母公司向其多个子公司提供同类项服务，其收取的服务费可以采取分项签订合同或协议收取；也可以采取服务分摊协议的方式，即由母公司与各子公司签订服务费用分摊合同或协议，以母公司为其子公司提供服务所发生的实际费用并附加一定比例利润作为向子公司收取的总服务费，在各服务受益子公司（包括盈利企业、亏损企业和享受减免税企业）之间按《中华人民共和国企业所得税法》第四十一条第二款规定合理分摊。四、母公司以管理费形式向子公司提取费用，子公司因此支付给母公司的管理费，不得在税前扣除。五、子公司申报税前扣除向母公司支付的服务费用，应向主管税务机关提供与母公司签订的服务合同或者协议等与税前扣除该项费用相关的材料。不能提供相关材料的，支付的服务费用不得税前扣除。”

### （七）差旅费、会议费

国税发［2000］84号：纳税人发生的与其经营活动有关的合理的差旅费、会议费、董事会费，主管税务机关要求提供证明资料的，应能够提供证明其真实性的合法凭证，否则，不得在税前扣除。

差旅费的证明材料应包括：出差人员姓名、地点、时间、任务、支付凭证等。企业内部报销制度中有相关规定，并备案。

企业差旅费补助标准可以按照财政部门制定的标准执行或经企业董事会决议自定标准。自定标准的应将企业董事会决议和内部控制文书报主管税务机关备案。《财政部关于印发〈中央国家机关和事业单位差旅费管理办法〉的通知》（财行［2006］313号）规定，从2007年1月1日起，出差人员住宿，暂时按照副部长级人员每人每天600元、司局级人员每人每天300元、处级以下人员每人每天150元标准以下凭据报销。差旅费开支范围包括城市间交通费、住宿费、伙食补助费和公杂费。城市间交通费和住宿费在规定标准内凭据报销，伙食补助费和公杂费实行定额包干。出差人员的伙食补助费按出差自然（日历）天数实行定额包干，每人每天50元。出差人员的公杂费按出差自然（日历）天数实行定额包干，每人每天30元，用于补助市内交通、通信等支出。

会议费证明材料应包括：会议时间、地点、出席人员、内容、目的、费用标准、支付凭证等。如附上会议通知则更好！

### （八）公司经费、董事会会费

公司经费，董事会会费不能计提，只能以实际发生额列支。

国税发［1994］89号文件规定：个人由于担任董事职务所取得的董事费收入，属于劳务报酬所得性质，按照劳务报酬所得项目征收个人所得税。个人具有董事（长）和雇员的双重身份，既领取董事费又领取工资的董事，应当将董事费并入工资薪金所得征税。对只领取董事费的董事，其取得的董事费仍然按照劳务报酬所得征税。

国税发［2009］121号《国家税务总局关于明确个人所得税若干政策执行问题的通知》第二条第二款规定：个人在公司（包括关联公司）任职、受雇，同时兼任董事、监事的，应将董事费、监事费与个人工资收入合并，统一按工资、薪金所得项目缴纳个人所得税。

### （九）印花税问题

1. 印花税的税目。指印花税法明确规定的应当纳税的项目，它具体划定了印花税的征税范围。一般地说，列入税目的就要征税，未列入税目的就不征税。印花税共有13个税目，即：购销合同、加工承揽合同（包括加工、定做、修缮、修理、印刷、广告、测绘、测试等合同）、建设工程勘察设计合同、建筑安装工程承包合同、财产租赁合同、货物运输合同、仓储保管合同、借款合同（银行及其他金融组织与借款人（不包括银行同业拆借）所签订的合同，以及只填开借据并作为合同使用、取得银行借款的借据。融资租赁合同也属于借款合同)、财产保险合同、技术合同(但一般的法律、会计、审计等方面的咨询不属于技术咨询,其所立合同不贴印花)、产权转移书据(包括财产所有权和版权、商标专用权、专利权、专有技术使用权等转移书据和土地使用权出让合同、土地使用权转让合同、商品房销售合同等权力转移合同)、营业账簿、权利、许可证照(包括政府部门发给的房屋产权证、工商营业执照、商标注册证、专利证、土地使用证,简记为"一房一地,商标专利,还有执照莫忘记")。

2. 印花税的税率。有两种形式,即比例税率和定额税率。

(1) 比例税率。印花税的比例税率分为 4 个档次,分别是 0.05‰、0.3‰、0.5‰、1‰。适用 0.005‰税率的为"借款合同";适用 0.3‰税率的为"购销合同"、"建筑安装工程承包合同"、"技术合同";适用 0.5‰税率的是"加工承揽合同"、"建筑工程勘察设计合同"、"货物运输合同"、"产权转移书据"、"营业账簿"税目中记载资金的账簿;适用 1‰税率的为"财产租赁合同"、"仓储保管合同"、"财产保险合同";"股权转让书据"适用 0.3‰税率,包括 A 股和 B 股。

(2) 定额税率。"权利、许可证照"和"营业账簿"税目中的其他账簿,适用定额税率,均为按件贴花,税额为 5 元。

3. 特殊规定。对购销合同核定征收印花税时,增值税额是否属于"合同记载的购销金额"?应对一般纳税人与小规模纳税人有所区分。增值税一般纳税人的进项税金及销项税金性质上属于价外税,不属于价外费用,因此不宜将进项税金考虑进购销金额内,而对增值税小规模纳税人,因为采用的是 3% 的征收率,而非税率,而实际征管中小规模纳税人也不适用购进扣税法,所以小规模纳税人的增值税没有进项税金,而交纳的增值税应当并入销售额。

有些合同,在签订时无法确定计税金额,如技术转让合同中的转让收入,是按销售收入的一定比例收取或是按实现利润分成的;财产租赁合同,只是规定了月(天)租金标准而无租赁期限的。对这类合同,可在签订时先按定额 5 元贴花,以后结算时再按实际金额计税,补贴印花。

应税合同在签订时纳税义务即已产生,应计算应纳税额并贴花。所以,不论合同是否兑现或是否按期兑现,均应贴花。

对已履行并贴花的合同,所载金额与合同履行后实际结算金额不一致的,只要双方未修改合同金额一般不再办理完税手续。

4. 政策变化。国税发[2004]15 号文对印花税的违章处罚适用税收征管法及其实施细则。印花税纳税人有下列行为之一的,由税务机关根据情节轻重予以处罚:(1) 在应纳税凭证上未贴或者少贴印花税票的或者已粘贴在应税凭证上的印花税票未注销或者未画销的,适用《税收征管法》第六十四条的处罚规定,即按未申报处 50% 至五倍罚款。(2) 已贴用的印花税票揭下重用造成未缴或少缴印花税的,适用《税收征管法》第六十三条的处罚规定,即偷税。(3) 伪造印花税票的,适用《税收征管法实施细则》第九十一条的处罚规定即按照非法印制、转借、倒卖、变造或伪造税务登记证的,由税务机关责令改正,处 2000 元以上 1 万元以下的罚款,情节严重的,处 1

万元以上5万元以下的罚款，构成犯罪的，依法追究刑事责任。（4）按期汇总缴纳印花税的纳税人，超过税务机关核定的纳税期限，未缴或少缴印花税款的，视其违章性质，适用《税收征管法》第六十三条或第六十四条的处罚规定，情节严重的，同时撤销其汇缴许可证。（5）纳税人违反以下规定的，适用《税收征管法》第六十条的处罚规定："（一）违反《印花税条例施行细则》第二十三条的规定：'凡汇总缴纳印花税的凭证，应加注税务机关指定的汇缴戳记、编号并装订成册，将已贴印花或者缴款书的一联粘附册后，盖章注销，保存备查'；（二）违反《印花税条例施行细则》第二十五条的规定：'纳税人对纳税凭证应妥善保存。凭证的保存期限，凡国家已有明确规定的，按规定办；没有明确规定的其余凭证均应在履行完毕后保存1年'"。

国税函［2004］150号：要求纳税人统一设置印花税应税凭证登记簿，保证各类应税凭证及时、准确、完整地进行登记；完善按期汇总缴纳办法；加强对印花税代售人的管理。据此规定，要求企业自作"印花税应税凭证登记簿"，若有，按登记本上记载的合同金额据实缴纳；若没有，按"税务资料提供不完整"、"会计资料不健全"为由核定征收。

国税函［2004］170号《关于改变印花税按期汇总缴纳管理办法的通知》：修改为"同一种类应纳税凭证，需频繁贴花的，纳税人可以根据实际情况自行决定是否采用按期汇总缴纳印花税的方式。汇总缴纳的期限为1个月。采用按期汇总缴纳方式的纳税人应事先告知主管税务机关。缴纳方式一经选定，1年内不得改变"。

财税［2006］162号《关于印花税若干政策的通知》规定：对纳税人以电子形式签订的各类应税凭证按规定征收印花税。

国税发［2006］101号《国家税务总局、铁道部关于铁路货运凭证印花税若干问题的通知》：规定铁路货运凭证印花税政策。

5. 集团内部使用的有关凭证征收印花税。国税函［2009］9号《关于企业集团内部使用的有关凭证征收印花税问题的通知》（成文日期：2009年1月5日）："据有关地区和企业反映，一些企业集团内部在经销和调拨商品物资时使用的各种形式的凭证（表、证、单、书、卡等），既有作为企业集团内部执行计划使用的，又有代替合同使用的。根据《中华人民共和国印花税暂行条例》及有关规定，现将企业集团内部使用的有关凭证如何界定征收印花税的问题通知如下：对于企业集团内具有平等法律地位的主体之间自愿订立、明确双方购销关系、据以供货和结算、具有合同性质的凭证，应按规定征收印花税。对于企业集团内部执行计划使用的、不具有合同性质的凭证，不征收印花税。"

6. 企便函［2009］33号国家税务总局关于2009年度税收自查有关政策问题的函（2009年9月4日）：可供出售的金融资产公允价值变动而增加资本公积的印花税问题。根据中华人民共和国印花税暂行条例规定，企业可供出售的金融资产公允价值变动而增加的资本公积，应按规定按年计算，对增加的部分按规定补贴花。

## 四、财务费用

### （一）企业间借款

1. 内外资企业差异。

［外资企业］关联企业借款不允许不计利息。

［内资企业］按目前政策可定位于“关联方转让价格”。

2. 如何扣除。国务院令［1993］137号《中华人民共和国企业所得税暂行条例》第六条：纳税人在生产、经营期间，向金融机构借款的利息支出，按照实际发生数扣除；向非金融机构借款的利息支出，不高于按照金融机构同类、同期贷款利率计算的数额以内的部分，准予扣除。

国税发［2000］84号文：纳税人从关联方取得的借款金额超过其注册资本50%的，超过部分的利息支出，不得在税前扣除。

国税函［2003］1114号文《国家税务总局关于企业贷款支付利息税前扣除标准的批复》：《中华人民共和国企业所得税暂行条例》规定，纳税人向非金融机构借款的利息支出，不高于金融机构同类、同期贷款利率计算的数额以内的部分，准予扣除。按照中国人民银行规定，金融机构贷款利率包括基准利率和浮动利率，因此，金融机构同类同期贷款利率包括中国人民银行规定的基准利率和浮动利率。商业银行基本利率+浮动利率，基本利率可以查到，浮动利率如何确定？但在2004年10月29日，人民银行对商业银行的浮动利率放开了：金融机构（不含城乡信用社）的贷款利率原则上不再设上限，贷款利率下浮幅度不变，仍为基准利率的0.9倍。那么如何执行政策？国家税务总局没有新文件，也就没标准了。能否税前扣除呢？企业支付利息，因为没有发票，严格说来全部不允许税前抵扣，如要所得税前抵扣没争议，可到主管税务机关开具利息通用发票，但需交5.5%的营业税及附加。

新企业所得税法《实施条例》第一百二十二条：企业所得税法第四十八条所称利息，应当按照税款所属纳税年度中国人民银行公布的与补税期间同期的人民币贷款基准利率加5个百分点计算。企业依照企业所得税法第四十三条和本条例的规定提供有关资料的，可以只按前款规定的人民币贷款基准利率计算利息。

财税［2008］121号《关于企业关联方利息支出税前扣除标准有关税收政策问题的通知》：企业实际支付给关联方的利息支出，除符合本通知第二条规定外，其接受关联方债权性投资与其权益性投资比例为：金融企业为5∶1；其他企业为2∶1。能够按照税法及其实施条例的有关规定提供相关资料，并证明相关交易活动符合独立交易原则的；企业自关联方取得的不符合规定的利息收入应按照有关规定缴纳企业所得税。

国税函［2009］777号国家税务总局关于企业向自然人借款的利息支出企业所得税税前扣除问题的通知（成文日期：2009年12月31）：“一、企业向股东或其他与企业有关联关系的自然人借款的利息支出，应根据《中华人民共和国企业所得税法》（以下简称税法）第四十六条及《财政部、国家税务总局关于企业关联方利息支出税前扣除标准有关税收政策问题的通知》（财税［2008］121 号）规定的条件，计算企业所得税扣除额。二、企业向除第一条规定以外的内部职工或其他人员借款的利息支出，其借款情况同时符合以下条件的，其利息支出在不超过按照金融企业同期同类贷款利率计算的数额的部分，根据税法第八条和税法实施条例第二十七条规定，准予扣除。（一）企业与个人之间的借贷是真实、合法、有效的，并且不具有非法集资目的或其他违反法律、法规的行为；（二）企业与个人之间签订了借款合同。”

企便函［2009］33 号国家税务总局关于 2009 年度税收自查有关政策问题的函（2009 年 9 月 4 日）：利用长期借款对外投资，利息资本化问题；用以后年度的借款偿还以前年度的投资款，以后年度的借款利息的资本化问题。根据《国家税务总局关于印发〈企业所得税税前扣除办法〉的通知》（国税发［2000］84 号）第三十七条及新企业所得税法实施条例第二十八条规定，纳税人为对外投资而借入的资金发生的借款费用，应计入有关投资的成本，不得作为纳税人的经营性费用在税前扣除。用以后年度的借款偿还以前年度的投资款，以后年度的借款利息按上述规定也应资本化。

**（二）统借统还（银行称“上贷下拨”）**

国税发［2002］13 号。

国税函［2002］837 号：借款利息不交营业税，并且可以税前扣除。

财税［2000］7 号：按借款合同规定的利息向下转列（不加不减）并收取借款利息不交营业税。

需具备两个条件：提供贷款证明文件：有贷款合同；总公司向收取利息的企业开具发票。

**（三）内部集资**

国税发［1994］132 号：企业经过批准的利息支出。各地税务机关一般不强调营业税发票（因为可能低于起征点），但要求代扣代缴个人所得税。

**（四）执行《企业会计准则》借款费用税务处理**

财税［2007］80 号关于执行《企业会计准则》有关企业所得税政策问题的通知：“一、企业对持有至到期投资、贷款等按照新会计准则规定采用实际利率法确认的利息收入，可计入当期应纳税所得额。对于采用实际利率法确认的与金融负债相关的利息费用，应按照现行税收有关规定的条件，未超过同期银行贷款利率的部分，可在计算当期应纳税所得额时扣除，超过的部分不得扣除。”“四、企业发生的借款费用，符合会计准则规定的资本化条件的，应当资本化，计入相关资产成本，按税法规定计算的折旧等成本费用可在税前扣除。”

**（五）企业之间相互提供贷款担保发生担保损失**

国税函［2007］1272号《关于企业之间相互提供贷款担保发生担保损失税前扣除问题的批复》（2007年12月18日）：《企业财产损失所得税前扣除管理办法》（国家税务总局令第13号）第四十七条规定："企业对外提供与本身应纳税收入有关的担保，因被担保人不能按期偿还债务而承担连带还款责任，经清查和追索，被担保人无偿还能力，对无法追回的，比照本办法坏账损失进行管理。企业为其他独立纳税人提供的与本身应纳税收入无关的贷款担保等，因被担保方还不清贷款而由该担保人承担的本息等，不得申报扣除。"其中，"与本身应纳税收入有关的担保"是指企业对外提供的与本企业投资、融资、材料采购、产品销售等主要生产经营活动密切相关的担保。根据合同双方权利与义务对等和实质重于形式的原则，企业之间签订贷款互保合同，相互提供的贷款担保，与企业的融资活动密切相关，因此，签订贷款互保合同的一方（担保企业）为另一方（被担保企业）提供的贷款担保，在被担保企业为担保企业所提供的贷款担保总额之内（含）的部分，应认为与其本身应纳税收入有关。上述担保企业为被担保企业提供贷款担保，因承担担保连带责任所发生的损失，在被担保企业为担保企业所提供的贷款担保总额之内（含）的部分，可按照国家税务总局令第13号第四十七条的相关规定进行税前扣除，超过被担保企业为担保企业所提供的贷款担保总额的部分，不得扣除。

**（六）关于汇率变动损益的所得税处理问题**

国税函［2008］264号《国家税务总局关于做好2007年度企业所得税汇算清缴工作的补充通知》："一、关于汇率变动损益的所得税处理问题"：企业外币货币性项目因汇率变动导致的计入当期损益的汇率差额部分，相当于公允价值变动，按照《财政部 国家税务总局关于执行〈企业会计准则〉有关企业所得税政策问题的通知》（财税［2007］80号）第三条规定执行，在未实际处置或结算时不计入当期应纳税所得额。在实际处置或结算时，处置或结算取得的价款扣除其历史成本后的差额，计入处置或结算期间的应纳税所得额。

**（七）关于企业投资者投资未到位而发生的利息支出企业所得税前扣除问题**

国税函［2009］312号《国税总局关于企业投资者投资未到位而发生的利息支出企业所得税前扣除问题的批复》（成文日期2009年6月4日）：关于企业由于投资者投资未到位而发生的利息支出扣除问题，根据《中华人民共和国企业所得税法实施条例》第二十七条规定，凡企业投资者在规定期限内未缴足其应缴资本额的，该企业对外借款所发生的利息，相当于投资者实缴资本额与在规定期限内应缴资本额的差额应计付的利息，其不属于企业合理的支出，应由企业投资者负担，不得在计算企业应纳税所得额时扣除。具体计算不得扣除的利息，应以企业一个年度内每一账面实收资本与借款余额保持不变的期间作为一个计算期，每一计算期内不得扣除的借款利息按该期间借款利息发生额乘以该期间企业未缴足的注册资本占借款总额的比例计算，公式为：企业每一计算期不得扣除的借款利息 = 该期间借款利息额 × 该期间未缴足注册资本额 ÷ 该期间借款额

企业一个年度内不得扣除的借款利息总额为该年度内每一计算期不得扣除的借款利息额之和。

**（八）房地产企业借款费用**

国税发［2006］31 号文：完工之前，借款费用进成本，列"开发成本——开发间接费"。

土地增值税：财税［2006］21 号文：不仅要预征土地增值税，而且要清算。

国税发［2006］187 号《国家税务总局关于房地产开发企业土地增值税清算管理有关问题的通知》（2006 年 12 月 28 日）："一、土地增值税的清算单位。二、土地增值税的清算条件。三、非直接销售和自用房地产的收入确定。四、土地增值税的扣除项目。五、土地增值税清算应报送的资料。六、土地增值税清算项目的审核鉴证。七、土地增值税的核定征收。八、清算后再转让房地产的处理。"

武地税发［2008］38 号《市地税局关于加强房地产开发企业土地增值税清算工作有关问题的通知》。

国税函［2007］606 号《国家税务总局关于承受装修房屋契税计税价格问题的批复》（2007 年 6 月 1 日）：房屋买卖的契税计税价格为房屋买卖合同的总价款，买卖装修的房屋，装修费用应包括在内。

财税［2008］24 号《财政部、国家税务总局关于廉租住房经济适用住房和住房租赁有关税收政策的通知》（2008 年 3 月 3 日）："为贯彻落实《国务院关于解决城市低收入家庭住房困难的若干意见》（国发［2007］24 号）精神，促进廉租住房、经济适用住房制度建设和住房租赁市场的健康发展，经国务院批准，现将有关税收政策通知如下：一、支持廉租住房、经济适用住房建设的税收政策：（一）对廉租住房经营管理单位按照政府规定价格、向规定保障对象出租廉租住房的租金收入，免征营业税、房产税；（二）对廉租住房、经济适用住房建设用地以及廉租住房经营管理单位按照政府规定价格、向规定保障对象出租的廉租住房用地，免征城镇土地使用税，开发商在经济适用住房、商品住房项目中配套建造廉租住房，在商品住房项目中配套建造经济适用住房，如能提供政府部门出具的相关材料，可按廉租住房、经济适用住房建筑面积占总建筑面积的比例免征开发商应缴纳的城镇土地使用税；（三）企事业单位、社会团体以及其他组织转让旧房作为廉租住房、经济适用住房房源且增值额未超过扣除项目金额 20% 的，免征土地增值税；（四）对廉租住房、经济适用住房经营管理单位与廉租住房、经济适用住房相关的印花税以及廉租住房承租人、经济适用住房购买人涉及的印花税予以免征，开发商在经济适用住房、商品住房项目中配套建造廉租住房，在商品住房项目中配套建造经济适用住房，如能提供政府部门出具的相关材料，可按廉租住房、经济适用住房建筑面积占总建筑面积的比例免征开发商应缴纳的印花税；（五）对廉租住房经营管理单位购买住房作为廉租住房、经济适用住房经营管理单位回购经济适用住房

继续作为经济适用住房房源的，免征契税；（六）对个人购买经济适用住房，在法定税率基础上减半征收契税；（七）对个人按《廉租住房保障办法》（建设部等9部委令第162号）规定取得的廉租住房货币补贴，免征个人所得税；对于所在单位以廉租住房名义发放的不符合规定的补贴，应征收个人所得税；（八）企事业单位、社会团体以及其他组织于2008年1月1日前捐赠住房作为廉租住房的，按《中华人民共和国企业所得税暂行条例》（国务院令第137号）、《中华人民共和国外商投资企业和外国企业所得税法》有关公益性捐赠政策执行；2008年1月1日后捐赠的，按《中华人民共和国企业所得税法》有关公益性捐赠政策执行，个人捐赠住房作为廉租住房的，捐赠额未超过其申报的应纳税所得额30%的部分，准予从其应纳税所得额中扣除，廉租住房、经济适用住房、廉租住房承租人、经济适用住房购买人以及廉租住房租金、货币补贴标准等须符合国发［2007］24号文件及《廉租住房保障办法》（建设部等9部委令第162号）、《经济适用住房管理办法》（建住房［2007］258号）的规定；廉租住房、经济适用住房经营管理单位为县级以上人民政府主办或确定的单位。二、支持住房租赁市场发展的税收政策：（一）对个人出租住房取得的所得减按10%的税率征收个人所得税；（二）对个人出租、承租住房签订的租赁合同，免征印花税；（三）对个人出租住房，不区分用途，在3%税率的基础上减半征收营业税，按4%的税率征收房产税，免征城镇土地使用税；（四）对企事业单位、社会团体以及其他组织按市场价格向个人出租用于居住的住房，减按4%的税率征收房产税。上述与廉租住房、经济适用住房相关的新的优惠政策自2007年8月1日起执行，文到之日前已征税款在以后应缴税款中抵减。与住房租赁相关的新的优惠政策自2008年3月1日起执行。其他政策仍按现行规定继续执行。”

## 第三节　其他项目税收政策分析及会计与税收差异比较

### 一、投资收益

在长期股权投资中已分析。

### 二、公允价值变动损益

新企业会计准则：“公允价值变动损益”作为利润表的单独项目列示。

财税［2007］80号文关于执行《企业会计准则》有关企业所得税政策问题的通知：“三、企业以公允价值计量的金融资产、金融负债以及投资性房地产等，持有期间公允价值的变动不计入应纳税所得额，在实际处置或结算时，处置取得的价款扣除其历史成本后的差额应计入处置或结算期间的应纳税所得额。”

## 三、营业外收入

税务局通常列为查账重点项目，审查是否将“其他业务收入”项目列入“营业外收入”核算。营业外收入分两类：第一类，不缴流转税的收入，如对方合同违约赔偿款；第二类，已缴过流转税的，如固资变卖收入在清理环节缴纳流转税。

财税［2003］16号《财政部、国家税务总局关于营业税若干政策问题的通知》（成文日期：2003年1月15日）：“三、关于营业额问题（三）单位和个人提供应税劳务、转让无形资产和销售不动产时，因受让方违约而从受让方取得的赔偿金收入，应并入营业额中征收营业税。”

## 四、营业外支出

### （一）非广告性的赞助支出不能税前扣除

### （二）捐赠支出

1. 公益性捐赠。

原所得税法：

［外资企业］全额扣除。

［内资企业］原税法分三类：

①全额扣除：希望小学，红十字，奥运会等。

②不超过应纳税所得额的10%：文化业。

③不超过应纳税所得额的3%：其他行业。

公益性捐赠对单据有要求：对非营利性组织捐赠；对政府机构的捐赠3%。应取得“公益性捐赠统一收据”。若取得“行政事业单位往来收据”、“收款收据”应不能扣除。

新企业所得税法：

《实施条例》第五十一条：企业所得税法第九条所称公益性捐赠，是指企业通过公益性社会团体或者县级以上人民政府及其部门，用于《中华人民共和国公益事业捐赠法》规定的公益事业的捐赠。第五十三条：企业发生的公益性捐赠支出，不超过年度利润总额12%的部分，准予扣除。年度利润总额，是指企业依照国家统一会计制度的规定计算的年度会计利润。

（1）公益性捐赠税前扣除有关问题：财税［2008］160号《财政部 国家税务总局 民政部关于公益性捐赠税前扣除有关问题的通知》（成文日期：2008年12月31日）：“一、企业通过公益性社会团体或者县级以上人民政府及其部门，用于公益事业的捐赠支出，在年度利润总额12%以内的部分，准予在计算应纳税所得额时扣除。年度利润总额，是指企业依照国家统一会计制度的规定计算的大于零的数额。二、个人通过社会团体、国家机关向公益事业的捐赠支出，按照现行税收法律、行政法规及相关政策规定准予在所得税税前扣除。三、本通知第一条所称的用于公益事业的捐赠支出，是指《中华人民共和国公益事业捐赠法》规定的向公益事业的捐赠支出，具体范围包括：（一）救助灾害、救济贫困、扶助残疾人等困难的社会群体和个人的活动；（二）教育、科学、文化、卫生、体育事业；（三）环境保护、社会公共设施建设；（四）促进社会发展和进步的其他社会公共和福利事业。四、本通知第一条所称的公益性社会团体和第二条所称的社会团体均指依据国务院发布的《基金会管理条例》和《社会团体登记管理条例》的规定，经民政部门依法登记、符合以下条件的基金会、慈善组织等公益性社会团体。十一、本通知从2008年1月1日起执行。本通知发布前已经取得和未取得捐赠税前扣除资格的公益性社会团体，均应按本通知的规定提出申请。《财政部 国家税务总局关于公益救济性捐赠税前扣除政策及相关管理问题的通知》（财税［2007］6号）停止执行。"

财税［2009］85号《财政部 国家税务总局 民政部关于公布2008年度2009年度第一批获得公益性捐赠税前扣除资格的公益性社会团体名单的通知》（成文日期：2009年8月20日）：根据《财政部国家税务总局民政部关于公益性捐赠税前扣除有关问题的通知》（财税［2008］160号）精神，现将经民政部初步审核，财政部、国家税务总局会同民政部联合审核确认的2008年度、2009年度第一批获得公益性捐赠税前扣除资格的公益性社会团体名单，予以公布。附件：1. 2008年度第一批获得公益性捐赠税前扣除资格的公益性社会团体名单；2. 2009年度第一批获得公益性捐赠税前扣除资格的公益性社会团体名单。

（2）关于特定事项捐赠的税前扣除问题：国税函［2009］202号《关于企业所得税执行中若干税务处理问题的通知》（成文日期：2009年4月21日）："三、关于特定事项捐赠的税前扣除问题：企业发生为汶川地震灾后重建、举办北京奥运会和上海世博会等特定事项的捐赠，按照《财政部 海关总署 国家税务总局关于支持汶川地震灾后恢复重建有关税收政策问题的通知》（财税［2008］104号）、《财政部 国家税务总局 海关总署关于29届奥运会税收政策问题的通知》（财税［2003］10号）、《财政部 国家税务总局关于2010年上海世博会有关税收政策问题的通知》（财税［2005］180号）等相关规定，可以据实全额扣除。企业发生的其他捐赠，应按《企业所得税法》第九条及《实施条例》第五十一、五十二、五十三条的规定计算扣除。"

财税［2009］124号《财政部 国家税务总局关于通过公益性群众团体的公益性捐赠税前扣除有关问题的通知》（成文日期：2009年12月8日）："本通知第一条和第二条所称的公益事业，是指《中华人民共和国公益事业捐赠法》规定的事项，符合本通知第四条规定的公益性群众团体，可按程序申请公益性捐赠税前扣除资格。对于通过公益性群众团体发生的公益性捐赠支出，主管税务机关应对照财政、税务部门联合发布的名单，接受捐赠的群众团体位于名单内，则企业或个人在名单所属年度发生的公益性捐赠支出可按规定进行税前扣除；接受捐赠的群众团体不在名单内，或虽在名单内但企业或个人发生的公益性捐赠支出不属于名单所属年度的，不得扣除。十一、获得公益性捐赠税前扣除资格的公益性群众团体，应自不符合本通知第四条规定条件之一或存在本通知第九条规定情形之一之日起 15 日内向主管税务机关报告，主管税务机关可暂时明确其获得资格的次年内企业向该群众团体的公益性捐赠支出，不得税前扣除，同时提请财政部、国家税务总局或省级财政、税务部门明确其获得资格的次年不具有公益性捐赠税前扣除资格。十二、本通知从 2008 年 1 月 1 日起执行。本通知发布前已经取得和未取得公益性捐赠税前扣除资格的群众团体，均应按本通知规定提出申请。”

2. 非公益性捐赠：不允许扣除，全额调增应纳税所得额。

## 五、应纳税所得额

### （一）计算公式的变化

应纳税所得额计算公式改变：

2007 年（旧）：收入总额 - 扣除项目 +（-）调整项目 - 弥补以前年度亏损 - 免税所得；

2008 年（新）：收入总额 - 不征税收入 - 免税收入 - 扣除项目 - 以前年度亏损。

重要变化：“免税收入”顺序调整对纳税人更有利。

新企业所得税法第五条：企业每一纳税年度的收入总额，减除不征税收入、免税收入、各项扣除以及允许弥补的以前年度亏损后的余额，为应纳税所得额。

### （二）关于亏损

新企业所得税法实施条例第十条：企业所得税法第五条所称亏损，是指企业依照企业所得税法和本条例的规定将每一纳税年度的收入总额减除不征税收入、免税收入和各项扣除后小于零的数额。

### （三）应纳税所得额计算的复杂性

## 六、企业所得税纳税义务人的条件

子公司：独立缴纳所有税款；

分公司：在当地领取发票，就在当地缴流转税，没有异议，但企业所得税如何交？当地交还是汇总交？

外资企业：总公司（机构）和分公司可以合并纳税。

内资企业：国务院特批的 124 家企业集团汇总缴纳企业所得税；企业愿意汇总缴纳的也可以汇总缴纳。这样可能的好处是盈亏相抵，变相取得优惠政策，某机构若有超 5

年的亏损，合并时可以抵掉。

《中华人民共和国企业所得税暂行条例实施细则》：所称独立经济核算的企业或者组织，是指纳税人同时具备在银行开设结算账户、独立建立账簿、编制财务会计报表、独立计算盈亏等条件的企业或者组织。

国税函［1998］676号文：对经国家有关部门批准成立，独立开展生产、经营活动的企业或者组织，按有关法律、法规、规定应该实行独立经济核算，但未进行独立经济核算的，虽不同时具备税法规定的独立经济核算三个条件，也应当认定为企业所得税纳税义务人。

国税函［2006］48号《国家税务总局关于规范汇总合并缴纳企业所得税范围的通知》："三、非独立核算分支机构按照《中华人民共和国企业所得税暂行条例》及其实施细则的有关规定，由核算地统一纳税。对核算地发生争议的，分情况处理：（一）总分机构均在一省范围内的，由省级税务机关明确纳税申报所在地；（二）总分机构跨省市的，由国家税务总局明确纳税申报所在地。"

新企业所得税法第一条："在中华人民共和国境内，企业和其他取得收入的组织（以下统称企业）为企业所得税的纳税人，依照本法的规定缴纳企业所得税。"

国税发［2008］28号国家税务总局关于印发《跨地区经营汇总纳税企业所得税征收管理暂行办法》的通知（2008年3月10日）："《跨地区经营汇总纳税企业所得税征收管理暂行办法》第二条　居民企业在中国境内跨地区（指跨省、自治区、直辖市和计划单列市，下同）设立不具有法人资格的营业机构、场所（以下称分支机构）的，该居民企业为汇总纳税企业（以下称企业），除另有规定外，适用本办法。第三条　企业实行'统一计算、分级管理、就地预缴、汇总清算、财政调库'的企业所得税征收管理办法。第四条　统一计算，是指企业总机构统一计算包括企业所属各个不具有法人资格的营业机构、场所在内的全部应纳税所得额、应纳税额。第五条　分级管理，是指总机构、分支机构所在地的主管税务机关都有对当地机构进行企业所得税管理的责任，总机构和分支机构应分别接受机构所在地主管税务机关的管理。第六条　就地预缴，是指总机构、分支机构应按本办法的规定，分月或分季分别向所在地主管税务机关申报预缴企业所得税。第七条　汇总清算，是指在年度终了后，总机构负责进行企业所得税的年度汇算清缴，统一计算企业的年度应纳所得税额，抵减总机构、分支机构当年已就地分期预缴的企业所得税款后，多退少补税款。"

国税发［2008］120号《关于调整新增企业所得税征管范围问题的通知》（成文日期：2008年12月16日）："一、基本规定：以2008年为基年。二、对若干具体问题的规定：2008年底之前已成立跨区经营汇总纳税企业，2009年起新设立的分支机构，其分支机构企业所得税的管理部门也应与总机构企业所得税管理部门相一致。"

国税函［2008］747号《国家税务总局关于跨地区经营汇总纳税企业所得税征收管理有关问题的通知》（2008年8月21日）。

财税［2008］119号《财政部　国家税务总局关于试点企业集团缴纳企业所得税有关问题的通知》（2008年10月17日）：为确保《中华人民共和国企业所得税法》（以

下简称新税法）的平稳实施，根据新税法第五十二条规定，经国务院批准，对2007年12月31日前经国务院批准或按国务院规定条件批准实行合并缴纳企业所得税的企业集团（具体名单见附件），在2008年度继续按原规定执行。从2009年1月1日起，上述企业集团一律停止执行合并缴纳企业所得税政策。

——缪慧频2009年4月24日在国家税务总局网站与网友在线交流：

网友50362提问：新企业所得税法条件下，对建筑施工企业在外地施工的所得税问题没有明确规定，在实际管理中各地税务机关（有的地方是政府部门）对此的管理也是不尽相同。请问缪司长：施工企业到外地承建公路项目施工（在施工地未设分支机构、未领取分支机构营业执照），如该施工企业持其法人公司所在地主管税务机关开具的外出经营活动税收管理证明，施工地税务机关是否还要征收该企业的所得税？如果征收，跨地区经营汇总纳税企业所得税征收管理 国税函［2008］747号的规定执行？

国家税务总局所得税司副司长缪慧频在回答上述提问时表示，建筑企业外出经营缴纳企业所得税问题比较复杂，在新企业所得税法框架下，我们正在对这一问题抓紧进行研究和明确。在新的征管规定正式出台之前，仍按照《国家税务总局关于建筑安装企业所得税纳税地点问题的通知》（国税发［1995］227号）执行。

国税函［2009］221号《国家税务总局关于跨地区经营汇总纳税企业所得税征收管理若干问题的通知》（成文日期：2009年4月29日）："一、关于二级分支机构的判定问题。二、关于总分支机构适用不同税率时企业所得税款计算和缴纳问题。三、关于预缴和年度汇算清缴时分支机构报送资料问题。四、关于应执行未执行或未准确执行国税发［2008］28号文件企业的处理问题。五、国税发［2008］28号文件第二条第二款所列企业不适用本通知规定。"

国税函［2009］34号《国家税务总局关于加强企业所得税预缴工作的通知》（成文日期：2009年1月20日）："一、根据《中华人民共和国企业所得税法》及其实施条例规定，企业所得税应当按照月度或者季度的实际利润额预缴；按照月度或者季度的实际利润额预缴有困难的，可以按照上一纳税年度应纳税所得额的月度或者季度平均额预缴，或者按照经税务机关认可的其他方法预缴。为确保税款足额及时入库，各级税务机关对纳入当地重点税源管理的企业，原则上应按照实际利润额预缴方法征收企业所得税。二、各级税务机关根据企业上年度企业所得税预缴和汇算清缴情况，对全年企业所得税预缴税款占企业所得税应缴税款比例明显偏低的，要及时查明原因，调整预缴方法或预缴税额。三、各级税务机关要处理好企业所得税预缴和汇算清缴税款入库的关系，原则上各地企业所得税年度预缴税款占当年企业所得税入库税款（预缴数＋汇算清缴数）应不少于70%。四、各级税务机关要进一步加大监督管理力度。对未按规定申报预缴企业所得税的，按照《中华人民共和国税收征收管理法》及其实施细则的有关规定进行处理。"

国税函［2009］47号《国家税务总局关于中国居民企业向QFII支付股息、红利、利息代扣代缴企业所得税有关问题的通知》（成文日期：2009年1月23日）。

# 加强企业税收管理对策建议

本章在一、二章分析具体经济业务涉及的具体会计处理与税务政策后，补充归纳了常用相关税收征管政策，针对企业税收管理主要环节，提出纳税遵从观下企业税收管理目标是防范企业税务风险，进而提出了企业加强税收管理对策的建议。

## 第一节 常用相关税收征管政策分析

除了前述具体经济业务涉及的具体会计处理与税务政策外，对企业而言，经常涉及的征管方面的政策也需要重点关注和掌握。下面，对企业涉及的常见征管法规，如税收征管法、税务登记管理办法、发票管理办法及实施细则、税收减免管理办法、企业所得税汇算清缴管理办法、企业财产损失所得税前扣除管理办法等归纳如下。

### 一、税收征管法

#### （一）基本政策法规

中华人民共和国税收征收管理法（新征管法），2001 年 4 月 28 日第九届全国人大常委会第二十一次会议修订；《中华人民共和国税收征收管理法实施细则》国务院令［2002］362 号。

国家税务总局关于贯彻《中华人民共和国税收征收管理法》及其实施细则若干具体问题的通知国税发［2003］47 号。

**（二）税款补缴与退还问题**

一般规定：

1. 由于纳税人、扣缴义务人原因未缴或少缴的税款，税务机关在 3 年内可以追征税款、滞纳金；有特殊情况的，追征期可以延长到 5 年。

2. 因税务机关的责任，致使纳税人、扣缴义务人未缴或少缴税款的，税务机关在 3 年内可以要求补缴税款，但不得加收滞纳金。

3. 纳税人超过应纳税交纳的税款，税务机关发现后应立即退还；纳税人自结算缴纳税款之日起 3 年内发现的，可以向税务机关要求退还多交纳的税款，并加算银行同期存款利息，税务机关查实后应立即退还。

如何确定征收滞纳金的起止日期？

国税函［1998］291 号对偷税行为加收滞纳金的计算起止日期为，从税款当期应当缴纳或者解缴的期限届满的次日起，至实际缴纳或者解缴之日起。

国税函［1998］63 号对年度企业所得税的检查，宜在纳税人报送年度企业所得税申报表之后进行，这种检查补税的税款，其滞纳金应从汇算清缴结束的次日起计算加收，罚款及其他法律责任，应按征管法有关规定执行。

特殊规定及补充政策：

国税函［2005］813 号：税务机关追缴税款没有追缴期的限制。按照《中华人民共和国税收征收管理法》和其他税收法律、法规的规定，纳税人有依法缴纳税款的义务。纳税人欠缴税款的，税务机关应当依法追征，直至收缴入库，任何单位和个人不得豁免。税务机关追缴税款没有追征期的限制。《税收征管法》第 52 条有关追征期限的规定，是指因税务机关或纳税人的责任造成未缴或少缴税款在一定期限内未发现的，超过此期限不再追征。纳税人已申报或税务机关已查处的欠缴税款，税务机关不受该条追征期规定的限制，应当依法无限期追缴税款。

国税发［2007］24 号《关于税务机关实施税收保全措施有关问题的通知》（2007 年 3 月 5 日）："一、税务机关按照《税收征管法》第 55 条的规定采取扣押、查封的税收保全措施过程中，对已采取税收保全的商品、货物、其他财产或者财产权利，在做出税务处理决定之前，不得拍卖、变卖处理变现。但在税收保全期内，已采取税收保全措施的财物有六种情形之一的，税务机关可以制作《税务事项通知书》，书面通知纳税人及时协助处理。二、对本通知第一条所列财物，纳税人未按规定期限协助处理的，经县以上税务局（分局）局长批准，税务机关制作《税务事项通知书》通知纳税人后，可参照《抵税财物拍卖、变卖试行办法》规定的程序和方式拍卖、变卖。三、对本通知第一条所列财物的拍卖、变卖所得，由税务机关保存价款，继续实施税收保全措施，并以《税务事项通知书》的形式书面通知纳税人。四、税务机关依法做出税务处理决定后，应及时办理税款、滞纳金或者罚款的入库手续。拍卖或者变卖所得抵缴税款、滞纳金、罚款后有余额的，税务机关应当自办理入库手续之日起 3 个工作日内退还纳税人。拍卖、变卖所得不足抵缴税款、滞纳金或者罚款的，税务机关应当继续追缴。”

国税函［2007］753号《国家税务总局关于延期申报预缴税款滞纳金问题的批复》（2007年7月10日）：“一、《中华人民共和国税收征收管理法》（以下简称税收征管法）第二十七条规定，纳税人不能按期办理纳税申报的，经税务机关核准，可以延期申报，但要在纳税期内按照上期实际缴纳的税额或者税务机关核定的税额预缴税款，并在核准的延期内办理税款结算。预缴税款之后，按照规定期限办理税款结算的，不适用税收征管法第三十二条关于纳税人未按期缴纳税款而被加收滞纳金的规定。二、经核准预缴税款之后按照规定办理税款结算而补缴税款的各种情形，均不适用加收滞纳金的规定。在办理税款结算之前，预缴的税额可能大于或小于应纳税额。当预缴税额大于应纳税额时，税务机关结算退税但不向纳税人计退利息；当预缴税额小于应纳税额时，税务机关在纳税人结算补税时不加收滞纳金。三、当纳税人本期应纳税额远远大于比照上期税额的预缴税款时，延期申报则可能成为纳税人拖延缴纳税款的手段，造成国家税款被占用。为防止此类问题发生，税务机关在审核延期申报时，要结合纳税人本期经营情况来确定预缴税额，对于经营情况变动大的，应合理核定预缴税额，以维护国家税收权益，并保护真正需要延期申报的纳税人的权利。”

国税函［2007］1077号《国家税务总局关于清理简并纳税人报送涉税资料有关问题的通知》（2007年11月2日）：“为减轻纳税人负担，减少纳税人办理涉税事项时报送的涉税资料，税务总局对国税系统征管业务中纳税人依申请程序所报送的资料进行了全面清理，并据此编写了办理纳税人涉税事项操作指南。一、涉税资料清理简并结果：取消的办税业务31项，减少的涉税资料清单保留的办税业务清单。二、实施简并的相关安排，《办理纳税人涉税事项操作指南》。三、本次清理简并所涉及纳税人报送资料和其他规定不一致的，一律以本通知为准。四、本《通知》自2008年1月1日起执行。”

国税函［2008］215号《国家税务总局关于修订“税务处理决定书”式样的通知》（2008年2月29日）：“针对各地提出《国家税务总局关于印发全国统一税收执法文书式样的通知》（国税发［2005］179号）中的‘税务处理决定书’式样规定的行政复议时限不够明确问题，修订‘税务处理决定书’式样。”

国税函［2008］1084号《国家税务总局关于税收优先权包括滞纳金问题的批复》（成文日期：2008年12月31日）：按照《中华人民共和国税收征收管理法》的立法精神，税款滞纳金与罚款两者在征收和缴纳时顺序不同，税款滞纳金在征缴时视同税款管理，税收强制执行、出境清税、税款追征、复议前置条件等相关条款都明确规定滞纳金随税款同时缴纳。税收优先权等情形也适用这一法律精神，《税收征管法》第四十五条规定的税收优先权执行时包括税款及其滞纳金。

国税函［2009］326号《国家税务总局关于未申报税款追缴期限问题的批复》（成文日期：2009年6月15日）：税收征管法第五十二条规定，对偷税、抗税、骗税的，税务机关可以无限期追征其未缴或者少缴的税款、滞纳金或者所骗取的税款。

税收征管法第六十四条第二款规定的纳税人不进行纳税申报造成不缴或少缴应纳税款的情形不属于偷税、抗税、骗税，其追征期按照税收征管法第五十二条规定的精神，一般为3年，特殊情况可以延长至5年。

国税函［2009］363号《国家税务总局关于强化跨境关联交易监控和调查的通知》（成文日期：2009年7月6日）："为了进一步规范特别纳税调整管理，防止跨国企业在金融危机背景下将境外企业的经营亏损转移至境内关联企业，根据《国家税务总局关于印发〈特别纳税调整实施办法（试行）〉的通知》（国税发［2009］2号）的规定，现就企业跨境关联交易监控与调查的有关问题明确如下：一、跨国企业在中国境内设立的承担单一生产（来料加工或进料加工）、分销或合约研发等有限功能和风险的企业，不应承担金融危机的市场和决策等风险，按照功能风险与利润相配比的转让定价原则，应保持合理的利润水平。二、上述承担有限功能和风险的企业如出现亏损，无论是否达到准备同期资料的标准，均应在亏损发生年度准备同期资料及其他相关资料，并于次年6月20日之前报送主管税务机关。三、各地税务机关要加强对跨境关联交易的监控，重点调查通过各种途径将境外经营亏损（包括潜在亏损）转移到境内以及将境内利润转移至避税港的跨国企业，强化功能风险分析和可比性分析，选择合理的转让定价方法，确定企业的利润水平。"

国税发［2008］125号国家税务总局关于印发《税收违法案件一案双查办法（试行）》的通知（成文日期：2008年12月29日）。

国税发［2008］112号《国家税务总局关于加大监督检查力度切实维护税收秩序的通知》（2008年12月2日）："当前国际金融危机对我国经济的影响日益显现，保持经济平稳较快发展面临前所未有的挑战，组织税收收入工作也遇到新的困难。为切实维护税收征管秩序，现就有关事项通知如下：一、坚持依法治税，坚决防止违法违规组织税收收入。二、加强纳税服务，确保各项税收政策落实到位。三、严格执法监督，切实维护税收征管秩序。四、强化督促检查，圆满完成全年各项工作任务。"

国税发［2009］157号国家税务总局关于印发《税务稽查工作规程》的通知（成文日期：2009年12月24日）。

纳税人税收法律责任归纳为：

行政责任
- 违反税务管理（登记、账簿、申报）2000元以下、2000元—1万元罚款
- 偷税欠税——50%—5倍罚款
- 骗税抗税——1倍—5倍罚款

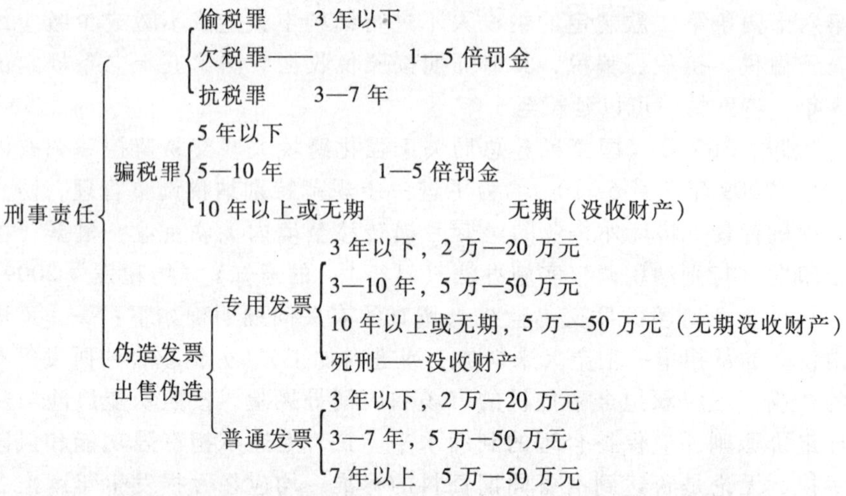


## 二、税务登记管理办法

《税务登记管理办法》，国家税务总局令第7号，共十章五十条，自2004年2月1日起施行。施工企业需重点关注第六章“外出经营报验登记”和第九章“法律责任”。

在施工企业工程项目外出经营登记政策上，现行有两个，且前后政策的差异，给施工企业工程项目部执行带来了难度。

《国家税务总局关于建筑安装企业所得税纳税地点问题的通知》（国税发［1995］227号）：“三、持有外出经营证的建筑安装企业到达施工地后，应向施工地主管税务机关递交税务登记证件（副本）和外出经营证，并陆续提供所在地主管税务机关按完工进度或完成的工作量据以计算应缴纳所得税的完税证明。施工地税务机关接到上述资料后，经核实无误予以登记，不再核发税务登记证，企业持有所在地税务机关核发的〈税务登记证〉（副本）进行经营活动。”

《税务登记管理办法》（国家税务总局令7号）第十条（五）从事生产、经营的纳税人外出经营，自其在同一县（市）实际经营或提供劳务之日起，在连续的12个月内累计超过180天的，应当自期满之日起30日内，向生产、经营所在地税务机关申报办理税务登记，税务机关核发临时税务登记证及副本。

国税发［1995］227号《国家税务总局关于建筑安装企业所得税纳税地点问题的通知》。

国税发［2006］128号《不动产、建筑业营业税项目管理及发票使用管理暂行办法》第三条。

## 三、发票管理办法及实施细则

管理思路：我国在税收与发票管理上，由以前的“以票计税”发展为“以票控税”。

具体政策：

《中华人民共和国发票管理办法》财政部令［1993］第6号；

《中华人民共和国发票管理办法实施细则》国税发［1993］157号；

中华人民共和国发票管理办法（修订草案）（征求意见稿）国务院法制办公室2007年7月30日发布。

根据上述政策理解，目前合法有效凭证包括：

(1) 国税部门监制的发票。

(2) 地税部门监制的发票。

(3) 发票管理办法授权的企业自制票据（银行利息单、机票、工资表）、财政部门行政事业性收费收据（土地出让金）。

(4) 境外合法机构有效凭证（附外汇付款凭证、对方收汇凭证、相关协议、中介机构鉴证报告）。

普通发票行政审批取消和调整后有关税收管理问题：

国税发［2008］15号《国家税务总局关于普通发票行政审批取消和调整后有关税收管理问题的通知》(2008年1月29日)：“根据《国务院关于第四批取消和调整行政审批项目的决定》(国发［2007］33号）规定，普通发票的5类行政审批项目将予以取消，即取消‘发票领购资格审核’、‘建立收支粘贴簿、进销货登记簿或者使用税控装置审批’、‘拆本使用发票审批’、‘使用计算机开具发票审批’和‘跨规定的使用区域携带、邮寄、运输空白发票的审批’。现就行政审批项目取消后有关普通发票管理问题明确如下：一、普通发票领购审核问题。二、建立收支粘贴簿、进销货登记簿或者使用税控装置问题。三、拆本使用发票问题。四、使用计算机开具发票问题，跨规定的使用区域携带、邮寄、运输空白发票的问题。”

国税函［2007］868号《国家税务总局关于发票核定和最高开票限额审批有关问题的批复》(2007年8月24日)：“根据《国家税务总局关于印发〈税控收款机管理系统业务操作规程〉的通知》(国税发［2005］126号）规定，对发票核定和税控收款机用户最高开票限额的最终审批确认，需要由主管局长进行审批。考虑到北京市地税局基层税务机关税控收款机税控发票核定和最高开票限额审核工作量较大、全部审核工作由主管局长进行审批难以实施操作的实际情况，同意你局的意见，即在为纳税人办理发票核定和最高开票限额的审批时，可由主管局长授权，经基层税务所审查后，由基层税务所所长签字并加盖所章，做出审批决定。在税控发票核定和审批权限下放的同时，要严格把好发票使用量、票表比对、纳税评估等项管理工作，确保以票控税落到实处。”

国税函［2007］918号《国家税务总局关于下放增值税专用发票最高开票限额审批权限的通知》(2007年8月28日)：“经研究，税务总局决定下放专用发票最高开票限额审批权限。现将有关问题通知如下：一、自2007年9月1日起，原省、地市税务机关的增值税一般纳税人专用发票最高开票限额审批权限下放至区县税务机关。地市税务机关对此项工作要进行监督检查。二、区县税务机关对纳税人申请的专用发票最高开票限额要严格审核，根据企业生产经营和产品销售的实际情况进行审批，既要控制发票数量以利于加强管理，又要保证纳税人生产经营的正常需要。三、区县税务机关应结合本地实际情况，从加强发票管理和方便纳税人的要求出发，采取有效措施，合理简化程序、办理专用发票最高开票限额审批手续。四、专用发票最高开票限额审批权限下放和手续简化后，各地税务机关要严格按照‘以票控税、网络比对、税源监控、综合管理’的要求，落实各项管理措施，通过纳税申报‘一窗式’管理、发票交叉稽核、异常发票检查以及纳税评估等日常管理手段，切实加强征管，做好增值税管理工作。”

国税发［2008］33 号关于印发《增值税专用发票审核检查操作规程（试行）》的通知：“为进一步加强增值税专用发票管理，规范异常增值税专用发票审核检查工作，税务总局制定了《增值税专用发票审核检查操作规程（试行）》，现印发给你们，自 2008 年 4 月 1 日起施行。附件：审核检查工作底稿、增值税抵扣凭证委托审核检查函、增值税抵扣凭证审核检查回复函、增值税抵扣凭证审核检查移交清单。”

国税函［2008］229 号《国家税务总局关于推广增值税专用发票审核检查子系统的通知》。

国税函［2008］607 号《国家税务总局关于失控增值税专用发票处理的批复》：购买方主管税务机关对认证发现的失控发票，应按照规定交稽查部门协查。属于销售方已申报纳税、其主管税务机关出具书面证明、通过协查系统回复的，可作为抵扣凭证。

国税发［2008］51 号《国家税务总局关于印发〈增值税抵扣凭证协查管理办法〉的通知》：规范增值税抵扣凭证税收违法案件的协查工作，修订和整合以往有关文件。

国税发［2008］12 号《关于开展打击制售假发票和非法代开发票专项整治行动的通知》。

国税发［2008］40 号《关于开展打击制售假发票和非法代开发票专项整治行动有关问题的通知》。

国税发［2008］80 号：在日常检查中发现纳税人使用不符合规定发票特别是没有填开付款方全称的发票，不得允许纳税人用于税前扣除、抵扣税款、出口退税和财务报销。

国税发［2008］88 号：加强费用扣除项目管理，防止个人和家庭费用混同生产经营费用扣除。利用个人所得税和社会保险费征管、劳动用工合同等信息，比对分析工资支出扣除数额。加大大额业务招待费和大额会议费支出核实力度。对广告费和业务宣传费、长期股权投资损失、亏损弥补等跨年度扣除项目，实行台账管理。加强发票核实工作，不符合规定的发票不得作为税前扣除凭据。

国税发［2008］122 号《国家税务总局关于印发服务贸易等项目对外支付出具税务证明管理办法的通知》：境内机构和个人对外支付前，应当分别向主管国税机关和主管地税机关申请办理《服务贸易、收益、经常转移和部分资本项目对外支付税务证明》。境内机构和个人在申请办理《税务证明》时，应当首先向主管国税机关提出申请，在取得主管国税机关出具的《税务证明》后，再向主管地税机关提出申请。

汇发［2008］8 号国家外汇管理局　国家税务总局关于试行服务贸易对外支付税务

备案有关问题的通知。

国税函［2008］258 号国家税务总局关于服务贸易对外支付税收征管有关问题的补充通知。

国税函［2008］219 号国家税务总局关于服务贸易对外支付税收征管有关问题的通知。

国税函［2009］617 号《国家税务总局关于调整增值税扣税凭证抵扣期限有关问题的通知》（成文日期：2009 年 11 月 9 日）："一、增值税一般纳税人取得 2010 年 1 月 1 日以后开具的增值税专用发票、公路内河货物运输业统一发票和机动车销售统一发票，应在开具之日起 180 日内到税务机关办理认证，并在认证通过的次月申报期内，向主管税务机关申报抵扣进项税额。二、实行海关进口增值税专用缴款书（以下简称海关缴款书）'先比对后抵扣'管理办法的增值税一般纳税人取得 2010 年 1 月 1 日以后开具的海关缴款书，应在开具之日起 180 日内向主管税务机关报送《海关完税凭证抵扣清单》（包括纸质资料和电子数据）申请稽核比对。未实行海关缴款书'先比对后抵扣'管理办法的增值税一般纳税人取得 2010 年 1 月 1 日以后开具的海关缴款书，应在开具之日起 180 日后的第一个纳税申报期结束以前，向主管税务机关申报抵扣进项税额。三、增值税一般纳税人取得 2010 年 1 月 1 日以后开具的增值税专用发票、公路内河货物运输业统一发票、机动车销售统一发票以及海关缴款书，未在规定期限内到税务机关办理认证、申报抵扣或者申请稽核比对的，不得作为合法的增值税扣税凭证，不得计算进项税额抵扣。四、增值税一般纳税人丢失已开具的增值税专用发票，应在本通知第一条规定期限内，按照《国家税务总局关于修订〈增值税专用发票使用规定〉的通知》（国税发［2006］156 号）第二十八条及相关规定办理。增值税一般纳税人丢失海关缴款书，应在本通知第二条规定期限内，凭报关地海关出具的相关已完税证明，向主管税务机关提出抵扣申请。主管税务机关受理申请后，应当进行审核，并将纳税人提供的海关缴款书电子数据纳入稽核系统进行比对。稽核比对无误后，方可允许计算进项税额抵扣。五、本通知自 2010 年 1 月 1 日起执行。纳税人取得 2009 年 12 月 31 日以前开具的增值税扣税凭证，仍按原规定执行。《国家税务总局关于增值税一般纳税人取得防伪税控系统开具的增值税专用发票进项税额抵扣问题的通知》（国税发［2003］17 号）第一条、《国家税务总局关于加强货物运输业税收征收管理的通知》（国税发［2003］121 号）附件 2《运输发票增值税抵扣管理试行办法》第五条、《国家税务总局关于加强货物运输业税收征收管理有关问题的通知》（国税发明电［2003］55 号）第十条、《国家税务总局关于加强海关进口增值税专用缴款书和废旧物资发票管理有关问题的通知》（国税函［2004］128 号）附件 1《海关进口增值税专用缴款书稽核办法》第三条、《国家税务总局关于货物运输业若干税收问题的通知》（国税发［2004］88 号）第十条第（三）款、《国家税务总局关于增值税一般纳税人取得海关进口增值税专用缴款书抵扣进项税额问题的通知》（国税发［2004］148 号）第二条、第三条、第四条、《国家税务总局关于推行机动车销售统一发票税控系统有关工作的紧急通知》（国税发［2008］117 号）第五条、《国家税务总局关于部分地区试行海关。"

国税发［2006］128号《不动产、建筑业营业税项目管理及发票使用管理暂行办法》。

国税函［2009］630号《国家税务总局关于进一步落实不动产、建筑业营业税项目管理及发票使用管理办法的通知》（成文日期：2009年11月16日）："建筑业、房地产业是营业税的重点税源行业。为加强两个行业营业税征收管理，总局下发了《国家税务总局关于印发〈不动产、建筑业营业税项目管理及发票使用管理暂行办法〉的通知》（国税发［2006］128号），并按照'以票控税、网络比对、税源监控、综合管理'的要求，统一开发了建筑业、房地产业营业税项目管理软件。为深入贯彻中央经济工作会议关于'依法加强税收征管，做到应收尽收'的要求，加强建筑业、房地产业两个重点税源行业的营业税征收管理，不断提高税收征管质量和效率，保证营业税收入的持续稳定增长，总局要求各地税务机关要认真贯彻落实国税发［2006］128号文件要求，继续深入推进不动产、建筑业营业税项目管理及发票使用管理办法，2011年年底前所有地区必须将不动产、建筑业营业税项目管理及发票使用管理办法落实到位。总局将在适当的时候组织检查落实情况，并适时进行督导，以保证办法落实到位。"

国税发［2009］142号国家税务总局关于印发《全国普通发票简并票种统一式样工作实施方案》的通知（成文日期：2009年9月30日）。

国税函［2009］648号《国家税务总局关于全国统一式样发票衔接问题的通知》（成文日期：2009年11月23日）。

企便函［2009］33号国家税务总局关于2009年度税收自查有关政策问题的函（2009年9月4日）："（十四）企业与其他企业或个人共用水、电，无法取得水、电发票的，应以双方的租用合同、电力和供水公司出具给出租方的原始水、电发票或复印件、经双方确认的用水、电量分割单等凭证，据实进行税前扣除。"

## 四、税收减免管理办法

国税发［2005］129号文关于印发《税收减免管理办法（试行）》的通知："第四条　减免税分为报批类减免税和备案类减免税。""第十条　纳税人可以向主管税务机关申请减免税，也可以直接向有权审批的税务机关申请。""第十一条　（三）申请的减免税材料不齐全或者不符合法定形式的，应在5个工作日内一次告知纳税人需要补正的全部内容。"

国税发［2008］111号《关于企业所得税减免税管理问题的通知》："一、企业所得税的各类减免税应按照《国家税务总局关于印发〈税收减免管理办法（试行）〉的通知》（国税发［2005］129号）的相关规定办理。国税发［2005］129号文件规定与《中华人民共和国企业所得税法》及其实施条例规定不一致的，按《中华人民共和国企业所得税法》及其实施条例的规定执行。二、企业所得税减免税实行审批管理的，必须是《中华人民共和国企业所得税法》及其实施条例等法律法规和国务院明确规定需要审批的内容。对列入备案管理的企业所得税减免的范围、方式，由各省、自治区、直辖市和计划单列市国家税务局、地方税务局（企业所得税管理部门）自行研究确定，但同一省、自治区、直辖市和计划单列市范围内必须一致。三、企业所得税减免税期限超过一个纳税年度的，主管税务机关可以进行一次性确认，但每年必须对相关减免税条件进行审核，对情况变化导致不符合减免税条件的，应停止享受减免税政策。四、企业所得税减免税有资质认定要求的，纳税人须先取得有关资质认定，税务部门在办理减免税手续时，可进一步简化手续，具体认定方式由各省、自治区、直辖市和计划单列市国家税务局、地方税务局研究确定。五、对各类企业所得税减免税管理，税务机关应本着精简、高效、便利的原则，方便纳税人，减少报送资料，简化手续。六、本通知自2008年1月1日起执行。"

国税发［2008］73号《关于坚持依法治税　严格减免税管理的通知》（2008年7月17日）。

国税发［2008］112号《关于加大监督检查力度　切实维护税收秩序的通知》。

国税函［2009］211号《国家税务总局关于加强税法宣传、密切与社会各界沟通的通知》（成文日期：2009年4月24日）："一、深入开展面向纳税人的税法宣传。二、加强与社会各界的沟通与交流。三、自觉接受各级人大和政协的监督。"

国税发［2009］85号《国家税务总局关于加强税种征管促进堵漏增收的若干意见》（成文日期：2009年4月29日）。

## 五、企业所得税汇算清缴管理办法

国税发［2005］200号《企业所得税汇算清缴管理办法》："第二条　企业所得税汇算清缴，是指纳税人在纳税年度终了后4个月内，依照税收法律、法规、规章及其他有关企业所得税的规定，自行计算全年应纳税所得额和应纳所得税额。""第五条　纳税人12月份或者第4季度的企业所得税预缴纳税申报，应在纳税年度终了后15日内完成。""第十一条　纳税人在规定的年度纳税申报期内，发现纳税申报有误的，可在年度纳税申报期内重新办理纳税申报。""第十三条　纳税人补缴税款确因特殊困难需延期缴纳的，按征管法及其实施细则的有关规定办理。"

国税发［2007］10号关于印发《企业所得税汇算清缴纳税申报鉴证业务准则（试行）》的通知（2007年2月2日）。

国税函［2008］85号《国家税务总局关于做好2007年度内外资企业所得税汇算清缴工作的通知》（成文日期：2008年1月29日）。

国税函［2008］264号《国家税务总局关于做好2007年度企业所得税汇算清缴工作的补充通知》（成文日期：2008年3月24日）。

国税发［2009］79号国家税务总局关于印发《企业所得税汇算清缴管理办法》的通知（成文日期：2009年4月16日）："第二条　企业所得税汇算清缴，是指纳税人自纳税年度终了之日起5个月内或实际经营终止之日起60日内。""第五条　纳税人12月份或者第4季度的企业所得税预缴纳税申报，应在纳税年度终了后15日内完成，预缴申报后进行当年企业所得税汇算清缴。”“第十条　纳税人在汇算清缴期内发现当年企业所得税申报有误的，可在汇算清缴期内重新办理企业所得税年度纳税申报。”“第二十条　主管税务机关受理纳税人年度纳税申报后，应对纳税人年度纳税申报表的逻辑性和有关资料的完整性、准确性进行审核。”

国税函［2009］34号《国家税务总局关于加强企业所得税预缴工作的通知》（成文日期：2009年1月20日）：原则上各地企业所得税年度预缴税款占当年企业所得税入库税款（预缴数+汇算清缴数）应不少于70%。

国税发［2008］101号国家税务总局关于印发《中华人民共和国企业所得税年度纳税申报表》的通知（成文日期：2008年10月30日）。

国税函［2008］1081号国家税务总局关于《中华人民共和国企业所得税年度纳税申报表》的补充通知（成文日期：2008年12月31日）：国税发［2008］101号附件2“中华人民共和国企业所得税年度纳税申报表及附表填报说明”作废，以本补充通知附件为准。

国税函［2009］55号《国家税务总局关于做好2008年度企业所得税汇算清缴工作的通知》（成文日期：2009年2月6日）。

国税函［2009］134号《关于做好2008年度企业所得税汇算清缴工作的补充通知》（成文日期：2009年3月17日）。

国税函［2009］286号《国家税务总局关于2008年度企业所得税纳税申报有关问题的通知》（成文日期：2009年5月31日）。

国税发［2009］3号《国家税务总局关于印发〈非居民企业所得税源泉扣缴管理暂行办法〉的通知》（成文日期：2009年1月9日）。

国税发［2009］6号《国家税务总局关于印发〈非居民企业所得税汇算清缴管理办法〉的通知》（成文日期：2009年1月22日）。

国税发［2009］11号《国家税务总局关于印发〈非居民企业所得税汇算清缴工作规程〉的通知》（成文日期：2009年2月9日）。

国税函［2009］50号《国家税务总局关于明确非居民企业所得税征管范围的补充通知》（成文日期：2009年1月23日）。

国税函［2009］698号《国家税务总局关于加强非居民企业股权转让所得企业所得税管理的通知》（成文日期：2009年12月10日）。

## 六、企业财产损失所得税前扣除管理办法

主要税收政策：

国税发［1997］190号（废止）。

国税函［2000］579号。

国家税务总局第13号令《企业财产损失所得税前扣除管理办法》，2005年8月9日下发，自2005年9月1日起施行。明确了税前扣除财产损失的审批，财产损失认定

的证据，货币资产损失的认定，非货币性资产损失的认定，资产永久或实质性损害的认定，资产评估损失的认定、其他特殊财产损失的认定以及责任。

国税发［2007］9号关于印发《企业财产损失所得税税前扣除鉴证业务准则（试行)》的通知。

财税［2009］57号《关于企业资产损失税前扣除政策的通知》（成文日期：2009年4月16日)。

国税发［2009］88号关于印发《企业资产损失税前扣除管理办法》的通知（成文日期：2009年5月4日)。

国税函［2009］772号《国家税务总局关于企业以前年度未扣除资产损失企业所得税处理问题的通知》(成文日期：2009年12月31日)：根据《国家税务总局关于印发〈企业资产损失税前扣除管理办法〉的通知》（国税发［2009］88号）第三条规定的精神，企业以前年度（包括2008年度新企业所得税法实施以前年度）发生，按当时企业所得税有关规定符合资产损失确认条件的损失，在当年因为各种原因未能扣除的，不能结转在以后年度扣除；可以按照《中华人民共和国企业所得税法》和《中华人民共和国税收征收管理法》的有关规定，追补确认在该项资产损失发生的年度扣除，而不能改变该项资产损失发生的所属年度。企业因以前年度资产损失未在税前扣除而多缴纳的企业所得税税款，可在审批确认年度企业所得税应纳税款中予以抵缴，抵缴不足的，可以在以后年度递延抵缴。企业资产损失发生年度扣除追补确认的损失后如出现亏损，首先应调整资产损失发生年度的亏损额，然后按弥补亏损的原则计算以后年度多缴的企业所得税税款，并按前款办法进行税务处理。

## 七、税务行政审批项目的政策及其变更

《中华人民共和国行政许可法》于2004年7月1日起开始施行后，国务院发布了三批关于取消和调整行政审批项目的决定，第一批文件：国发［2002］24号；第二批文件：国发［2003］5号；第三批：文件国发［2004］16号。

取消行政审批项目中与税务有关的相关文件较多，包括国税发［2004］80号、国税发［2004］82号、国税发［2003］127号、国税发［2003］70号、国税发［2003］28号、国税函［2004］817号、824号、825号、826号、827号、839号、884号、963号等，需要动态关注和掌握。

保留非行政审批项目（国发［2004］62号)：企业集中提取技术开发费的审批；经国务院批准成立的企业集团合并缴纳企业所得税审批；企业在缴纳企业所得税前扣除财产损失审批；纳税人按规定支付给总机构的与生产、经营有关的管理费税前扣除审批；企业跨地区改组、分立、合并中整体资产置换的税收待遇确认；西部地区企业享受税收优惠政策审批。

国发［2007］33号《国务院关于第四批取消和调整行政审批项目的决定》：国务院决定第四批取消和调整186项行政审批项目。其中，取消的行政审批项目128项，调

整的行政审批项目58项（下放管理层级29项、改变实施部门8项、合并同类事项21项）。另有7项拟取消或者调整的行政审批项目是由有关法律设立的，国务院将依照法定程序提请全国人大常委会审议修订相关法律规定。

国税函［2007］1077号国家税务总局关于清理简并纳税人报送涉税资料有关问题的通知。

国税发［2008］8号《国家税务总局关于发布已失效或废止的税收规范性文件目录（第二批）的通知》（2008年1月17日）：税务总局对2005年1月1日至2006年12月31日发布的税收规范性文件及前期清理工作中尚未得到清理的税收规范性文件进行了全面清理，全文已失效或废止的税收规范性文件33件、部分已失效或废止的税收规范性文件3件。

财综［2008］78号《关于公布取消和停止征收100项行政事业性收费项目的通知》（2008年11月13日）。

国税发［2008］56号《国家税务总局关于国务院第四批取消和调整行政审批项目后涉及简并纳税人涉税资料业务操作处理办法的通知》。

财税［2009］138号《财政部　国家税务总局关于发布部分到期停止执行税收规范性文件的通知》（成文日期：2009年12月7日）。

### 八、检举纳税人税收违法行为奖励暂行办法

《检举纳税人税收违法行为奖励暂行办法》国家税务总局　财政部令第18号，自2007年3月1日起施行。

重点关注条款：

第三条　对单位和个人实名向税务机关检举税收违法行为并经查实的，税务机关根据其贡献大小依照本办法给予奖励。但有下列情形之一的，不予奖励。

第十四条　检举税收违法行为的检举人，可以向税务机关申请检举奖金。检举奖金由负责查处税收违法行为的税务机关支付。

## 第二节　纳税遵从观下企业加强税收管理的对策

党的十六届四中全会通过的关于加强党的执政能力建设的决定，提出了构建“和谐社会”的执政理念，这是我们党对社会主义建设规律认识的新深化，体现了时代的发展要求和新时期社会主义建设的新思路。胡锦涛同志指出了现阶段我们对社会主义和谐社会的认识：“我们所要建设的和谐社会，应该是民主法制、公平争议、诚信友爱、充满活力、安然有序、人与自然和谐相处的社会”。在构建和谐社会的环境下，对税务工作来讲，就是要遵循税收法治、税负公平、执法公正、诚信纳税、优质服务的原则，

构建和谐征纳关系，实现“依法诚信纳税，共建和谐社会”。

要实现“依法诚信纳税，共建和谐社会”，提高纳税遵从度，从国家来说，一是要深化税制改革，构造宽税基、少税种、低税率、少减免的税制结构，降低税种的遵从成本，为纳税遵从打造一个公平的制度平台；二是要强化纳税人权利，完善纳税服务体系，促进纳税遵从；三是要建立完整的监督程序制度和责任追究制度，提高执法水平，约束过大的自由裁量权，遏制征税人违纪违规；四是要构建有效的税务稽查机制和税务处罚机制，加大纳税人不遵从的成本。

为适应这种新形势，企业应树立纳税遵从意识，重视企业日常税务管理工作。实现较高的纳税遵从必须基于三个条件：一是纳税人对国家税法有一个全面准确的了解，对企业税收管理环节以及应承担的纳税义务做到心中有数；二是纳税人对税法的合法性与合理性有正确的认识，纳税人的价值追求与税法的价值目标相一致；三是能够意识到采取违法、非法等手段偷逃税款会给自己带来很大的纳税风险。

## 一、企业税收管理主要环节

企业税收管理主要环节包括纳税登记管理、账簿凭证及发票管理、纳税申报管理、税款缴纳管理、迎接税务检查（稽查）管理。

### （一）纳税登记管理

纳税登记管理包括开业、变更、注销、停业、复业登记，外出经营报验登记。

### （二）账簿凭证及发票管理

1. 账簿、凭证管理：账证设置的管理、对财务会计制度的管理、账证表保管。
2. 发票管理：领购，开具、使用、取得管理，保管，缴销管理。
3. 税控管理：推广使用税控装置。

### （三）纳税申报管理

纳税申报管理包括日常纳税申报和年度企业所得税汇算清缴，纳税申报又包括纳税申报的内容、期限、方式，纳税申报的要求与延期申报管理。

### （四）税款缴纳管理

税款缴纳管理包括代扣代缴税款、延期缴纳税款、税收滞纳金、减免税收、税款的退还、税款入库管理。

### （五）迎接税务检查（稽查）管理

包括了解税务检查形式（重点检查、分类计划检查、集中性检查、临时性检查、专项检查）；掌握税务检查的职责权限（税务检查权、税务行政强制权、税务行政处理、处罚权）和税务行政处罚（追缴税款、加收滞纳金、处以罚款、没收非法所得以及依法移送追究刑事责任）、税务行政复议、税务行政诉讼等。

## 二、企业加强税收管理对策

纳税遵从观下企业税收管理目标是防范企业税务风险，在此目标下，企业税收管理可以划分为四个层次：第一个层次是熟悉税法；第二个层次是查找政策的缺陷或者政策模糊的条款；第三个层次是用足会计与税法的差异；第四个层次是向国家税务总局争取有利的专项税收政策。因此，对企业而言，围绕税收管理环节，相应需要做好发票管理、涉税会计处理、报表纳税评估、纳税申报等方面工作：

在“依法诚信纳税，共建和谐社会”的大环境下，面对纳税筹划风险，企业纳税筹划应树立合法性、择优性、超前性原则的理念，提高纳税遵从度，积极采取有效措施防范和控制风险，使风险产生的不利影响降到最低程度。

### （一）强化以人为本的工作思路，重视人才培养

税收法规、政策在一定时期内有其一定的适用性、相对的规范性和严密性。税收筹划是一项系统性很强的工作，涉及到法律，统计、财务、会计、设备等综合知识，需要有一批既精通财务、会计、统计等专业知识，又掌握法律、管理等方面知识，并且能熟练运用计算机的高素质复合型专业人才。要通过开办各种税务知识培训班，选送优秀人才进行专业深造等多途径、全方位的活动，在企业内部建立一支业务过硬、层次分明、结构合理的纳税筹划队伍。企业纳税筹划人员要精通国家的税法及税收相关法律，熟悉现行有利于企业经营、发展的税收政策，明确节税活动的筹划点，按照税收政策导向安排自己的经营项目、经营规划等，必须熟悉企业自身的经营状况，给企业自身的纳税筹划进行一个准确定位，最大限度地利用税收法规中对自己有利的条款，为企业带来“节税”效果，使企业的价值达到最大化。

### （二）建立稳定获得税收政策信息的渠道，动态掌握税收政策及变化

纳税人只有在熟练掌握税收政策的前提下，才能强化纳税意识，实现纳税遵从。税收政策是基础，及时获得和掌握税收政策，可以防止政策信息不对称，可以最大限度保护自己的合法权益。目前，我国税收政策数量多、时间跨度长、内容上有覆盖性，需要企业专门安排专业税务管理人员认真学习和梳理。了解税收政策的途径较多，可以上网查找，如上国家税务总局的网站查找，可以拨打税务服务电话12366查询，也可以通过订阅财税政策公报类期刊获取财税政策，还可以充分利用社会资源，不定期派员参加税务培训学习，听取立法者、专家和学者的辅导讲座，加深对政策的理解等。企业专业税务管理人员通过这些渠道，动态了解并掌握同一税种政策的变化趋势和关于同一涉税事项税收政策的变化内容，正确理解具体税收政策的精神和要义，以便依法处理涉税事项，正确履行纳税义务。例如，自2009年1月1日起施行的《中华人民共和国营业税

暂行条例》(国务院令第540号)及《营业税暂行条例实施细则》(财政部、国家税务总局第52号令),较之以前,营业税政策发生了九大变化:境外劳务征免税变化、承包人、分支机构纳税人的变化、金融业纳税人范围变化、建安企业计税依据变化、代收费用征免税范围变化、明确差额扣税凭证、纳税义务发生时间变化、起征点调整变化、外出经营纳税地点变化。其中,承包人、分支机构纳税人的变化、建安企业计税依据变化、外出经营纳税地点变化等与企业密切相关,企业相关人员应该及时掌握政策变化并正确运用。

### (三)加强协同配合,建立以发票、合同、资金和库存为链条的涉税管理制度

纳税筹划是企业在不违背税收政策的前提下合理的筹划与安排,需要企业各部门共同配合才能实现。有人认为,税收上出现问题那是财务的事。实际上,财务部门所做的一切工作,是以业务部门的业务过程为依据。税收是业务部门产生的,财务只是个核算和缴税的环节。如果业务部门不按照税法的规定去做业务、签合同等出现了问题或产生了税收结果之后,让财务来解决、来处理,这只能是事后的过程,财务只能通过做账,来掩盖前面的业务过程,以达到少缴税的目的,就会产生税收风险。企业根据经营活动特点,结合业务流程,加强企业各部门的配合,建立和健全以发票、合同、资金和库存为链条的管理制度,系统地处理好相关业务,若只管单一环节,割裂其他环节,则税务风险较大。如加强发票管理方面,必须取得合法和有效凭证,具体为国税部门监制的发票、地税部门监制的发票、发票管理办法授权的企业自制票据(如银行利息单、机票、工资表)、财政部门行政事业性收费收据(如土地出让金)以及境外合法机构有效凭证(如外汇付款凭证、对方收汇凭证、相关协议、中介机构鉴证报告)等。

### (四)统筹兼顾,开展纳税筹划

在正确认识企业税收管理的特点和深入理解相关政策的基础上,合理地进行税收筹划,对于提高企业利润水平和竞争能力具有重要的现实意义。企业开展纳税筹划必须统筹兼顾、合理安排,加强企业间、集团公司内部成员企业间交流,实现信息共享。一是充分利用税收优惠政策,主要包括争取企业被认定为高新技术企业、企业技术中心被认定为省级、国家级企业技术中心、做好研发支出的筹划和“四技收入”的筹划、利用好专项设备抵免企业所得税、产品出口退税、地方政府扶持企业发展奖励等政策。二是在遵循市场经济的交易规则和价值规律的基础上,有效发挥集团优势,合理规划主业及其相关的物资供应、机械租赁、机械制造、劳务供应等产业链,努力降低集团整体税负。三是做好企业生产经营过程中的税收筹划,要充分利用这个过程中涉及到合同的签订、设备的安排和使用、关联(合作)方交易等诸多环节的税收筹划的空间,包括混合销售行为、合同签订的筹划、固定资产折旧的筹划、境外承包工程的筹划;充分利用企业跨地域经营的特点,争取地方财政扶持企业发展奖励基金;妥善处理与所在地税务部门对地方税费的分歧,维护企业利益。四是统筹做好企业组建、筹资、投资过程的纳税筹划,谋求企业利益最大化方案。

## （五）提高涉税会计处理能力，把好纳税申报关

纳税筹划与会计具有天然的联系，高质量的会计信息是纳税筹划的基础。如果企业会计基础工作不规范，会计控制制度不完善，有可能增加企业的税收负担。比如，在生产过程不能按规定取得发票、以收据代替发票、取得不规范的发票等，税务机关可能将其认定为白条而要求企业调增应纳税所得额；当年发生的成本费用不能及时列销而计入下一纳税年度，税务机关可能认定其不属于本年度经营活动支出，不允许在税前扣除；不能够及时与提供劳务单位进行工程价款结算，账面存在大量预提费用，税务机关可能认定企业在随意调节利润，要求企业进行纳税调整。企业财务人员应具有扎实的会计专业功底，在掌握税法和会计核算规定的基础上，洞悉税法规定与会计处理的差异。一方面，加强涉税会计处理，提高涉税会计处理能力；另一方面，每期正确地填写纳税申报表，按时进行纳税申报，登记好相关的涉税台账，在日常业务工作中把好纳税申报关，进而按规定缴纳税款。

## （六）建立企业内部税务审计检查制度，做好自查自纠及整改工作

企业，尤其是集团型企业（因业务领域涉及税收政策较多）、投资型企业（对被投资企业风险控制的内在需求）、财务核算基础工作薄弱的企业，应建立企业内部税务审计检查制度，注重收集行业参考数据信息，参照《纳税评估办法》，加强企业内部税务评估，分析以会计报表为主的财务资料隐含的税务风险，确保数据及勾稽关系合理，发现的问题理由充分，做好自查自纠及整改工作。企业税收自查包括日常纳税自查、专项稽查前的纳税自查和汇算清缴中的纳税自查。纳税人在日常纳税自查时，应自查税务登记情况，发票领购、使用、保存情况，纳税申报、税款缴纳情况，财务会计资料及其他其关涉税情况等。税务机关实施专项稽查，一般采取责成纳税人自查和税务机关重点稽查相结合的形式。凡属于责成自查对象的纳税人均应在规定的自查期限内，根据税务机关制定的自查提纲、自查内容，以税收法律法规为依据，认真进行自查，填写《责成自查报告表》。纳税人可通过阅读税法公告、税法资料，参加税法辅导、培训，向税务机关咨询等方式，了解、掌握所涉及税收的政策，并在规定的时间内完成汇算清缴的纳税自查。

总之，企业应加强财务管理基础工作，重视对影响税收筹划的各种因素进行全面并尽可能准确的分析预测，充分掌握相关信息及其变动趋势，以减少或控制风险的发生，尽可能提高纳税筹划成功率。企业应该自主选择纳税遵从，依法准确履行纳税义务，提升企业的抗税务风险能力，将企业的税收违章违法行为降低到最低限度。

# 税 费 核 算

在我国综合经济管理体系中，会计核算和税收征管是性质不同但相互关系极其密切的两大管理系统。应交税费的核算是企业常见的业务之一，涉及企业会计准则以及相关税收法规等。

本书按照税法规定计算应交纳的各种税费，包括增值税、消费税、营业税、所得税、资源税、土地增值税、城市维护建设税、房产税、土地使用税、车船使用税、矿产资源补偿费、与税费相关的地方性收费项目等。涉及的会计科目"应交税费"、"营业税金及附加"、"所得税费用"等。在"应交税费"下按税种设置以下二级科目，01 应交增值税、02 未交增值税、03 应交营业税、04 应交消费税、05 应交资源税、06 应交所得税、07 应交土地增值税、08 应交城市维护建设税、09 应交房产税、10 应交土地使用税、11 应交车船使用税、12 应交个人所得税、13 教育费附加、14 土地（矿产）资源补偿费、15 其他税费。

## 第一节 一般税费项目的核算

因"应交税费"科目核算内容较多，下面简介常见税费项目的核算，重点介绍增值税、企业所得税的处理与核算，并举例说明。

### 一、常见税费项目核算一般业务处理

1. 企业计提消费税、营业税、资源税、城市维护建设税、教育费附加等时，会计分录如下：

借：营业税金及附加

　　贷：应交税费——消费税（营业税、资源税、城市维护建设税、教育费附加等）

2. 企业按规定计提房产税、土地使用税、车船使用税、土地（矿产）资源补偿费等时，会计分录如下：

借：管理费用

　　贷：应交税费——应交房产税（土地使用税、车船使用税、土地/矿产资源补偿费等）

上述1—2项附件：税费计算单。

3. 企业代扣代交的个人所得税等，也通过本科目核算。

借：应付职工薪酬

　　贷：应交税费——应缴个人所得税

附件：工资表及个税扣缴计算单。

4. 实际缴纳计提的税款时，会计分录如下：

借：应交税费——消费税（营业税……）

　　贷：银行存款

附件：纳税申报表、税票、银行支付单据。

5. 企业不需要预先计算缴纳的税金，如印花税、耕地占用税等，不在本科目核算。

## 二、"应交税费——应交营业税"的核算

1. 销售不动产。应交营业税，会计分录如下：

借：固定资产清理

　　贷：应交税费——应交营业税

附件：应交营业税计算单。

2. 出售无形资产。应交营业税，列营业外收支，会计分录如下：

出售（所有权）

借：银行存款

　　无形资产减值准备

　　累计摊销

　　营业外支出（损失）

　　贷：无形资产

　　　　应交税费——营业税

　　　　营业外收入（收益）

3. 转让（出租）无形资产使用权。应交营业税，会计分录如下：

出租（使用权）

借：银行存款

贷：其他业务收入

借：营业税金及附加

贷：累计摊销

应交税费——营业税（城建税、教育费附加等）

4. 应交营业税劳务。金融企业、服务行业、交通运输业、建筑安装业、房地产企业等。

按规定计算应交营业税时，会计分录如下：

借：营业税金及附加

贷：应交税费——应交营业税（城建税、教育费附加等）

附件：税费计算单。

实际缴纳时，会计分录如下：

借：应交税费——应交营业税（城建税、教育费附加等）

贷：银行存款

附件：纳税申报表、税票、银行支付单据。

## 三、"应交税费——应交消费税"的核算

1. 销售应税消费品。

借：营业税金及附加

贷：应交税金——应交消费税

2. 将应税消费品用于工程项目或对外投资（视同销售中的应税销售）。

借：在建工程（长期股权投资）

贷：库存商品

应交税金——应交增值税（销项税额）

应交税金——应交消费税

## 四、"应交税费——应交土地增值税"的核算

企业转让土地使用权应交的土地增值税，区别土地使用权的核算科目而处理：

1. 土地使用权与地上建筑物及其附着物一并在"固定资产"等科目核算的，会计分录为：

借：固定资产清理

贷：应交税费——应交土地增值税

2. 土地使用权在"无形资产"核算的，会计分录：

借：银行存款

累计摊销（摊销的无形资产金额）

无形资产减值准备（计提的无形资产减值准备）

营业外支出（差额）

贷：无形资产

应交税费——应交土地增值税

借：银行存款

累计摊销（摊销的无形资产金额）

无形资产减值准备（计提的无形资产减值准备）

贷：无形资产

应交税费——应交土地增值税

营业外收入（差额）

## 第二节　增值税的核算

“应交税费——应交增值税”和“应交税费——未交增值税”的核算：

“应交税费——应交增值税”科目是所有会计科目中反映信息量最大的科目之一，这里重点介绍视同销售等几个方面增值税的核算。

### 一、小规模纳税人的增值税核算

小规模纳税人只需要设置“应交增值税”明细科目，不需要设置三级科目。小规模纳税人进货环节缴纳增值税一律进成本。

### 二、一般纳税人的增值税核算

一般纳税人需在“应交税费”科目下设置“01 应交增值税”和“02 未交增值税”科目。

在“01 应交增值税”下，设置以下三级明细科目：“01 进项税额”、“02 已交税金”、“03 转出未交增值税”、“04 减免税款”、“05 销项税额”、“06 出口退税”、“07 进项税额转出”、“08 出口抵减内销产品应纳税额”、“09 转出多交增值税”。

#### （一）“进项税额”核算

一般纳税人进项税额抵扣凭证：专用发票、完税凭证、购进农产品和废旧物资的收购凭证、运费结算单。

1. 一般纳税人进货环节缴纳的进项税，能否抵扣，看对方是否提供专用发票。进口货物增值税交海关，由海关开具完税凭证。

2. 收购农产品和废旧货物。以收购价格直接乘抵扣率作进项税额，剩余部分作为购货成本。

3. 运费。按运费结算单中的运费总额乘以7%作为进项税额，另93%作为购货成本。

不予抵扣的项目：购进固定资产的增值税进固定资产成本；购进工程物资的增值税进工程物资成本；工程领用原材料，原材料的增值税，作为进项税额转出进工程成本；集体福利领用原材料，作为进项税额转出进福利项目成本；原材料发生非常灾害，原材料进项税额和成本同时进“待处理财产损溢”。日常核算中，应区分：购进时即认定，直接计入购货或者劳务成本；购进时不能直接认定的，先进入进项税额，认定的确不能抵扣时再转入“在建工程”、“应付职工薪酬”、“待处理财产损溢”等科目。

注意：产品发生非常损失的处理，只有产成品耗用的原材料部分才能有进项税额转出。

**（二）“销项税额”核算**

在销货环节，根据销货金额开具“增值税专用发票”，将主营业务收入和销项税额分开；若是含税价，则应价税分离，并在“增值税专用发票”上反映。“增值税专用发票”上注明的销项税额，计入“销项税额”核算。

**（三）缴纳税金的会计核算**

缴纳增值税通过“应交税费——应交增值税”和“应交税费——未交增值税”两个科目核算。

1. 当月缴纳本月实现的增值税（例如开具专用缴纳款书预缴税款）时，借记“应交税费——应交增值税（已交税金）”，贷记“银行存款”。

2. 当月上交上月或以前月份实现的增值税时，如常见的申报期申报纳税、补缴以前月份欠税，借记“应交税费——未交增值税”，贷记“银行存款”。

**（四）月份终了的会计核算**

1. 月份终了，企业应将当月发生的应交未交增值税额自“应交增值税”转入“未交增值税”，这样“应交增值税”明细账不出现贷方余额，会计分录为：

借：应交税费——应交增值税（转出未交增值税）

　　贷：应交税费——未交增值税

附件：当月应交未交增值税额计算表。

2. 月份终了，企业将本月多交的增值税自“应交增值税”转入“未交增值税”，即：

借：应交税费——未交增值税

　　贷：应交税费——应交增值税（转出多交增值税）

例4-1，月末，企业进项税100元，销项税300元，已交160元，余40元为应交未交增值税。则：

借：应交税金——应交增值税（已交税额）　160

　　贷：银行存款　160

借：应交税金——应交增值税（转出未交增值税）　40

　　贷：应交税金——未交增值税　40

下月初，必须补交上月未交税金。

借：应交税金——未交增值税　40

　　贷：银行存款　40

例 4－2，月末，企业进项税 100 元，销项税 300 元，已交 250 元。则：

借：应交税金——应交增值税（已交税金）　250

　　贷：银行存款　250

借：应交税金——未交增值税　50

　　贷：应交税金——应交增值税（转出多交）　50

**（五）视同销售销项税额与进项税额转出的会计核算**

所谓视同销售指的是税法上规定的 8 种行为，虽然没有取得销售收入，但应视同销售应税行为，征收增值税。实务中，需弄清标的物三个是否：是否成本结转、产品是否外购、是否转移出企业。

下列行为：（1）将货物交付他人代销，收到代销清单时；（2）销售代销货物；为视同销售行为，会计上作销售处理。

下列行为：（1）将货物从一个分支结构移送至另一个不在同一县市的分支机构；（2）将自产的或委托加工的货物用于非应税项目；（3）将自产、委托加工或购买的货物用于投资；（4）将自产、委托加工的货物用于集体福利和个人消费；（5）将自产、委托加工或购买的货物无偿赠送他人；均为视同销售行为，应确认收入与销项税，同时结转成本。

视同销售的具体会计处理：

借：在建工程

　　长期股权投资

　　应付职工薪酬

　　营业外支出

　　贷：主营业务收入

　　　　其他业务收入

　　　　应交税费——应交增值税（销项税额）

同时，结转存货成本。

例 4－3，企业有一批产品成本 300 万元，计税价 500 万元，增值税税率 17%，现全部用于对外捐赠。对外捐赠时，会计分录为：

借：营业外支出　3000000＋5000000×17%

贷：库存商品 3000000

应交税金——应交增值税（销项税额） 850000（5000000×17%）

所谓增值税进项税额转出，是将那些按税法规定不能抵扣，但购进时已作抵扣的进项税额如数转出，在数额上是一进一出，进出相等。

两者的主要区别在于：视同销售销项税额根据货物增值后的价值计算，其与该项货物进项税额的差额，为应交增值税。进项税额转出则仅仅是将原计入进项税额中不能抵扣的部分转出去，不考虑购进货物的增值情况。

例4-4，甲企业在建工程领用本企业生产的产品一批，该产品成本为200000元，计税价格（公允价值）为300000元；另领用上月购进的原材料一批（已抵扣进项税额），专用发票上注明价款为120000元。该企业适用的增值税税率为17%。

前者属于视同销售，企业可做如下账务处理：

借：在建工程 351000

贷：主营业务收入 300000

应交税费——应交增值税（销项税额） 51000

借：主营业务成本 200000

贷：库存商品 200000

后者属于进项税额转出，企业可做如下账务处理：

借：在建工程 140400

贷：原材料 120000

应交税费——应交增值税（进项税额转出） 20400

**（六）出口货物退免税的会计核算**

按照现行税法的规定，有进出口权的企业出口商品，实行免、抵、退政策。

按照现行会计制度的规定，生产企业免抵退税的会计核算主要涉及到“应交税费——应交增值税”和“其他应收款——出口退税”等科目，其会计处理如下：

1. 货物出口并确认收入实现时，根据出口销售额（FOB价）做如下会计处理：

借：应收账款（或银行存款等）

贷：主营业务收入（或其他业务收入等）

附件：出口销售合同、出库单、发票存根联。

2. 月末根据《免抵退税申报汇总表》中计算出的“免抵退税不予免征和抵扣税额”做如下会计处理：

借：主营业务成本

贷：应交税费——应交增值税（进项税额转出）

3. 月末根据《免抵退税申报汇总表》中计算出的“应退税额”做如下会计处理：

借：其他应收款——应收出口退税（增值税）

贷：应交税费——应交增值税（出口退税）

4. 月末根据《免抵退税申报汇总表》中计算出的“免抵税额”做如下会计处理：

借：应交税费——应交增值税（出口抵减内销产品应纳税额）

贷：应交税费——应交增值税（出口退税）

2—4 附件：《免抵退税申报汇总表》。

5. 收到出口退税款时，做如下会计处理：

借：银行存款

贷：其他应收款——应收出口退税（增值税）

根据《免抵退税申报汇总表》计算出本月免抵退税不予免征和抵扣税额、应退税款和免抵税额时，分别用“应交税费——应交增值税（进项税额转出）、应交税费——应交增值税（出口退税）”和“应交税费——应交增值税（出口抵减内销产品应纳税额）”科目。

例 4 -5，如某公司当月根据免抵税申报汇总表计算得出本月不予免抵退税额为 1200 元，应退税额为 33000 元，免抵税额 11200 元，会计处理分别如下：

a. 借：主营业务成本　　1200

贷：应交税费——应交增值税（进项税额转出）　　1200

b. 借：其他应收款——应收出口退税款　　33000

贷：应交税费——应交增值税（出口退税）　　33000

c. 借：应交税费——应交增值税（出口抵减内销产品应纳税额）　　11200

贷：应交税费——应交增值税（出口退税）　　11200

### （七）对增值税会计核算的建议

第一，登记“应交增值税”和“未交增值税”专栏台账；第二，相关管理报表中增加进项税额和销项税额的详细列报内容。

## 三、关于增值税核算的补充说明

### （一）增值税减免税的规定及会计核算

目前，我国对部分行业的增值税有减免政策，归纳如下：

财税［2000］25 号《财政部、国家税务总局、海关总署关于鼓励软件产业和集成电路产业发展有关税收政策问题的通知》：软件产业对其增值税实际税负超过 3% 的部分实行即征即退政策。所退税款由企业用于研究开发软件产品和扩大再生产，不作为企业所得税应税收入，不予征收企业所得税。

财税［2002］70 号：对增值税一般纳税人销售其自产的集成电路产品（含单晶硅片），按 17% 的税率征收增值税后，对其增值税实际税负超过 3% 的部分实行即征即退政策，所退税款由企业用于扩大再生产和研究开发集成电路产品。

财税［2005］33 号：铸锻、模具和数控机床企业按照国家有关规定取得的增值税返还收入，计入“补贴收入”。在计算缴纳企业所得税时，暂不计入企业当年应纳税所得额，免征企业所得税。第二条要求设资金专户管理，专项用于技术研究和开发。

财税［2006］152号关于模具产品增值税先征后退政策的通知：自2006年1月1日至2008年12月31日，对本通知附件所列模具企业生产销售的模具产品实行先按规定征收增值税，后按实际缴纳增值税额退还50%的办法。退还的税款专项用于企业的技术改造、环境保护、节能降耗和模具产品的研究开发。

财税［2006］151号关于锻件产品增值税先征后退政策的通知：自2006年1月1日至2008年12月31日，对本通知附件所列的锻压企业生产销售的用于生产机器、机械的商品锻件，实行先按规定征收增值税，后按实际缴纳增值税额退还35%的办法。退还的税款专项用于企业的技术改造、环境保护、节能降耗和锻件产品的研究开发。

根据以上规定，对应的会计核算如下：

1. 增值税直接减免：

借：应交税金——应交增值税——减免税款

　　贷：营业外收入

2. 增值税即征即退：

交税时：

借：应交税费——应交增值税（已交税额）

　　贷：银行存款

退税时：

借：银行存款（实际收款时，不可预计）

　　贷：营业外收入

3. 增值税先征后退（铸锻、模具和数控机床企业）：

征税和退税的会计核算同上。

### （二）扩大增值税抵扣范围的涉税会计核算

2007年7月1日开始，国家在河南、山西、湖南、湖北、江西、安徽等中部六省的26个城市进行扩大增值税抵扣范围政策的试点。具体涉及装备制造业、石油化工业、冶金业、船舶制造业、汽车制造业、农产品加工业等中部地区颇有代表性的六大行业。税制的变动要求与之适应的会计核算的协调。现结合新《企业会计准则》及《企业会计准则——应用指南》，以及财政部、国家税务总局《关于印发〈东北地区扩大增值税抵扣范围若干问题的规定〉的通知》（财税［2004］156号），《东北地区扩大增值税抵扣范围有关会计处理规定》（财会［2004］111号），对扩大增值税抵扣固定资产的涉税业务简介如下：

1. 增值税进项税抵扣的会计涉税核算：

（1）会计科目。在“应交税费”科目下增设“应抵扣固定资产增值税”明细科目，并在该明细科目下增设“固定资产进项税额”、“固定资产进项税额转出”、“已抵扣固定资产进项税额”等专栏。“固定资产进项税额”专栏，记录企业购入固定资产或应税劳务等而支付的、准予抵扣的增值税进项税额。“固定资产进项税额转出”专栏，记录企业购进的固定资产因某些原因而不能抵扣，按规定转出的进项税额。“已抵扣固定资产进项税额”专栏，记录企业已抵扣的固定资产增值税进项税额。实行扩大增值税抵扣范围的企业，应在“应交税费——应交增值税”科目下增设“新增增值税额抵扣固定资产进项税额”专栏，该专栏用于记录企业以当年新增的增值税额抵扣的固定资产进项税额。

（2）账务处理。外购固定资产所支付的增值税进项税款并取得增值税专用发票的业务，可采用与购买存货相一致的会计处理方法：借记“应交税费——应抵扣固定资产增值税（固定资产进项税额）”科目，按照专用发票上记载的应计入固定资产价值的金额，借记“固定资产”等科目，按照应付或实际支付的金额，贷记“应付账款”、“应付票据”、“银行存款”、“长期应付款”等科目。对于随固定资产购置发生的运费，在取得货物运费发票，经国地税交叉稽核比对无误后，按税法规定准予抵扣的部分直接计入增值税“应交税费——应抵扣固定资产增值税（固定资产进项税额）”，其余部分转入固定资产的价值，会计处理方法与物资采购的会计处理方法一致。

例4－6，甲企业从国内乙企业采购机器设备一台供生产部门使用，专用发票上注明的价款500000元，增值税85000元，购进固定资产所支付的运输费用5000元，取得合法发票，均用银行存款支付。其会计分录：

借：固定资产　　504650

　　应交税费——应抵扣固定资产增值税（固定资产进项税额）

　　　　85350（5000×7%＋85000）

　贷：银行存款　　590000

对于通过非货币性资产交换、债务重组、接受投资、捐赠等形式取得固定资产的交易可作为“视同销售行为”进行处理。按照专用发票上注明的增值税额，借记“应交税费——应抵扣固定资产增值税（固定资产进项税额）”科目，按照确认的固定资产价值，借记“固定资产”、“工程物资”等科目，按照增值税与固定资产价值的合计数，贷记“实收资本”（接受投资取得）、“应收账款”（债务重组方式取得）、“营业外收入”（接受捐赠方式取得）。

例4－7，甲企业以自己生产的成品成本450万元，计税价570万元，换取丁企业设备一台并取得增值税专用发票注明的价款570万元，增值税96.9万元。

这种情况是一种较为特殊的购销活动，应视同销售货物缴纳增值税。在会计实务中，双方都要做购销处理，根据各自发出的货物核定销售额，计算应缴纳的销项税额，收货单位可以凭以物易物的书面合同以及与之相符的增值税专用发票抵扣进项税额，报经税务机关批准后予以抵扣。其会计分录：

借：固定资产　　5700000

应交税费——应抵扣固定资产增值税（固定资产进项税额）

969000

贷：主营业务收入　5700000

应交税费——应交增值税（销项税额）　969000

结转存货成本：

借：主营业务成本　4500000

贷：产成品　4500000

2. 销项税额的会计涉税核算。企业销售本企业已使用过的固定资产，如该项固定资产取得时，其增值税进项税额已记入"应交税费——应抵扣固定资产增值税（固定资产进项税额）"科目的，销售时计算确定的增值税销项税额，应借记"固定资产清理"科目，贷记"应交税金——应交增值税（销项税额）"科目。

企业销售本企业已使用过的固定资产，如该项固定资产原取得时，其增值税进项税额未记入"应交税费——应抵扣固定资产增值税（固定资产进项税额）"科目的，但按税法规定在销售时允许抵扣的增值税进项税额，借记"应交税费——应抵扣固定资产增值税（固定资产进项税额）"，贷记"固定资产清理"科目；销售时计算确定的增值税销项税额，借记"固定资产清理"科目，贷记"应交税费——应交增值税（销项税额）"科目。

3. 进项税额转出的会计核算。企业购入固定资产时已按规定将增值税进项税额记入"应交税费——应抵扣固定资产增值税（固定资产进项税额）"科目的，如果相关固定资产用于非应税项目或用于免税项目和用于集体福利和个人消费，以及将固定资产用于不适用范围的机构使用等，将原已记入"应交税费——应抵扣固定资产增值税（固定资产进项税额）"科目的金额予以转出，借记"固定资产"，贷记"应交税费——应抵扣固定资产增值税（固定资产进项税额转出）"科目。

4. 进项税额期末结转。如将应抵扣的固定资产进项税额抵减未交增值税时，借记"应交税费——（未交增值税）"科目，贷记"应交税费——应抵扣固定资产增值税（已抵扣固定资产进项税额）"科目。

例 4－8，期末固定资产进项税额抵扣未交增值税 20000 元。

其会计分录：

借：应交税费——未交增值税　20000

贷：应交税费——应抵扣固定资产增值税（已抵扣固定资产进项税额）

20000

期末，企业以当期新增增值税税额抵扣固定资产进项税额时，应借记"应交税费——应交增值税（新增增值税额抵扣固定资产进项税额）"科目，贷记"应交税费——应抵扣固定资产增值税（已抵扣固定资产进项税额）"科目。

# 第三节 企业所得税的核算

新企业会计准则只允许采用资产负债表债务法核算所得税，不再采用应付税款法和纳税影响会计法。在资产负债表债务法下，所得税对应的会计核算科目有："应交税费——所得税"、"所得税费用——当期所得税费用"、"所得税费用——递延所得税费用"、"递延所得税资产"、"递延所得税负债"。

资产负债表债务法下所得税费用核算有三个步骤：

第一步，计算当期（应交）所得税；

第二步，计算暂时性差异的影响额，分别确认递延所得税资产和递延所得税负债期末余额；

暂时性差异是指资产或负债的账面价值与其计税基础之间的差额；未作为资产和负债确认的项目，按照税法规定可以确定其计税基础的，该计税基础与其账面价值之间的差额也属于暂时性差异。暂时性差异分为应纳税暂时性差异和可抵扣暂时性差异，应纳税暂时性差异形成递延所得税负债，可抵扣暂时性差异形成递延所得税资产。

第三步，计算所得税费用。

## 一、计算当期所得税费用

在资产负债表日，计算当期所得税费用。

当期所得税 = 应纳税所得额 × 适用税率

会计分录如下：

1. 预期应交纳所得税

借：所得税费用——当期所得税费用

　　贷：应交税费——应交所得税

2. 特殊行业预期返还

借：应交税费——应交所得税

　　贷：所得税费用——当期所得税费用

为便于与企业所得税年度纳税申报表核对，建议设计应交所得税计算简表如表4－1。

表 4－1　　应交所得税计算简表

| 项　目 | 行次 | 本年金额 | 三、纳税调减项目 | 23 | 本年金额 |
|---|---|---|---|---|---|
| 一、会计利润总额 | 1 | | 1. 符合条件居民企业的见股权投资收益 | 24 | |
| 二、纳税调增项目 | 2 | | 2. 对子公司、联营、合营企业的投资收益 | 25 | |
| 1. 工资薪金及三项费用支出 | 3 | | 3. 不征税收入 | 26 | |
| 2. 利息支出 | 4 | | 4. 三类人员费用 | 27 | |
| 3. 业务招待费 | 5 | | 5. 研发支出加计扣除 | 28 | |
| 4. 广告费和业务宣传费支出 | 6 | | 6. 支付给残疾职工的工资加计扣除 | 29 | |
| 5. 捐赠支出 | 7 | | 7. 免税技术转让收入 | 30 | |
| 6. 罚金、罚款和被没收财物的损失 | 8 | | 8. 免税国债利息收入 | 31 | |
| 7. 税收滞纳金 | 9 | | 9. 应收质保金折现的转回 | 32 | |
| 8. 赞助支出 | 10 | | 10. 青藏铁路税收优惠 | 33 | |
| 9. 各类社会保障性缴款 | 11 | | 11. 弥补以前年度亏损 | 34 | |
| 10. 上交总机构管理费 | 12 | | 12. 长期资产折旧及摊销 | 35 | |
| 11. 本期增提的各项准备金（转回以“－”填列） | 13 | | 13. 三类人员费用折现转回 | 36 | |
| 12. 未经批准的坏账损失 | 14 | | 14. 其他调减项目（请明细填列） | 37 | |
| 13. 与非税收入有关的支出 | 15 | | 四、应纳税所得额 | 38 | |
| 14. 应收质保金折现 | 16 | | 五、适用税率 | 39 | |
| 15. 股权转让净损失 | 17 | | 六、应纳税额 | 40 | |
| 16. 长期资产折旧及摊销 | 18 | | 七、税率差异影响（适用税率低于25%税率的单位填列） | 41 | |
| 17. 财产损失 | 19 | | 八、符合条件专项设备抵免 | 42 | |
| 18. 住房公积金 | 20 | | 九、其他抵免（请明细填列） | 43 | |
| 19. 三类人员费用折现转回 | 21 | | | | |
| 20. 其他调增项目（请明细填列） | 22 | | 十、补交以前年度所得税 | 44 | |
| | | | 十一、本年应交所得税 | 45 | |

## 二、递延所得税的确认

一般在资产负债表日，分别确认递延所得税资产和递延所得税负债期末余额；对企业合并等特殊交易或事项，在确认资产、负债时分别确认递延所得税资产和递延所得税负债。

基本核算步骤：

第一步，确定资产、负债的账面价值；

第二步，确定资产、负债的计税基础；

第三步，比较账面价值与计税基础，确定暂时性差异；

第四步，确认递延所得税资产及负债；

第五步，确定利润表中的所得税费用（递延所得税费用）。

为简化起见，对确认步骤图示如下：

对于资产项目图示如图 4－1。

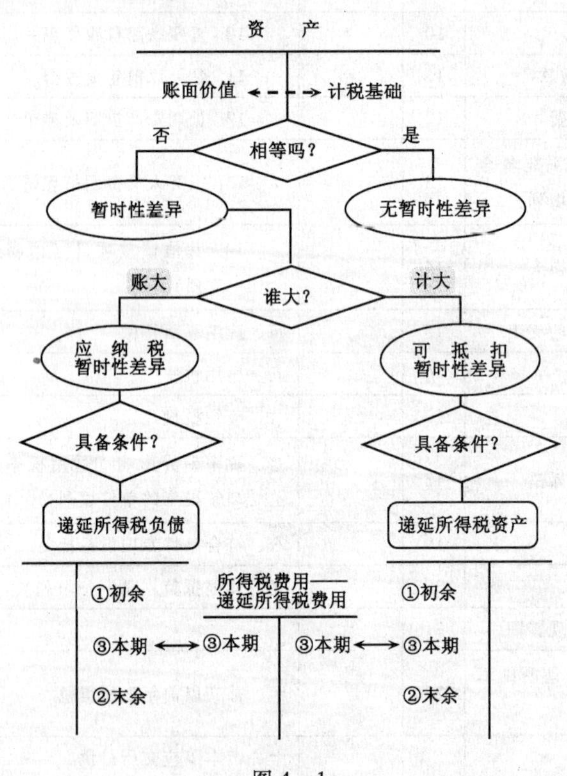


图 4－1

对于负债项目图示如图 4－2。

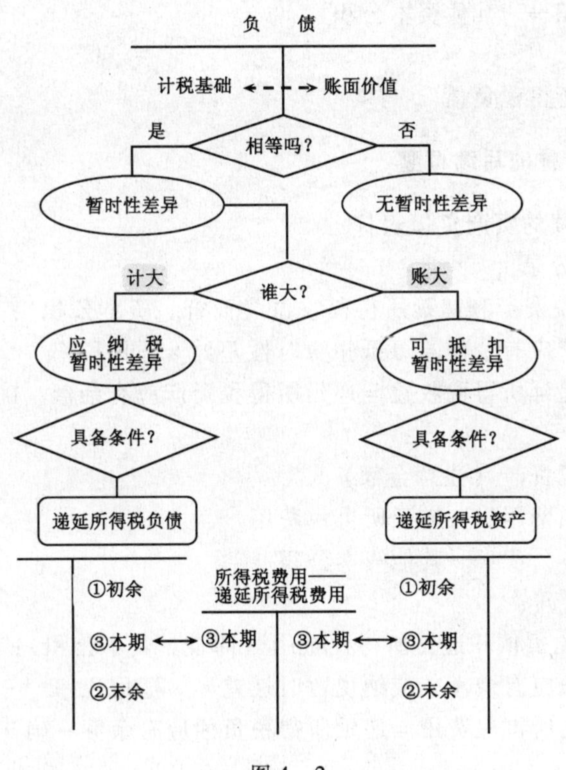


图 4－2

### （一）首次确定

1. 时间。在确认相关资产、负债的首个资产负债表日或企业合并的购买日。

2. 计算方法和分录。

（1）递延所得税资产和递延所得税收益（商誉、资本公积）：

递延所得税资产应有余额＝可抵扣暂时性差异×适用税率

本期应确认的递延所得税收益＝递延所得税资产应有余额

会计分录如下：

借：递延所得税资产

　　贷：所得税费用——递延所得税费用

　　　　或资本公积——其他资本公积

　　　　或商誉等

（2）递延所得税负债和递延所得税费用（商誉、资本公积）：

递延所得税负债应有余额＝应纳税暂时性差异×适用税率

本期确认的递延所得税费用＝应确认的递延所得税负债

会计分录如下：

借：所得税费用——递延所得税费用

或资本公积——其他资本公积

或商誉等

贷：递延所得税负债

## （二）递延所得税的后续调整

1. 时间。在后续的资产负债表日

2. 计算方法和分录。

（1）递延所得税资产和递延所得税收益（商誉、资本公积）：

递延所得税资产应有余额 = 可抵扣暂时性差异 × 适用税率

本期应确认的递延所得税收益 = 递延所得税资产应有余额 - 确认前账面余额

会计分录如下：

借：递延所得税资产（注意金额）

　　贷：所得税费用——递延所得税费用

　　　　或资本公积——其他资本公积

　　　　或商誉等

（2）递延所得税负债和递延所得税费用（商誉、资本公积）：

递延所得税负债应有余额 = 应纳税暂时性差异 × 适用税率

本期确认的递延所得税费用 = 递延所得税负债应有余额 - 确认前账面余额

会计分录如下：

借：所得税费用——递延所得税费用

　　或资本公积——其他资本公积

　　或商誉等

　　贷：递延所得税负债（注意金额）

设计以下表格作为附件参考（表 4－2、表 4－3、表 4－4）。

**表 4－2　　暂时性差异计算表**

编制单位：　　　　时间：年 月 日　　　　金额单位：元

| 项　目 | 账面价值 | 计税基础 | 差　异 | |
|---|---|---|---|---|
| | | | 应纳税暂时性差异 | 可抵扣暂时性差异 |
| 存货 | | | | |
| 固定资产 | | | | |
| 无形资产 | | | | |
| : | | | | |
| : | | | | |
| 其他应付款 | | | | |
| : | | | | |

续表

| 项目 | 账面价值 | 计税基础 | 差异 | |
|---|---|---|---|---|
| | | | 应纳税暂时性差异 | 可抵扣暂时性差异 |
| 总计 | | | | |

说明：

(1) 每一项目可根据实际情况编制计算清单，作为此表的支持附件。

(2) 按照会计准则，确定资产、负债项目的账面价值。

(3) 以适用的税法为基础，确定资产、负债项目的计税基础。

(4) 依据差异和适用的税率，确定资产负债表日递延所得税资产和递所得税负债的应有金额，并与期初的相关余额进行比较，相比较的差额，根据其性质，追加确认或转销冲减递延所得税资产和递延所得税负债金额。

**表4-3　　递延所得税计算表**

编制单位：　　时间：年 月 日　　金额单位：元

| 项目 | 递延所得税资产 | | | 递延所得税负债 | | |
|---|---|---|---|---|---|---|
| | 资产负债表日应有金额 | 期初金额 | 本期确认追加或转销冲减金额 | 资产负债表日应有金额 | 期初金额 | 本期确认追加或转销冲减金额 |
| 存货 | | | | | | |
| 固定资产 | | | | | | |
| ： | | | | | | |
| 总计 | | | | | | |

说明：计入“所得税费用——递延所得税费用”科目的递延所得税费用等于本期追加或转销的递延所得税资产和递延所得税负债之间的差额。借记递延所得税资产，贷记递延所得税负债，借或贷记所得税费用——递延所得税费用。

**表4-4　　递延所得税台账**

一、递延所得税资产

| 项目 | 行次 | 期初金额 | | | 期末金额 | | |
|---|---|---|---|---|---|---|---|
| | | 可抵扣暂时差异金额 | 未来转回税率 | 递延所得税资产 | 可抵扣暂时差异金额 | 未来转回税率 | 递延所得税资产 |
| 1. 资产减值准备影响 | 1 | | | | | | |
| 2. 应收质保金折现影响金额 | 2 | | | | | | |
| 3. 三类人员费用 | 3 | | | | | | |
| 4. 辞退福利 | 4 | | | | | | |
| 5. 福利计划 | 5 | | | | | | |
| 6. 预计负债（诉讼、赔偿等） | 6 | | | | | | |

续表

| 项　目 | 行次 | 期初金额 | | | 期末金额 | | |
|---|---|---|---|---|---|---|---|
| | | 可抵扣暂时差异金额 | 未来转回税率 | 递延所得税资产 | 可抵扣暂时差异金额 | 未来转回税率 | 递延所得税资产 |
| 7. 固定资产折旧 | 7 | | | | | | |
| 8. 无形资产摊销 | 8 | | | | | | |
| 9. 合并抵消利润（净调减） | 9 | | | | | | |
| 10. 其他（请列明细） | 10 | | | | | | |
| 合　计 | 11 | | | | | | |

二、递延所得税负债

| 项　目 | 行次 | 期初金额 | | | 期末金额 | | |
|---|---|---|---|---|---|---|---|
| | | 应纳税暂时差异金额 | 未来转回税率 | 递延所得税负债 | 应纳税暂时差异金额 | 未来转回税率 | 递延所得税负债 |
| 1. 可供出售金融资产公允价值变动 | 12 | | | | | | |
| 2. 应付质保金折现影响金额 | 13 | | | | | | |
| 3. 交易性金融资产 | 14 | | | | | | |
| 4. 合并抵消利润（净调增） | 15 | | | | | | |
| 5. 固定资产折旧 | 16 | | | | | | |
| 6. 无形资产摊销 | 17 | | | | | | |
| 7. 其他（请列明细） | 18 | | | | | | |
| 合　计 | 19 | | | | | | |

**（三）计算“计入当期损益”的所得税费用或收益列入“利润表”**

“计入当期损益”的所得税费用或收益 = 当期所得税费用 + 递延所得税费用（——收益）= 当期所得税费用 +（递延所得负债期末余额 - 期初余额）-（递延所得资产期末余额 - 期初余额）

会计分录：

借：本年利润

　　贷：所得税费用——当期所得税费用

　　　　　　　　——递延所得税费用

例 4 - 9，甲公司于 2007 年 1 月设立，采用资产负债表债务法核算所得税费用，适用的所得税税率为 33%，该公司 2007 年利润总额为 6000 万元，当年发生的交易或事项中，会计规定与税法规定存在差异的项目如下：

（1）2007 年 12 月 31 日，甲公司应收账款余额为 5000 万元，对该应收账款计提了500万元坏账准备。税法规定，企业按照应收账款期末余额的5‰计提了坏账准备允许税前扣除，除已税前扣除的坏账准备外，应收款项发生实质性损失时允许税前扣除。

(2) 按照销售合同规定，甲公司承诺对销售的X产品提供3年免费售后服务。甲公司2007年销售的X产品预计在售后服务期间将发生的费用为400万元，已计入当期损益。税法规定，与产品售后服务相关的支出在实际发生时允许税前扣除。甲公司2007年没有发生售后服务支出。

(3) 甲公司2007年以4000万元取得一项到期还本付息的国债投资，作为持有至到期投资核算，该投资实际利率与票面利率相差较小，甲公司采用票面利率计算确定利息收入，当年确认国债利息收入200万元，计入持有至到期投资账面价值，该国债投资在持有期间未发生减值。税法规定，国债利息收入免征所得税。

(4) 2007年12月31日，甲公司Y产品的账面余额为2600万元，根据市场情况对Y产品计提跌价准备400万元，计入当期损益。税法规定，该类资产在发生实质性损失时允许税前扣除。

(5) 2007年4月，甲公司自公开市场购入基金，作为交易性金融资产核算，取得成本为2000万元，2007年12月31日该基金的公允价值为4100万元，公允价值相对账面价值的变动已计入当期损益，持有期间基金未进行分配，税法规定。该类资产在持有期间公允价值变动不计入应纳税所得额，待处置时一并计算应计入应纳税所得额的金额。

其他相关资料：

(1) 假定预期未来期间甲公司适用的所得税税率不发生变化。

(2) 甲公司预计未来期间能够产生足够的应纳税所得额用以抵扣可抵扣暂时性差异。

要求：

(1) 确定甲公司上述交易或事项中资产、负债在2007年12月31日的计税基础，同时比较其账面价值与计税基础，计算所产生的应纳税暂时性差异或可抵扣暂时性差异的金额。

(2) 计算甲公司2007年应纳税所得额、应交所得税、递延所得税和所得税费用。

(3) 编制甲公司2007年确认所得税费用的会计分录。(金额单位用万元表示)

参考答案：

(1) 计算暂时性差异。

①应收账款账面价值 = 5000 - 500 = 4500 (万元)

应收账款计税基础 = 5000 × (1 - 5‰) = 4975 (万元)

应收账款形成的可抵扣暂时性差异 = 4975 - 4500 = 475 (万元)

②预计负债账面价值 = 400万元

预计负债计税基础 = 400 - 400 = 0

预计负债形成的可抵扣暂时性差异 = 400 万元

③持有至到期投资账面价值 = 4200 万元

计税基础 = 4200 万元

国债利息收入形成的暂时性差异 = 0

④存货账面价值 = 2600 - 400 = 2200（万元）

存货计税基础 = 2600 万元

存货形成的可抵扣暂时性差异 = 400 万元

⑤交易性金融资产账面价值 = 4100 万元

交易性金融资产计税基础 = 2000 万元

交易性金融资产形成的应纳税暂时性差异 = 4100 - 2000 = 2100（万元）

（2）计算。

①应纳税所得额：6000 + 475 + 400 + 400 - 2100 - 200 = 4975（万元）

②应交所得税：4975 × 33% = 1641.75（万元）

③递延所得税：［（475 + 400 + 400） - 2100］ × 33% = - 272.25（万元）

④所得税费用：1641.75 + 272.25 = 1914（万元）

（3）会计分录：

| |  |  |
|---|---|---|
| 借：所得税费用——当期所得税费用 | 16417500 | |
| ——递延所得税费用 | 2722500 | |
| 递延所得税资产 | 4207500 | |
| 贷：应交税费——应交所得税 | | 16417500 |
| 递延所得税负债 | | 6930000 |

例 4 - 10，税率变动情况下连续多期暂时性差异的处理。

某公司 20 ×0 年 12 月 20 日购入一台管理设备，按照会计规定和税法规定的入账价值均为 400 万元，企业预计的使用年限为 5 年，税法规定的使用年限为 8 年，按照会计规定和税法规定的净残值均为 0，折旧方法均为年限平均法。未扣除此项折旧的各年会计利润和应税利润均为 1000 万元。企业在 20 ×4 年之前适用所得税率为 33%，20 ×5 年起适用所得税率为 15%。假设无减值准备。

要求：

（1）分别按照会计规定和税法规定计算 2001—2008 年度的折旧额；

（2）分别计算该设备 2001—2008 年末的账面价值和计税基础；

（3）分别计算 2001—2008 年末的暂时性差异和递延所得税；

（4）分别计算 2001—2008 年的所得税费用和应交税费；

（5）编制与所得税有关的会计分录。

**参考答案：**

为简化和明了起见，各年财税处理及会计分录图示如表 4 - 5、表 4 - 6。

表 4－5

| | | 20×0年 | 20×1年 | 20×2年 | 20×3年 | 20×4年 | 20×5年初 | 20×5年 | 20×6年 | 20×7年 | 20×8年 | 合计 |
|---|---|---|---|---|---|---|---|---|---|---|---|---|
| 入账价值 | 会计规定 | 400 | | | | | | | | | | |
| | 税法规定 | 400 | | | | | | | | | | |
| 净残值 | 会计规定 | 0 | | | | | | | | | | |
| | 税法规定 | 0 | | | | | | | | | | |
| 折旧年限 | 会计规定 | 5 | | | | | | | | | | |
| | 税法规定 | 8 | | | | | | | | | | |
| 年折旧额 | 会计规定 | 0 | 80 | 80 | 80 | 80 | | 80 | | | | 400 |
| | 税法规定 | 0 | 50 | 50 | 50 | 50 | | 50 | 50 | 50 | 50 | 400 |
| 账面价值 | | 400 | 320 | 240 | 160 | 80 | 80 | 0 | 0 | 0 | 0 | 0 |
| 计税基础 | | 400 | 350 | 300 | 250 | 200 | 200 | 150 | 100 | 50 | 0 | 0 |
| 可抵扣暂时性差异 | | 0 | 30 | 60 | 90 | 120 | 120 | 150 | 100 | 50 | 0 | 0 |
| 所得税率 | | 33% | 33% | 33% | 33% | 33% | 15% | 15% | 15% | 15% | 15% | |
| 递延所得税资产期末余额 | | 0 | 9.9 | 19.8 | 29.7 | 39.6 | 18 | 22.5 | 15 | 7.5 | 0 | 0 |
| 递延所得税资产本期变动 | | | 9.9 | 9.9 | 9.9 | 9.9 | -21.6 | 4.5 | -7.5 | -7.5 | -7.5 | 0 |
| 扣除折旧前的利润 | | 1000 | 1000 | 1000 | 1000 | 1000 | 0 | 1000 | 1000 | 1000 | 1000 | 1000 |
| 应纳税所得额 | | 1000 | 950 | 950 | 950 | 950 | 0 | 950 | 950 | 950 | 950 | |
| 应交所得税 | | 330 | 313.5 | 313.5 | 313.5 | 313.5 | 0 | 142.5 | 142.5 | 142.5 | 142.5 | 2154 |
| 所得税费用（收益） | | 330 | 303.6 | 303.6 | 303.6 | 303.6 | 21.6 | 138 | 150 | 150 | 150 | 2154 |

表 4－6　　分　录

| | | 20×0年 | 20×1年 | 20×2年 | 20×3年 | 20×4年 | 20×5年初 | 20×5年 | 20×6年 | 20×7年 | 20×8年 | 合计 |
|---|---|---|---|---|---|---|---|---|---|---|---|---|
| 借：递延所得税资产 | | 0 | 9.9 | 9.9 | 9.9 | 9.9 | 0 | 4.5 | 0 | 0 | 0 | 44.1 |
| 贷：所得税费用——递延 | | 0 | 9.9 | 9.9 | 9.9 | 9.9 | 0 | 4.5 | 0 | 0 | 0 | 44.1 |
| | | | | | | | | | | | | |

续表

| | 20×0年 | 20×1年 | 20×2年 | 20×3年 | 20×4年 | 20×5年初 | 20×5年 | 20×6年 | 20×7年 | 20×8年 | 合计 |
|---|---|---|---|---|---|---|---|---|---|---|---|
| 借：所得税费用——递延 | 0 | 0 | 0 | 0 | 0 | 21.6 | 0 | 7.5 | 7.5 | 7.5 | 44.1 |
| 贷：递延所得税资产 | 0 | 0 | 0 | 0 | 0 | 21.6 | 0 | 7.5 | 7.5 | 7.5 | 44.1 |
| | | | | | | | | | | | |
| 借：所得税费用——当期 | 330 | 313.5 | 313.5 | 313.5 | 313.5 | 0 | 142.5 | 142.5 | 142.5 | 142.5 | 2154 |
| 贷：应交税费 | 330 | 313.5 | 313.5 | 313.5 | 313.5 | 0 | 142.5 | 142.5 | 142.5 | 142.5 | 2154 |
| | | | | | | | | | | | |
| 借：本年利润 | 330 | 303.6 | 303.6 | 303.6 | 303.6 | 21.6 | 138 | 150 | 150 | 150 | 2154 |
| 所得税费用——递延 | 0 | 9.9 | 9.9 | 9.9 | 9.9 | 0 | 4.5 | 0 | 0 | 0 | 44.1 |
| 贷：所得税费用——当期 | 330 | 313.5 | 313.5 | 313.5 | 313.5 | 0 | 142.5 | 142.5 | 142.5 | 142.5 | 2154 |
| ——递延 | 0 | 0 | 0 | 0 | 0 | 21.6 | 0 | 7.5 | 7.5 | 7.5 | 44.1 |

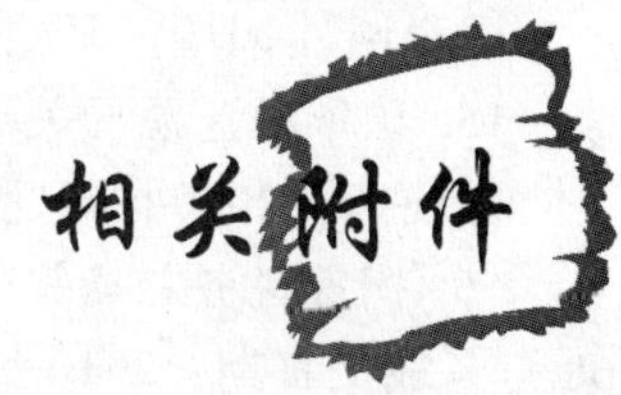


# 一、2010 年 1—2 月税收政策目录

1. 国家税务总局关于出口货物退（免）税有关问题的通知

国税函［2010］1 号　成文日期：2010—01—04

2. 国家税务总局关于做好限售股转让所得个人所得税征收管理工作的通知

国税发［2010］8 号　成文日期：2010—01—15

3. 国家税务总局　关于印发《研发机构采购国产设备退税管理办法》的通知

国税发［2010］9 号　成文日期：2010—01—17

4. 国家税务总局关于限售股转让所得个人所得税征缴有关问题的通知

国税函［2010］23 号　成文日期：2010—01—18

5. 财政部　国家税务总局关于汶川地震灾区农村信用社企业所得税有关问题的通知

国税［2010］3 号　成文日期：2010—01—05

6. 海关总署　财政部　税务总局　外汇局关于设立河南保税物流中心的批复

署加函［2010］18 号　成文日期：2010—01—07

7. 国家税务总局关于建筑企业所得税征管有关问题的通知

国税函［2010］39 号　成文日期：2010—01—26

8. 国家税务总局关于办理 2009 年销售额超过标准的小规模纳税人申请增值税一般纳税人认定问题的通知　国税函［2010］35 号　成文日期：2010—01—25

9. 国家税务总局关于折扣额抵减增值税应税销售额问题通知

国税函［2010］56 号　成文日期：2010—02—08

10. 国家税务总局关于下发出口商品退税率文库 20100201A 版的通知

国税函［2010］64 号　成文日期：2010—02—09

11. 税收规范性文件制定管理办法

国税税务总局令第 20 号　成文日期：2010—02—10

12. 税务行政复议规则　国家税务总局令第21号　成文日期：2010—02—10

13. 国家税务总局关于对绝缘油类产品征收消费税问题的批复
国税函［2010］76号　成文日期：2010—02—20

14. 国家税务总局关于粕类产品征免增值税问题的通知
国税函［2010］75号　成文日期：2010—02—20

15. 国家税务总局关于政府关停外商投资企业所得税优惠政策处理问题的批复
国税函［2010］69号　成文日期：2010—02—12

16. 国家税务总局关于日本政策金融公库享受协定待遇的通知　国税函［2010］68号　成文日期：2010—02—11

17. 国家税务总局关于印发《非居民企业所得税核定征收管理办法》的通知　国税发［2010］19号　成文日期：2010—02—20

18. 国家税务总局关于印发《外国企业常驻代表机构税收管理暂行办法》的通知　国税发［2010］18号　成文日期：2010—02—20

## 二、2009年主要税收政策目录

**增值税**

1. 财政部　国家税务总局关于资源综合利用及其他产品增值税政策的补充的通知
财税［2009］163号　成文日期：2009—12—29

2. 财政部　国家税务总局关于继续实行宣传文化增值税和营业税优惠政策的通知
财税［2009］147号　成文日期：2009—12—10

3. 财政部　国家税务总局关于以农林剩余物为原料的综合利用产品增值税政策的通知
财税［2009］148号　成文日期：2009—12—07

4. 财政部　国家税务总局关于民贸企业和边销茶有关增值税政策的通知　财税［2009］141号　成文日期：2009—12—07

5. 国家税务总局关于下发试点物流企业名单（第五批）的通知　国税函［2009］663号　成文日期：2009—11—30

6. 国家税务总局关于供电企业收取并网服务费征收增值税问题的批复　国税函［2009］641号　成文日期：2009—11—19

7. 财政部　海关总署　国家税务总局关于外国政府贷款和国际金融组织贷款项目进口设备增值税政策的通知　财关税［2009］63号　成文日期：2009—11—16

8. 国家税务总局关于调整增值税扣税凭证抵扣期限有关问题的通知　国税函［2009］617号　成文日期：2009—11—09

9. 财政部　海关总署　国家税务总局关于研发机构采购设备税收政策的通知　财税［2009］115 号　成文日期：2009—10—10

10. 国家税务总局关于农村电网维护费征免增值税问题的通知　国税函［2009］591 号　成文日期：2009—10—23

11. 国家税务总局关于纳税人资产重组有关增值税政策问题的批复　国税函［2009］585 号　成文日期：2009—10—21

12. 财政部　国家税务总局关于再生资源增值税退税政策若干问题的通知　财税［2009］119 号　成文日期：2009—09—29

13. 财政部　国家税务总局关于固定资产进项税额抵扣问题的通知　财税［2009］113 号　成文日期：2009—09—09

14. 财政部　海关总署　国家税务总局关于国内采购材料进入海关特殊监管区域适用退税政策的通知　财税［2009］107 号　成文日期：2009—09—03

15. 关于增值税即征即退实施先评估后退税有关问题的通知　国税函［2009］432 号　成文日期：2009—08—13

16. 国家税务总局关于开展出口退税业务提醒工作的通知　国税函［2009］448 号　成文日期：2009—08—02

17. 财政部　国家发展改革委　工业和信息化部　海关总署　国家税务总局　国家能源局关于调整重大技术装备进口税收政策的通知　财关税［2009］55 号　成文日期：2009—08—20

18. 国家税务总局关于跨境贸易人民币结算出口货物退（免）税有关事项的通知

国税函［2009］470 号　成文日期：2009—08—25

19. 国家税务总局关于增值税简易征收政策有关管理问题的通知

国税函［2009］90 号　成文日期：2009—02—25

20. 财政部　国家税务总局关于公布若干废止和失效的增值税规范性文件目录的通知　财税［2009］17 号　成文日期：2009—02—26

21. 国家税务总局关于发布已失效或废止有关增值税规范性文件清单的通知　国税发［2009］7 号　成文日期：2009—02—02

22. 国家税务总局关于修改若干增值税规范性文件引用法规规章条款依据的通知

国税发［2009］10 号　成文日期：2009—02—05

23. 国家税务总局关于推行机动车销售统一发票稽核系统的通知

国税函［2009］54 号　成文日期：2008—12—15

24. 国家税务总局关于外商投资企业采购国产设备增值税专用发票遗失问题的批复　国税函［2008］1078 号　成文日期：2008—12—30

25. 财政部　国家税务总局关于提高纺织品服装出口退税率的通知　财税［2009］14 号　成文日期：2009—02—05

26. 财政部　国家税务总局关于部分货物适用增值税低税率和简易办法征收增值税政策的通知　财税［2009］9 号　成文日期：2009—01—19

27. 财政部　国家税务总局关于印发《油气田企业增值税管理办法》的通知　财税［2009］8号　成文日期：2009—01—19

28. 国家税务总局关于停止执行中国远洋运输（集团）总公司增值税优惠政策的通知　国税函［2009］100号　成文日期：2009—03—04

29. 国家税务总局关于简化出口货物退（免）税单证备案管理制度的通知

国税函［2009］104号　成文日期：2009—03—06

30. 国家税务总局关于增值税小规模纳税人出口货物免税核销申报有关问题的通知

国税函［2009］108号　成文日期：2009—03—05

31. 国家税务总局关于部分饲料产品征免增值税政策问题的批复　国税函［2009］324号

中华人民共和国国务院令第546号　成文日期：2008—12—31

32. 财政部　国家税务总局关于调整矿产品进口环节增值税税率的通知　财关税［2008］99号　成文日期：2008—12—19

33. 财政部　海关总署　国家税务总局公告2008年第43号部分进口税收优惠政策进行相应调整　成文日期：2009—02—18

34. 国家税务总局关于增值税一般纳税人认定有关问题的通知　国税函［2008］1079号　成文日期：2008—12—31

35. 国家税务总局关于调整增值税纳税申报有关事项的通知　国税函［2008］1075号　成文日期：2008—12—31

36. 国家税务总局关于调整增值税一般纳税人纳税申报“一窗式”管理操作规程有关事项的通知　国税函［2008］1074号　成文日期：2008—12—30

37. 国家税务总局关于金表壳及零件出口有关退税问题的通知　国税函［2008］1040号　成文日期：2008—12—18

38. 国家税务总局关于有机肥产品免征增值税问题的批复　国税函［2008］1020号　成文日期：2008—12—10

39. 国家税务总局　国家发展和改革委员会关于外商投资项目采购国产设备退税有关政策的通知　国税发［2008］121号　成文日期：2008—12—16

**消费税**

1. 国家税务总局关于润滑脂产品征收消费税问题的批复

国税函［2009］709号　成文日期：2009—12—15

2. 国家税务总局关于加强白酒消费税征收管理的通知　国税函［2009］380号　成文日期：2009—07—17

3. 国家税务总局关于发布已失效或废止有关消费税规范性文件的通知　国税发［2009］45号　成文日期：2009—03—18

4. 国家税务总局关于卷烟消费税计税价格管理有关问题的通知

国税函［2009］41号　成文日期：2009—01—22

5. 财政部　国家税务总局关于公布废止和失效的消费税规范性文件目录的通知

财税［2009］18号　成文日期：2009—03—16

6. 国家税务总局关于开展非正常销售成品油消费税专项纳税评估的通知　国税函［2008］1073号　成文日期：2008—12—30

7. 国家税务总局关于加强成品油消费税征收管理有关问题的通知　国税函［2008］1072号　成文日期：2008—12—20

**营业税**

1. 财政部　国家税务总局关于调整个人住房转让营业税政策的通知

财税［2009］157号　成文日期：2009—12—22

2. 财政部　国家税务总局关于继续实行宣传文化增值税和营业税优惠政策的通知

财税［2009］147号　成文日期：2009—12—10

3. 财政部　国家税务总局关于中国绿化基金会和中国社会工作协会短信捐款营业税政策的通知　财税［2009］129号　成文日期：2009—12—08

4. 国家税务总局关于教育部考试中心及其直属单位与其他单位合作开展考试有关营业税问题的通知

国税函［2009］752号　成文日期：2009—12—23

5. 国家税务总局关于进一步落实不动产、建筑业营业税项目管理及发票使用管理办法的通知

国税函［2009］630号　成文日期：2009—11—16

6. 财政部　国家税务总局关于下发免征营业税的一年期以上返还性人身保险产品名单（第二十二批）的通知　财税［2009］135号　成文日期：2009—11—17

7. 财政部　国家税务总局关于航空公司燃油附加费免征营业税的通知　财税［2008］178号　成文日期：2008—12—29

8. 财政部　国家税务总局关于邮政企业代办金融业务免征营业税的通知　财税［2009］7号　成文日期：2009—01—04

9. 财政部　国家税务总局关于发布第三批免征营业税的改制铁路房建生活单位名单的通知　财税［2009］21号　成文日期：2009—02—25

10. 国家税务总局关于中国电信集团公司所属网络资产分公司与中国电信股份有限公司所属分公司联合开展CDMA网络通信业务营业税问题的通知　国税函［2009］75号　成文日期：2009—02—20

11. 国家税务总局关于公布废止的营业税规范性文件目录的通知　国税发［2009］29号　成文日期：2009—03—17

12. 财政部　国家税务总局关于个人金融商品买卖等营业税若干免税政策的通知　财税［2009］111号　成文日期：2009—09—27

13. 财政部　国家税务总局关于对跨年度老合同实行营业税过渡政策的通知　财税［2009］112 号　成文日期：2009—08—25

14. 国家税务总局关于政府收回土地使用权及纳税人代垫拆迁补偿费有关营业税问题的通知　国税函［2009］520 号　成文日期：2009—09—17

15. 财政部　国家税务总局关于免征部分省市有线数字电视收入营业税的通知　财税［2009］38 号　成文日期：2009—04—09

16. 财政部　国家税务总局关于公布若干废止和失效的营业税规范性文件的通知　财税［2009］61 号　成文日期：2009—05—18

17. 财政部　国家税务总局关于中国移动通信集团公司　中国联合网络通信集团有限公司　中国电信股份有限公司与中国华侨经济文化基金会合作项目营业税政策的通知　财税［2009］77 号　成文日期：2009—05—12

18. 国家税务总局关于中国联合网络通信有限公司及所属分公司与联通新时空移动通信有限公司及所属分公司联合开展电信业务营业税问题的通知　国税函［2009］224 号　成文日期：2009—04—29

19. 国家税务总局关于中国移动通信集团公司及所属分公司与中国移动有限公司及所属子公司联合开展 TD－SCDMA 网络通信业务营业税问题的通知　国税函［2009］223 号　成文日期：2009—04—29

20. 工业和信息化部　国家税务总局关于中小企业信用担保机构免征营业税有关问题的通知　工信部联企业［2009］114 号　成文日期：2009—03—19

**企业所得税**

1. 国家税务总局关于企业以前年度未扣除资产损失企业所得税处理问题的通知　国税函［2009］772 号　成文日期：2009—12—31

2. 财政部　国家税务总局　国家发展改革委关于公布环境保护节能节水项目企业所得税优惠目录（试行）的通知　财税［2009］166 号　成文日期：2009—12—31

3. 财政部　国家税务总局关于小型微利企业有关企业所得税政策的通知　财税［2009］133 号　成文日期：2009—12—02

4. 国家税务总局关于加强非居民企业股权转让所得企业所得税管理的通知　国税函［2009］698 号　成文日期：2009—12—10

5. 财政部　国家税务总局关于通过公益性群众团体的公益性捐赠税前扣除有关问题的通知

财税［2009］124 号　成文日期：2009—12—08

6. 财政部　国家税务总局关于企业境外所得税收抵免有关问题的通知　财税［2009］125 号　成文日期：2009—12—25

7. 财政部　国家税务总局关于财政性资金　行政事业性收费　政府性基金有关企业所得税政策问题的通知　财税［2008］151 号　成文日期：2008—12—16

8. 财政部　国家税务总局关于合伙企业合伙人所得税问题的通知　财税［2008］159 号　成文日期：2008—12—23

9. 国家税务总局关于调整新增企业所得税征管范围问题的通知　国税发［2008］120 号　成文日期：2008—12—16

10. 国家税务总局关于《中华人民共和国企业所得税年度纳税申报表》的补充通知　国税函［2008］1081 号　成文日期：2008—12—31

11. 国家税务总局关于债务重组所得企业所得税处理问题的批复　国税函［2009］1 号　成文日期：2009—01—04

12. 国家税务总局关于企业工资薪金及职工福利费扣除问题的通知　国税函［2009］3 号　成文日期：2009—01—04

13. 国家税务总局关于广西合山煤业有限责任公司取得补偿款有关所得税处理问题的批复　国税函［2009］18 号　成文日期：2009—01—08

14. 财政部　国家税务总局　民政部关于公益性捐赠税前扣除有关问题的通知　财税［2008］160 号　成文日期：2008—12—31

15. 国家税务总局关于印发《特别纳税调整实施办法（试行）》的通知　国税发［2009］2 号　成文日期：2009—01—08

16. 国家税务总局关于印发《非居民企业所得税源泉扣缴管理暂行办法》的通知　国税发［2009］3 号　成文日期：2009—01—09

17. 国家税务总局关于加强企业所得税预缴工作的通知　国税函［2009］34 号　成文日期：2009—01—20

18. 国家税务总局关于简化判定中国居民股东控制外国企业所在国实际税负的通知　国税函［2009］37 号　成文日期：2009—01—21

19. 国家税务总局关于印发《非居民企业所得税汇算清缴管理办法》的通知　国税发［2009］6 号　成文日期：2009—01—22

20. 国家税务总局关于印发《非居民企业所得税汇算清缴工作规程》的通知　国税发［2009］11 号　成文日期：2009—02—09

21. 国家税务总局关于明确非居民企业所得税征管范围的补充通知　国税函［2009］50 号　成文日期：2009—01—23

22. 国家税务总局关于中国居民企业向 QFII 支付股息、红利、利息代扣代缴企业所得税有关问题的通知　国税函［2009］47 号　成文日期：2009—01—23

23. 国家税务总局关于做好 2008 年度企业所得税汇算清缴工作的通知　国税函［2009］55 号　成文日期：2009—02—06

24. 国家税务总局关于执行税收协定股息条款有关问题的通知　国税函［2009］81 号　成文日期：2009—02—20

25. 国家税务总局关于企业所得税若干税务事项衔接问题的通知　国税函［2009］98 号　成文日期：2009—02—27

26. 国家税务总局关于印发《房地产开发经营业务企业所得税处理办法》的通知

国税发［2009］31号　成文日期：2009—03—06

27. 财政部　国家税务总局关于金融企业涉农贷款和中小企业贷款损失准备金税前扣除政策的通知　财税［2009］99号　成文日期：2009—08—21

28. 国家税务总局关于西部大开发企业所得税优惠政策适用目录问题的批复　国税函［2009］399号　成文日期：2009—07—27

29. 财政部　国家税务总局关于部分行业广告费和业务宣传费税前扣除政策的通知　财税［2009］72号　成文日期：2009—07—31

30. 国家税务总局关于印发《非居民享受税收协定待遇管理办法（试行)》的通知

国税发［2009］124号　成文日期：2009—08—24

31. 财政部　国家税务总局关于保险公司提取农业巨灾风险准备金企业所得税税前扣除问题的通知　财税［2009］110号　成文日期：2009—08—21

32. 财政部　国家税务总局　民政部关于公布2008年度2009年度第一批获得公益性捐赠税前扣除资格的公益性社会团体名单的通知　财税［2009］85号　成文日期：2009—08—20

33. 财政部　国家税务总局关于中小企业信用担保机构有关准备金税前扣除问题的通知　财税［2009］62号　成文日期：2009—06—01

34. 财政部　国家税务总局关于补充养老保险费　补充医疗保险费有关企业所得税政策问题的通知　财税［2009］27号　成文日期：2009—06—02

35. 国家税务总局关于2008年度企业所得税纳税申报有关问题的通知　国税函［2009］286号　成文日期：2009—05—31

36. 国家税务总局关于企业投资者投资未到位而发生的利息支出企业所得税前扣除问题的批复　国税函［2009］312号　成文日期：2009—06—04

37. 国家税务总局关于保险公司再保险业务赔款支出税前扣除问题的通知　国税函［2009］313号　成文日期：2009—06—04

38. 财政部　国家税务总局关于专项用途财政性资金有关企业所得税处理问题的通知　财税［2009］87号　成文日期：2009—06—16

39. 中国人民银行　财政部　商务部　海关总署　国家税务总局　中国银行业监督管理委员会公告［2009］第10号　成文日期：2009—07—01

40. 国家税务总局关于股权分置改革中上市公司取得资产及债务豁免对价收入征免所得税问题的批复　国税函［2009］375号　成文日期：2009—07—13

41. 国家税务总局关于企业所得税核定征收若干问题的通知　国税函［2009］377号　成文日期：2009—07—14

42. 国家税务总局关于印发《中华人民共和国企业清算所得税申报表》的通知

国税函［2009］388号　成文日期：2009—07—17

43. 国家税务总局关于非居民企业取得B股等股票股息征收企业所得税问题的批复

国税函［2009］394号　成文日期：2009—07—24

44. 国家税务总局关于加强个人工资薪金所得与企业的工资费用支出比对问题的通知　国税函［2009］259号　成文日期：2009—05—15

45. 国家税务总局关于企业所得税税收优惠管理问题的补充通知　国税函［2009］255号　成文日期：2009—05—15

46. 国家税务总局关于实施创业投资企业所得税优惠问题的通知　国税发［2009］87号　成文日期：2009—04—30

47. 国家税务总局关于跨地区经营汇总纳税企业所得税征收管理若干问题的通知　国税函［2009］221号　成文日期：2009—04—29

48. 关于企业清算业务企业所得税处理若干问题的通知　财税［2009］60号　成文日期：2009—04—30

49. 国家税务总局关于技术转让所得减免企业所得税有关问题的通知　国税函［2009］212号　成文日期：2009—04—24

50. 国家税务总局关于实施高新技术企业所得税优惠有关问题的通知　国税函［2009］203号　成文日期：2009—04—22

51. 国家税务总局关于企业所得税执行中若干税务处理问题的通知　国税函［2009］202号　成文日期：2009—04—21

52. 国家税务总局关于境外注册中资控股企业依据实际管理机构标准认定为居民企业有关问题的通知　国税发［2009］82号　成文日期：2009—04—22

53. 国家税务总局关于加强转让定价跟踪管理有关问题的通知　国税函［2009］188号　成文日期：2009—04—16

54. 国家税务总局关于企业固定资产加速折旧所得税处理有关问题的通知　国税发［2009］81号　成文日期：2009—04—16

55. 国家税务总局关于实施国家重点扶持的公共基础设施项目企业所得税优惠问题的通知　国税发［2009］80号　成文日期：2009—04—16

56. 国家税务总局关于印发《企业所得税汇算清缴管理办法》的通知　国税发［2009］79号　成文日期：2009—04—16

57. 财政部　国家税务总局关于执行企业所得税优惠政策若干问题的通知　财税［2009］69号　成文日期：2009—04—24

58. 财政部　国家税务总局关于保险公司准备金支出企业所得税税前扣除有关问题的通知　财税［2009］48号　成文日期：2009—04—17

59. 财政部　国家税务总局关于金融企业贷款损失准备金企业所得税税前扣除有关问题的通知　财税［2009］64号　成文日期：2009—04—30

60. 财政部　国家税务总局关于安置残疾人员就业有关企业所得税优惠政策问题的通知　财税［2009］70号　成文日期：2009—04—30

61. 财政部　国家税务总局关于企业重组业务企业所得税处理若干问题的通知　财税［2009］59号　成文日期：2009—04—30

62. 财政部　国家税务总局关于证券行业准备金支出企业所得税税前扣除有关问题的通知　财税［2009］33号　成文日期：2009—04—09

63. 国家税务总局关于企业政策性搬迁或处置收入有关企业所得税处理问题的通知　国税函［2009］118号　成文日期：2009—03—12

64. 财政部　国家税务总局关于企业手续费及佣金支出税前扣除政策的通知　财税［2009］29号　成文日期：2009—04—28

65. 国家税务总局关于进一步加强非居民税收管理工作的通知　国税发［2009］32号　成文日期：2009—03—09

66. 财政部　国家税务总局关于中国清洁发展机制基金及清洁发展机制项目实施企业有关企业所得税政策问题的通知　财税［2009］30号　成文日期：2009—03—17

67. 国家税务总局关于做好2008年度企业所得税汇算清缴工作的补充通知　国税函［2009］134号　成文日期：2009—03—17

68. 国家税务总局关于印发《企业资产损失税前扣除管理办法》的通知　国税发［2009］88号　成文日期：2009—05—04

69. 国家税务总局关于企业资产损失税前扣除政策的通知　财税［2009］57号　成文日期：2009—04—16

70. 财政部　国家税务总局关于延长下岗失业人员再就业有关税收政策的通知　财税［2009］23号　成文日期：2009—03—03

71. 国家税务总局关于如何理解和认定税收协定中"受益所有人"的通知　国税函［2009］601号　成文日期：2009—10—27

72. 财政部　国家税务总局关于非营利组织企业所得税免税收入问题的通知　财税［2009］122号　成文日期：2009—11—11

73. 财政部　国家税务总局关于非营利组织免税资格认定管理有关问题的通知　财税［2009］123号　成文日期：2009—11—11

74. 国家税务总局关于股权激励有关个人所得税问题的通知　国税函［2009］461号　成文日期：2009—08—24

75. 国家税务总局关于明确个人所得税若干政策执行问题的通知　国税发［2009］121号　成文日期：2009—08—17

76. 财政部　国家税务总局关于个人无偿受赠房屋有关个人所得税问题的通知　财税［2009］78号　成文日期：2009—05—25

77. 国家税务总局关于加强股权转让所得征收个人所得税管理的通知　国税函［2009］285号　成文日期：2009—05—28

78. 财政部　国家税务总局关于上市公司高管人员股票期权所得缴纳个人所得税有关问题的通知　财税［2009］40号　成文日期：2009—05—04

79. 财政部　国家税务总局关于股票增值权所得和限制性股票所得征收个人所得税有关问题的通知　财税［2009］5号　成文日期：2008—01—07

80. 国家税务总局关于个人转租房屋取得收入征收个人所得税问题的通知 国税函［2009］639 号 成文日期：2009—11—18

81. 国家税务总局关于企业年金个人所得税征收管理有关问题的通知
国税函［2009］694 号 成文日期：2009—12—10

82. 财政部 国家税务总局 证监会关于个人转让上市公司限售股所得征收个人所得税有关问题的通知
财税［2009］167 号 成文日期：2009—12—31

综 合

1. 关于企业加强职工福利费财务管理的通知 财企［2009］242 号 成文日期：2009—11—12

2. 人力资源和社会保障部 财政部 国家税务总局关于进一步做好减轻企业负担稳定就业局势有关工作的通知 人社部发［2009］175 号 成文日期：2009—12—16

3. 国家税务总局关于印发《税务稽查工作规程》的通知
国税发［2009］157 号 成文日期：2009—12—24

4. 财政部 国家税务总局关于房产税城镇土地使用税有关问题的通知
财税［2009］128 号 成文日期：2009—11—22

5. 财政部 国家税务总局关于股改及合资铁路运输企业房产税 城镇土地使用税有关政策的通知 财税［2009］132 号 成文日期：2009—11—25

6. 财政部 国家税务总局关于发布部分到期停止执行税收规范性文件的通知
财税［2009］138 号 成文日期：2009—12—02

7. 财政部 国家税务总局关于部分国家储备商品有关税收政策的通知 财税［2009］151 号 成文日期：2009—12—22

8. 国家税务总局关于印发《进一步加强税收征管若干具体措施》的通知 国税发［2009］114 号 发布日期：2009—07—27

9. 财政部 国家税务总局关于海峡两岸海上直航营业税和企业所得税政策的通知 财税［2009］4 号 成文日期：2009—01—19

10. 财政部 国家税务总局关于继续执行供热企业增值税 房产税 城镇土地使用税优惠政策的通知 财税［2009］11 号 成文日期：2009—02—10

11. 财政部 国家税务总局关于企业改制重组若干契税政策的通知 财税［2008］175 号 成文日期：2008—12—19

12. 国家税务总局关于企业改制重组契税政策若干执行问题的通知 国税发［2009］89 号 成文日期：2009—04—28

13. 财政部 国家税务总局关于中国电信集团公司和中国电信股份有限公司收购 CDMA 网络资产和业务有关契税政策的通知 财税［2009］42 号 成文日期：2009—03—27

14. 国家税务总局关于明确国有土地使用权出让契税计税依据的批复

国税函［2009］603号　成文日期：2009—10—27

15. 财政部　国家税务总局关于揭阳潮汕机场减征耕地占用税问题的批复

财税［2009］126号　成文日期：2009—10—23

16. 国家税务总局关于企业集团内部使用的有关凭证征收印花税问题的通知　国税函［2009］9号　成文日期：2009—01—05

17. 财政部　国家税务总局关于对外资企业及外籍个人征收房产税有关问题的通知　财税［2009］3号　成文日期：2009—01—12

18. 国家税务总局关于做好外资企业及外籍个人房产税征管工作的通知　国税函［2009］6号　成文日期：2009—01—06

19. 国家税务总局关于印发《土地增值税清算管理规程》的通知　国税发［2009］91号　成文日期：2009—05—12

20. 财政部　国家税务总局关于期货投资者保障基金有关税收问题的通知　财税［2009］68号　成文日期：2009—08—31

21. 国家税务总局关于执行税收协定特许权使用费条款有关问题的通知　国税函［2009］507号　成文日期：2009—09—14

22. 国家税务总局关于执行西部大开发税收优惠政策有关问题的批复　国税函［2009］411号　成文日期：2009—07—31

23. 国家税务总局　财政部　商务部关于老长贸合同有关问题的通知　国税发［2009］102号　成文日期：2009—06—04

24. 国家税务总局关于印发《大企业税务风险管理指引（试行）》的通知　国税发［2009］90号　成文日期：2009—05—05

25. 国家税务总局关于印发《税收违法案件一案双查办法（试行）》的通知　国税发［2008］125号　成文日期：2008—12—29

26. 国家税务总局关于税收优先权包括滞纳金问题的批复　国税函［2008］1084号　成文日期：2008—12—31

27. 国家税务总局关于未申报税款追缴期限问题的批复　国税函［2009］326号　成文日期：2009—06—15

28. 国家税务总局关于印发《服务贸易等项目对外支付出具税务证明管理办法》的通知　国税发［2008］122号　成文日期：2008—12—18

29. 国家税务总局关于强化跨境关联交易监控和调查的通知　国税函［2009］363号　成文日期：2009—07—06

30. 国家税务总局关于加强税法宣传、密切与社会各界沟通的通知　国税函［2009］211号　成文日期：2009—04—24

31. 国家税务总局关于加强税种征管促进堵漏增收的若干意见　国税发［2009］85号　成文日期：2009—04—29

32. 财政部　海关总署　国家税务总局关于支持文化企业发展若干税收政策问题

的通知 财税［2009］31号 成文日期：2009—03—27

33. 财政部 国家税务总局关于文化体制改革中经营性文化事业单位转制为企业的若干税收优惠政策的通知 财税［2009］34号 成文日期：2009—03—26

34. 财政部关于2009—2011年鼓励科普事业发展的进口税收政策的通知 财关税［2009］22号 成文日期：2009—04—01

35. 国家税务总局关于保税物流中心及出口加工区功能拓展有关税收问题的通知 国税函［2009］145号 成文日期：2009—03—18

36. 国家税务总局关于税务师事务所设立审批有关问题的批复 国税函［2009］137号 成文日期：2009—03—16

37. 商务部 工业和信息化部 公安部 财政部 税务总局 工商总局 银监会 保监会关于促进汽车消费的意见 商建发［2009］114号 成文日期：2009—03—30

38. 国家税务总局关于加强对防伪系统服务单位监管切实维护纳税人合法权益的通知 国税函［2009］135号 成文日期：2009—03—18

39. 国家税务总局关于推广应用汇总纳税信息管理系统有关问题的通知 国税函［2009］141号 成文日期：2009—03—19

40. 中华人民共和国国家发展和改革委员会 中华人民共和国工业和信息化部 中华人民共和国商务部 国家税务总局关于发布2008年度国家规划布局内重点软件企业名单的通知 发改高技［2008］3700号 成文日期：2008—12—31

41. 中华人民共和国国家发展和改革委员会 中华人民共和国科学技术部 中华人民共和国财政部 中华人民共和国海关总署 国家税务总局公告 2009年第16号 成文日期：2009—11—06

42. 国务院关于进一步促进中小企业发展的若干意见 国发［2009］36号 成文日期：2009—09—19

43. 国家税务总局关于印发《全国普通发票简并票种统一式样工作实施方案》的通知

国税发［2009］142号 成文日期：2009—09—30

44. 国家税务总局关于全国统一式样发票衔接问题的通知 国税函［2009］648号 成文日期：2009—11—23

45. 国家税务总局关于进一步落实不动产、建筑业营业税项目管理及发票使用管理办法的通知

国税函［2009］630号 成文日期：2009—11—16

46. 国家税务总局关于2009年度税收自查有关政策问题的函 企便函［2009］33号 成文日期：2009—09—04

47. 国家税务总局稽查局《关于开展大型企业集团税收自查工作的通知》 稽便函［2009］35号 成文日期：2009—04—09

48. 国家税务总局稽查局关于做好近期税务稽查工作有关事项的通知 稽便函

[2009] 37 号 成文日期：2009—04—14

49. 国家税务总局稽查局关于开展第二批大型企业集团税收自查工作的通知 稽便函 [2009] 49 号 成文时间：2009—06—04

## 三、2008 年主要税收政策目录

**增值税**

1. 《中华人民共和国增值税暂行条例》 中华人民共和国国务院令第 538 号 成文日期：2008—11—10

2. 中华人民共和国增值税暂行条例实施细则 财政部 国家税务总局第 50 号令 成文日期：2008—12—15

3. 国家税务总局关于废旧物资发票抵扣增值税有关事项的公告 国家税务总局公告 2008 年第 1 号 成文日期：2008—12—31

4. 国家税务总局关于增值税一般纳税人认定有关问题的通知
国税函 [2008] 1079 号 成文日期：2008—12—31

5. 国家税务总局关于调整增值税纳税申报有关事项的通知
国税函 [2008] 1075 号 成文日期：2008—12—30

6. 国家税务总局关于调整增值税一般纳税人纳税申报"一窗式"管理操作规程有关事项的通知 国税函 [2008] 1074 号 成文日期：2008—12—30

7. 财政部 国家税务总局关于停止外商投资企业购买国产设备退税政策的通知
财税 [2008] 176 号 成文日期：2008—12—25

8. 财政部 国家税务总局 关于金属矿 非金属矿采选产品增值税税率的通知
财税 [2008] 171 号 成文日期：2008—12—19

9. 财政部 国家税务总局关于全国实施增值税转型改革若干问题的通知
财税 [2008] 170 号 成文日期：2008—12—19

10. 财政部 国家税务总局关于调整矿产品进口环节增值税税率的通知
财关税 [2008] 99 号 成文日期：2008—12—19

11. 国家税务总局关于金表壳及零件出口有关退税问题的通知
国税函 [2008] 1040 号 成文日期：2008—12—18

12. 国家税务总局 国家发展和改革委员会关于外商投资项目采购国产设备退税有关政策的通知 国税发 [2008] 121 号 成文日期：2008—12—16

13. 国家税务总局关于有机肥产品免征增值税问题的批复
国税函 [2008] 1020 号 成文日期：2008—12—10

14. 财政部 国家税务总局关于再生资源增值税政策的通知
财税 [2008] 157 号 成文日期：2008—12—09

15. 财政部 国家税务总局关于资源综合利用及其他产品增值税政策的通知

财税［2008］156号　成文日期：2008—12—09

16. 财政部　国家税务总局关于黑大豆出口免征增值税的通知

财税［2008］154号　成文日期：2008—12—03

17. 财政部　国家税务总局关于提高部分商品出口退税率的通知

财税［2008］138号　成文日期：2008—10—21

18. 国家税务总局关于失控增值税专用发票处理的批复

国税函［2008］607号　成文日期：2008—06—19

19. 财政部　国家税务总局关于二甲醚增值税适用税率问题的通知

财税［2008］72号　成文日期：2008—06—11

20. 国家税务总局关于增值税一般纳税人抗震救灾期间增值税扣税凭证认证稽核有关问题的通知　国税函［2008］513号　成文日期：2008—05—26

21. 国家税务总局关于印发《增值税抵扣凭证协查管理办法》的通知

国税发［2008］51号　成文日期：2008—05—14

22. 国家税务总局关于开展水泥生产企业增值税专项纳税评估工作的通知

国税函［2008］407号　成文日期：2008—05—12

23. 国家税务总局关于印发《增值税专用发票审核检查操作规程（试行）》的通知　国税发［2008］33号　成文日期：2008—03—26

24. 国家税务总局关于停止为骗取出口退税企业办理出口退税有关问题的通知

国税发［2008］32号　成文日期：2008—03—25

25. 国家税务总局关于外贸企业出口视同内销货物进项税额抵扣有关问题的通知

国税函［2008］265号　成文日期：2008—03—25

26. 财政部、海关总署、国家税务总局关于国内采购材料进入出口加工区等海关特殊监管区域适用退税政策的通知　财税［2008］10号　成文日期：2008—02—02

27. 财政部　海关总署　国家税务总局公告2008年第43号部分进口税收优惠政策进行相应调整　财政部、海关总署、国家税务总局2008年第43号公告　成文日期：2008—12—25

**消费税**

1.《中华人民共和国消费税暂行条例》中华人民共和国国务院令第539号　成文日期：2008—11—10

2. 中华人民共和国消费税暂行条例实施细则　财政部　国家税务总局第51号令　成文日期：2008—12—15

3. 国家税务总局关于开展非正常销售成品油消费税专项纳税评估的通知

国税函［2008］1073号　成文日期：2008—12—30

4. 国家税务总局关于加强成品油消费税征收管理有关问题的通知

国税函［2008］1072号　成文日期：2008—12—20

5. 财政部　国家税务总局关于提高成品油消费税税率后相关成品油消费税政策

的通知 财税［2008］168 号 成文日期：2008—12—19

营业税

1.《中华人民共和国营业税暂行条例》中华人民共和国国务院令第 540 号 成文日期：2008—11—10

2. 中华人民共和国营业税暂行条例实施细则 财政部 国家税务总局第 52 号令 成文日期：2008—12—15

3. 财政部 国家税务总局关于个人住房转让营业税政策的通知
财税［2008］174 号 成文日期：2008—12—29

4. 财政部 国家税务总局关于航空公司燃油附加费免征营业税的通知
财税［2008］178 号 成文日期：2008—12—29

5. 国家税务总局关于印发《服务贸易等项目对外支付出具税务证明管理办法》的通知 国税发［2008］122 号 成文日期：2008—12—18

6. 财政部 国家税务总局关于免征营业税的一年期以上返还性人身保险产品（第二十一批）的通知 财税［2008］166 号 成文日期：2008—12—17

7. 国家税务总局关于土地使用者将土地使用权归还给土地所有者行为营业税问题的通知 国税函［2008］277 号 成文日期：2008—03—27

所得税

1. 财政部 国家税务总局关于合伙企业合伙人所得税问题的通知
财税［2008］159 号 成文日期：2008—12—23

2. 财政部 国家税务总局关于财政性资金 行政事业性收费 政府性基金有关企业所得税政策问题的通知 财税［2008］151 号 成文日期：2008—12—16

3. 国家税务总局关于调整新增企业所得税征管范围问题的通知
国税发［2008］120 号 成文日期：2008—12—16

4. 国家税务总局关于印发《企业研究开发费用税前扣除管理办法（试行）》的通知 国税发［2008］116 号 成文日期：2008—12—10

5. 国家税务总局关于高新技术企业 2008 年度缴纳企业所得税问题的通知 国税函［2008］985 号 成文日期：2008—12—02

6. 国家税务总局关于企业所得税减免税管理问题的通知 国税发［2008］111 号 成文日期：2008—12—01

7. 国家税务总局关于代开货物运输业发票个人所得税预征率问题的通知 国税函［2008］977 号 成文日期：2008—11—30

8. 财政部 国家税务总局关于发布享受企业所得税优惠政策的农产品初加工范围（试行）的通知 财税［2008］149 号 成文日期：2008—11—20

9. 国家税务总局关于中国居民企业向境外 H 股非居民企业股东派发股息代扣代缴企业所得税有关问题的通知 国税函［2008］897 号 成文日期：2008—11—6

10. 国家税务总局　关于印发《中华人民共和国企业所得税年度纳税申报表》的通知　国税发［2008］101 号　成文日期：2008—10—30

11. 国家税务总局关于确认企业所得税收入若干问题的通知　国税函［2008］875 号　成文日期：2008—10—30

12. 财政部　国家税务总局关于试点企业集团缴纳企业所得税有关问题的通知　财税［2008］119 号　成文日期：2008—10—17

13. 国家税务总局关于贯彻落实从事农、林、牧、渔业项目企业所得税优惠政策有关事项的通知　国税函［2008］850 号　成文日期：2008—10—17

14. 国家税务总局关于企业处置资产所得税处理问题的通知　国税函［2008］828 号　成文日期：2008—10—09

15. 国家税务总局关于个人通过网络买卖虚拟货币取得收入征收个人所得税问题的批复　国税函［2008］818 号　成文日期：2008—09—28

16. 财政部　国家税务总局关于执行公共基础设施项目企业所得税优惠目录有关问题的通知　财税［2008］46 号　成文日期：2008—09—23

17. 财政部　国家税务总局关于执行资源综合利用企业所得税优惠目录有关问题的通知　财税［2008］47 号　成文日期：2008—09—23

18. 财政部　国家税务总局关于执行环境保护专用设备企业所得税优惠目录　节能节水专用设备企业所得税优惠目录和安全生产专用设备企业所得税优惠目录有关问题的通知　财税［2008］48 号　成文日期：2008—09—23

19. 财政部　国家税务总局关于企业关联方利息支出税前扣除标准有关税收政策问题的通知　财税［2008］121 号　成文日期：2008—09—19

20. 财政部　国家税务总局　国家发展改革委关于公布公共基础设施项目企业所得税优惠目录（2008 年版）的通知　财税［2008］116 号　成文日期：2008—09—08

21. 国家税务总局关于跨地区经营汇总纳税企业所得税征收管理有关问题的通知　国税函［2008］747 号　成文日期：2008—08—21

22. 财政部　国家税务总局　安全监管总局关于公布《安全生产专用设备企业所得税优惠目录（2008 年版）》的通知　财税［2008］118 号　成文日期：2008—08—20

23. 财政部　国家税务总局　国家发展改革委关于公布资源综合利用企业所得税优惠目录（2008 年版）的通知　财税［2008］117 号　成文日期：2008—08—20

24. 财政部　国家税务总局　国家发展改革委关于公布节能节水专用设备企业所得税优惠目录（2008 年版）和环境保护专用设备企业所得税优惠目录（2008 年版）的通知　财税［2008］115 号　成文日期：2008—08—20

25. 国家税务总局关于母子公司间提供服务支付费用有关企业所得税处理问题的通知　国税发［2008］86 号　成文日期：2008—08—14

26. 国家税务总局关于离退休人员取得单位发放离退休工资以外奖金补贴征收个

人所得税的批复　国税函［2008］723 号　成文日期：2008—08—07

27. 财政部　国家税务总局关于中国国旅集团有限公司重组上市资产评估增值有关企业所得税政策问题的通知　财税［2008］82 号　成文日期：2008—08—07

28. 关于合并缴纳企业所得税政策执行问题的函　所便函［2008］027 号　成文日期：2008—07—14

29. 国家税务总局关于非居民企业不享受小型微利企业所得税优惠政策问题的通知　国税函［2008］650 号　成文日期：2008—07—03

30. 国家税务总局关于填报企业所得税月（季）度预缴纳税申报表有关问题的通知　国税函［2008］635 号　成文日期：2008—06—30

31. 国家税务总局关于 2007 年度企业所得税汇算清缴中金融企业应纳税所得额计算有关问题的通知　国税函［2008］624 号　成文日期：2008—06—27

32. 国家税务总局关于个人与房地产开发企业签订有条件优惠价格协议购买商店征收个人所得税问题的批复　国税函［2008］576 号　成文日期：2008—06—15

33. 财政部　国家税务总局关于企业为个人购买房屋或其他财产征收个人所得税问题的批复　财税［2008］83 号　成文日期：2008—06—10

34. 财政部　国家税务总局关于调整个体工商户个人独资企业和合伙企业个人所得税税前扣除标准有关问题的通知　财税［2008］65 号　成文日期：2008—06—03

35. 国家税务总局关于中国共产党党员交纳抗震救灾“特殊党费”在个人所得税前扣除问题的通知　国税发［2008］60 号　成文日期：2008—05—30

36. 国家税务总局关于个人向地震灾区捐赠有关个人所得税征管问题的通知　国税发［2008］55 号　成文日期：2008—05—21

37. 国家税务总局　关于停止执行企业购买国产设备投资抵免企业所得税政策问题的通知　国税发［2008］52 号　成文日期：2008—05—16

38. 国家税务总局关于房地产开发企业所得税预缴问题的通知　国税函［2008］299 号　成文日期：2008—04—07

39. 国家税务总局关于外国企业所得税纳税年度有关问题的通知　国税函［2008］301 号　成文日期：2008—04—03

40. 财政部　国家税务总局关于核定中信银行股份有限公司计税工资税前扣除标准有关问题的通知　财税［2008］36 号　成文日期：2008—03—24

41. 国家税务总局关于做好 2007 年度企业所得税汇算清缴工作的补充通知　国税函［2008］264 号　成文日期：2008—03—24

42 国家税务总局关于小型微利企业所得税预缴问题的通知　国税函［2008］251 号　成文日期：2008—03—21

43. 国家税务总局关于印发《跨地区经营汇总纳税企业所得税征收管理暂行办法》的通知　国税发［2008］28 号　成文日期：2008—03—10

44. 财政部　国家税务总局关于生育津贴和生育医疗费有关个人所得税政策的通知　财税［2008］8 号　成文日期：2008—03—07

45. 国家税务总局关于印发《企业所得税核定征收办法》（试行）的通知　国税发［2008］30 号　成文日期：2008—03—06

46. 财政部　国家税务总局关于企业所得税若干优惠政策的通知　财税［2008］1 号　成文日期：2008—02—22

47. 国家税务总局关于个人所得税工资薪金所得减除费用标准政策衔接问题的通知　国税发［2008］20 号　成文日期：2008—02—20

48. 国务院关于修改《中华人民共和国个人所得税法实施条例》的决定

中华人民共和国国务院令第 519 号　成文日期：2008—02—18　自 2008 年 3 月 1 日起施行

49. 财政部　国家税务总局关于贯彻落实国务院关于实施企业所得税过渡优惠政策有关问题的通知　财税［2008］21 号　成文日期：2008—02—04

50. 国家税务总局关于企业所得税预缴问题的通知　国税发［2008］17 号　成文日期：2008—01—30

51. 国家税务总局关于印发《中华人民共和国企业所得税月（季）度预缴纳税申报表》等报表的通知　国税函［2008］44 号　成文日期：2008—01—09

52. 国家税务总局关于 2007 年度李四光地质科学奖奖金免征个人所得税问题的通知　国税函［2007］1306 号　成文日期：2007—12—26

53. 国家税务总局关于企业之间相互提供贷款担保发生担保损失税前扣除问题的批复　国税函［2007］1272 号　成文日期：2007—12—18

54. 国家税务总局关于加强年所得 12 万元以上个人自行纳税申报信息保密管理的通知　国税函［2007］1248 号　成文日期：2007—12—17

综　合

1. 财政部　国家税务总局关于房产税城镇土地使用税有关问题的通知　财税［2008］152 号　成文日期：2008—12—18

2. 国家税务总局关于印发《中华人民共和国企业年度关联业务往来报告表》的通知　国税发［2008］114 号　成文日期：2008—12—05

3. 国家税务总局关于加大监督检查力度切实维护税收秩序的通知　国税发［2008］112 号　成文日期：2008—12—02

4. 科技部　财政部　国家税务总局关于认真做好 2008 年高新技术企业认定管理工作的通知　国科发火［2008］705 号　成文日期：2008—11—27

5. 关于公布取消和停止征收 100 项行政事业性收费项目的通知　财综［2008］78 号　成文日期：2008—11—13

6. 财政部　海关总署　国家税务总局　关于促进边境贸易发展有关财税政策的通知　财关税［2008］90 号　成文日期：2008—10—30

7. 财政部　国家税务总局关于调整房地产交易环节税收政策的通知　财税［2008］137 号　成文日期：2008—10—22

8. 财政部　国家税务总局关于企业改制过程中以国家作价出资（入股）方式转移国有土地使用权有关契税问题的通知　财税［2008］129 号　成文日期：2008—10—22

9. 国家发展和改革委员会　科学技术部　工业和信息化部　财政部　住房和城乡建设部　交通运输部　商务部　国家税务总局　国家质量监督检验检疫总局　国务院机关事务管理局　国务院法制办公室关于贯彻实施《中华人民共和国节约能源法》的通知　发改环资［2008］2306 号　成文日期：2008—08—25

10. 关于同意湖北省征收地方教育附加的复函　财综函［2008］7 号　成文日期：2008—08—01

11. 国家税务总局关于坚持依法治税严格减免税管理的通知　国税发［2008］73 号　成文日期：2008—07—17

12. 国家税务总局关于中国铁道建筑总公司股份制改革过程中有关税收问题的通知　国税函［2008］679 号　成文日期：2008—07—16

13. 科学技术部　财政部　国家税务总局关于印发《高新技术企业认定管理工作指引》的通知　国科发火［2008］362 号　成文日期：2008—07—08

14. 国家税务总局关于开展 2008 年税收执法检查和执法监察工作的通知　国税发［2008］66 号　成文日期：2008—06—13

15. 国家税务总局关于全资子公司承受母公司资产有关契税政策的通知　国税函［2008］514 号　成文日期：2008—05—26

16. 国家税务总局关于国务院第四批取消和调整行政审批项目后涉及简并纳税人涉税资料业务操作处理办法的通知　国税发［2008］56 号　成文日期：2008—05—22

17. 国家税务总局关于无效产权转移征收契税的批复　国税函［2008］438 号　成文日期：2008—05—20

18. 财政部　国家税务总局关于认真落实抗震救灾及灾后重建税收政策问题的通知　财税［2008］62 号　成文日期：2008—05—19

19. 国家税务总局关于车船税征管若干问题的通知　国税发［2008］48 号　成文日期：2008—05—08

20. 国家税务总局关于出口企业提供出口收汇核销单期限有关问题的通知　国税发［2008］47 号　成文日期：2008—05—05

21. 财政部关于公布 2007 年全国政府性基金项目目录的通知　财综［2008］11 号　成文日期：2008—04—10

22. 国家税务总局关于应用评税技术核定房地产交易计税价格的意见　国税函［2008］309 号　成文日期：2008—04—08

23. 国家税务总局关于普华永道中天会计师事务所有限公司及其关联机构赞助第 29 届奥运会有关税收政策问题的通知　国税函［2008］286 号　成文日期：2008—03—30

24. 国家税务总局关于服务贸易对外支付税收征管有关问题的补充通知　国税函［2008］258 号　成文日期：2008—03—24

25. 国家税务总局关于服务贸易对外支付税收征管有关问题的通知　国税函［2008］219 号　成文日期：2008—03—06

26. 财政部　国家税务总局关于廉租住房经济适用住房和住房租赁有关税收政策的通知　财税［2008］24 号　成文日期：2008—03—03

27. 财政部关于企业新旧财务制度衔接有关问题的通知　财企［2008］34 号　成文日期：2008—02—29

28. 国家税务总局关于修订“税务处理决定书”式样的通知　国税函［2008］215 号　成文日期：2008—02—29

29. 国家外汇管理局　国家税务总局关于试行服务贸易对外支付税务备案有关问题的通知　汇发［2008］8 号　成文日期：2008—02—26

30. 国家税务总局关于印发《2008 年全国税收工作要点》的通知　国税发［2008］1 号　成文日期：2008—02—03

31. 财政部　商务部　国家税务总局关于老长贸合同适用出口退税政策的通知　财税［2008］9 号　成文日期：2008—01—29

32. 国家税务总局关于普通发票行政审批取消和调整后有关税收管理问题的通知　国税发［2008］15 号　成文日期：2008—01—29

33. 国家税务总局关于发布已失效或废止的税收规范性文件目录（第二批）的通知　国税发［2008］8 号　成文日期：2008—01—17

34. 国家税务总局关于印发《土地增值税清算鉴证业务准则》的通知　国税发［2007］132 号　成文日期：2007—12—29

35. 湖北省地方税务局关于进一步规范城镇土地使用税困难性减免审批工作的补充通知　鄂地税发［2008］142 号　成文日期：2008—06—26

36. 湖北省地方税务局关于印发《湖北省地方税务局促进地方经济社会发展的地方税收优惠政策与措施》的通知　鄂地税发［2008］125 号　成文日期：2008—06—03

## 四、2007 年主要税收政策目录

**增值税**

1. 国家税务总局关于纳税人善意取得虚开增值税专用发票已抵扣税款加收滞纳金问题的批复　国税函［2007］1240 号　成文日期：2007—12—12

2. 国家税务总局　关于下放增值税专用发票最高开票限额审批权限的通知　国税函［2007］918 号　成文日期：2007—08—28

3. 国家税务总局关于商品混凝土征收增值税有关问题的通知　国税函［2007］

599 号　成文日期：2007—06—03

4. 财政部　国家税务总局关于印发《中部地区扩大增值税抵扣范围暂行办法》的通知　财税［2007］75 号　成文日期：2007—05—11

5. 关于纳税人进口货物增值税进项税额抵扣有关问题的通知　国税函［2007］350 号　成文日期：2007—03—22

6. 国家税务总局关于修订增值税专用发票使用规定的补充通知　国税发［2007］18 号　成文日期：2007—02—16

7. 国家税务总局关于纳税人折扣折让行为开具红字增值税专用发票问题的通知　国税函［2006］1279 号　成文日期：2006—12—29

**营业税**

1. 国家税务总局关于新版公路　内河货物运输业统一发票有关使用问题的通知　国税发［2007］101 号　成文日期：2007—08—26

2. 国家税务总局关于勘察设计劳务征收营业税问题的通知　国税函［2006］1245 号　成文日期：2006—12—22

**所得税**

1. 中华人民共和国企业所得税法　中华人民共和国主席令第六十三号　成文日期：2007—03—16

2. 中华人民共和国企业所得税法实施条例　国务院令 2007 年第 512 号　成文日期：2007—12—06

3. 国务院关于实施企业所得税过渡优惠政策的通知　国发［2007］39 号　成文日期：2007—12—26

4. 国家税务总局关于修改年所得 12 万元以上个人自行纳税申报表的通知　电国税函［2007］1087 号　成文日期：2007—11—02

5. 财政部　国家税务总局关于企业向个人支付不竞争款项征收个人所得税问题的批复　财税［2007］102 号　成文日期：2007—09—12

6. 国家税务总局关于调整核定征收企业所得税应税所得率的通知　国税发［2007］104 号　成文日期：2007—08—30

7. 国家税务总局关于取消促进科技成果转化暂不征收个人所得税审核权有关问题的通知　国税函［2007］833 号　成文日期：2007—08—01

8. 国家税务总局关于保险企业发生与退保业务相关佣金支出税前扣除问题的通知　国税函［2007］880 号　成文日期：2007—08—01

9. 财政部　国家税务总局关于中国青少年社会教育基金会等 16 家单位公益救济性捐赠所得税税前扣除问题的通知　财税［2007］112 号　成文日期：2007—07—31

10. 关于修改《对储蓄存款利息所得征收个人所得税的实施办法》的决定　中华人民共和国国务院令第 502 号　成文日期：2007—07—20

11. 国家税务总局关于延期申报预缴税款滞纳金问题的批复（深圳市国家税务局） 国税函［2007］753号 成文日期：2007—07—10

12. 财政部 国家税务总局关于执行《企业会计准则》有关企业所得税政策问题的通知 财税［2007］80号 成文日期：2007—07—07

13. 全国人大常委会修改《个人所得税法》决定 中华人民共和国主席令第六十六号 成文日期：2007—06—29

14. 财政部 国家税务总局关于企业政策性搬迁收入有关企业所得税处理问题的通知 财税［2007］61号 成文日期：2007—05—18

15. 国家税务总局关于印发《企业支付实习生报酬税前扣除管理办法》的通知 国税发［2007］42号 成文日期：2007—04—10

16. 国家税务总局关于外商投资企业和外国企业取得政府补助有关所得税处理问题的批复 国税函［2007］408号 成文日期：2007—04—05

17. 国家税务总局关于加强和规范个人取得拍卖收入征收个人所得税有关问题的通知 国税发［2007］38号 成文日期：2007—04—04

18. 关于新办企业减免企业所得税执行起始时间的批复
国税函［2007］365号 成文日期：2007—03—27

19. 国家税务总局关于企事业单位公务用车制度改革后相关费用税前扣除问题的批复研究 国税函［2007］305号 成文日期：2007—03—09

20. 财政部 国家税务总局关于个人取得有奖发票奖金征免个人所得税问题的通知 财税［2007］34号 成文日期：2007—02—27

21. 财政部 国家税务总局关于单位低价向职工售房有关个人所得税问题的通知 财税［2007］13号 成文日期：2007—02—08

22. 关于印发《企业财产损失所得税税前扣除鉴证业务准则（试行）》的通知 国税发［2007］9号 成文日期：2007—02—02

23. 关于印发《企业所得税汇算清缴纳税申报鉴证业务准则（试行）》的通知 国税发［2007］10号 成文日期：2007—02—02

24. 关于公益救济性捐赠税前扣除政策及相关管理问题的通知 财税［2007］6号 成文日期：2007—01—08

**城镇土地使用税**

1. 财政部 国家税务总局关于核电站用地征免城镇土地使用税的通知 财税［2007］124号 成文日期：2007—09—10

2. 国家税务总局关于外商投资企业和外国企业征收城镇土地使用税问题的批复 国税函［2007］596号 成文日期：2007—06—01

3. 湖北省城镇土地使用税实施办法 省人民政府第302号令 成文日期：2007—05—19

4. 财政部 国家税务总局关于贯彻落实国务院关于修改《中华人民共和国城镇

土地使用税暂行条例》的决定的通知 财税［2007］9号 成文日期：2007—01—19

5. 财政部 国家税务总局关于房产税城镇土地使用税有关政策的通知 财税［2006］186号 成文日期：2006—12—25

6. 财政部 国家税务总局关于集体土地城镇土地使用税有关政策的通知 财税［2006］56号 成文日期：2006—04—30

7. 国家税务总局关于填海整治土地免征城镇土地使用税问题的批复 国税函［2005］968号 成文日期：2005—10—14

8. 中华人民共和国城镇土地使用税暂行条例 国务院第483号令 成文日期：2006—12—31

9. 湖北省人民政府办公厅关于印发湖北省城镇土地使用税适用税额标准的通知 鄂政办发［2007］37号 成文日期：2007—04—10

综 合

1. 财政部 海关总署 国家税务总局令第44号科技开发用品免征进口税收暂行规定 免税进口科技开发用品清单 成文日期：2007—01—31

2. 财政部 海关总署 国家税务总局令第45号科学研究和教学用品免征进口税收规定 免税进口科学研究和教学用品清单 成文日期：2007—01—31

3. 国家发展和改革委员会 信息产业部 海关总署 国家税务总局关于发布第一批国家鼓励的集成电路企业名单的通知 发改高技［2007］1879号 成文日期：2007—08—01

4. 国家发展和改革委员会 科学技术部 财政部 海关总署 国家税务总局公告2007年第58号第十四批国家认定企业（集团）技术中心及分中心名单 成文日期：2007—09—20

5. 国家税务总局 财政部检举纳税人税收违法行为奖励暂行办法 国家税务总局 财政部令第18号自2007年3月1日起施行 成文日期：2007—01—13

6. 国务院关于经济特区和上海浦东新区新设立高新技术企业实行过渡性税收优惠的通知 国发［2007］40号 成文日期：2007—12—26

7. 财政部 国家税务总局关于土地使用权转让契税计税依据的批复 财税［2007］162号 成文日期：2007—12—21

8. 国家税务总局关于清理简并纳税人报送涉税资料有关问题的通知 国税函［2007］1077号 成文日期：2007—11—02

9. 国务院关于第四批取消和调整行政审批项目的决定 国发［2007］33号 成文日期：2007—10—09

10. 财政部关于企业加强研发费用财务管理的若干意见 财企［2007］194号 成文日期：2007—09—04

11. 财政部、国家发改委联合印发《节能技术改造财政奖励资金管理暂行办法》

财建［2007］371 号　成文日期：2007—08—30

12. 国家税务总局　关于落实“两个减负”优化纳税服务工作的意见　国税发［2007］106 号　成文日期：2007—08—30

13. 国家税务总局　关于发票核定和最高开票限额审批有关问题的批复　国税函［2007］868 号　成文日期：2007—08—24

14. 财政部　国家税务总局关于科技企业孵化器有关税收政策问题的通知　财税［2007］121 号　成文日期：2007—08—20

15. 财政部　国家税务总局关于国家大学科技园有关税收政策问题的通知　财税［2007］120 号　成文日期：2007—08—20

16. 国家税务总局　中国保险监督管理委员会关于保险机构代收代缴车船税有关问题的通知　国税发［2007］98 号　成文日期：2007—08—14

17. 国家税务总局　国家外汇管理局关于天津　上海　浙江试行申报出口退税免予提供纸质出口收汇核销单的通知　国税发［2007］92 号　成文日期：2007—08—03

18. 国家税务总局关于调整出口退税率文库的通知　国税函［2007］862 号　成文日期：2007—07—31

19. 关于执行《国家认定企业技术中心管理办法》有关问题的通知　国税发［2007］78 号　成文日期：2007—07—09

20. 国家税务总局关于取消部分地方税行政审批项目的通知　国税函［2007］629 号　成文日期：2007—06—11

21. 国家税务总局关于承受装修房屋契税计税价格问题的批复　国税函［2007］606 号　成文日期：2007—06—01

22. 国家税务总局　中国保险监督管理委员会关于做好车船税代收代缴工作的通知　国税发［2007］55 号　成文日期：2007—04—29

23. 国家税务总局关于水利工程水费征收流转税问题的批复　国税函［2007］461 号　成文日期：2007—04—29

24. 国家税务总局关于明确资源综合利用建材产品和废渣范围的通知　国税函［2007］446 号　成文日期：2007—04—25

25. 财政部　国家发展改革委关于公布 2006 年全国性及中央部门和单位行政事业性收费项目目录的通知　财综［2007］28 号　成文日期：2007—04—23

26. 国家发展和改革委员会　科学技术部　财政部　海关总署　国家税务总局令第 53 号　国家认定企业技术中心管理办法　成文日期：2007—04—19

27. 财政部关于印发《全国先进会计工作者评选表彰办法》的通知　财会［2007］7 号　成文日期：2007—04—13

28. 财政部关于实施修订后的《企业财务通则》有关问题的通知　财企［2007］48 号　成文日期：2007—03—20

29. 国家税务总局关于做好我国企业境外投资税收服务与管理工作的意见　国税

发［2007］32 号　成文日期：2007—03—20

30. 关于税务机关实施税收保全措施有关问题的通知　国税发［2007］24 号　成文日期：2007—03—05

31. 财政部　国家税务总局　关于促进创业投资企业发展有关税收政策的通知　财税［2007］31 号　成文日期：2007—02—07

32. 关于简化纳税人向税务机关提供有关审验证件的通知　国税函［2007］149 号　成文日期：2007—02—01

33. 财政部　国家发展改革委　海关总署　国家税务总局关于落实国务院加快振兴装备制造业的若干意见有关进口税收政策的通知　财关税［2007］11 号　成文日期：2007—01—14

34. 财政部　国家税务总局关于青藏铁路公司运营期间有关税收等政策问题的通知　财税［2007］11 号　成文日期：2007—01—11

35. 国家税务总局关于印发《2007 年全国税收工作要点》的通知　国税发［2007］1 号　成文日期：2007—01—10

36. 国家税务总局关于房地产开发企业土地增值税清算管理有关问题的通知　国税发［2006］187 号　成文日期：2006—12—28

37. 国家税务总局关于中国移动有限公司内地子公司业务销售附带赠送行为征收流转税问题的通知　国税函［2006］1278 号　成文日期：2006—12—28

38. 商务部、国家税务总局公告 2006 年第 13 号，公布《中国鼓励引进技术目录》公告　2006 年第 13 号　成文日期：2006—12—18

## 五、国家税务总局<br>2010 年 1 月 28 日在线访谈问题摘录

**http：//202. 108. 90. 175 /fangtan /templates /n7 /interviewlog. html**

优化纳税服务，构建和谐的税收征纳关系是税务部门工作的永恒主题。为畅通征纳双方沟通渠道，国税总局定期开展在线访谈工作。最近一次，2010 年 1 月 28 日 9：30分，国家税务总局领导和相关司局负责人做客国家税务总局网站，就《纳税人权利与义务公告》有关问题与网友在线交流。现摘录如下：

1.《征管法》规定“因纳税人、扣缴义务人计算错误等失误，未缴或者少缴税款的，税务机关在 3 年内可以追征税款、滞纳金”。因纳税人计算错误少缴税款在 3 年内的，在税务机关进行税务稽查时，是否只追征税款、滞纳金，不进行罚款；超过 3 年的税款、滞纳金、罚款都不用考虑？

征管科技司副司长赵福增：如果未缴或者少缴的税款不属于纳税人主观故意造成的，换句话说，不涉及定性为偷税性质税款的，只缴纳税款滞纳金，不罚款。

2. 纳税人应对税务稽查需要注意哪些事项？

稽查局副局长于海春：纳税人应对税务稽查注意的事项主要有以下四点：第一，检查人员应当出示税务检查证和税务检查通知书，并且应当两人以上。第二，按照税务机关要求，准备或提供相关资料。第三，在检查过程中，依法接受询问，有权要求税务机关对相关事项依法给予保密，有权就相关问题进行陈述、申辩和依法申请听证。对法律规定符合回避情形的可以要求检查人员回避。第四，对税务机关做出的税务处理、处罚决定可以依法申请行政复议、提起行政诉讼。

3. 我公司售 A 客户钢材一批，由于上月单价开错，A 客户已认证发票，我公司开红票需 A 客户提供红字通知单，当 A 客户对税务局提出单价有误申请以后，还用我公司出具相关证明吗？

货物劳务税司副司长王振华：不用。

4. 既用于增值税应税项目也用于非增值税应税项目、免征增值税项目、集体福利或者个人消费的固定资产的进项税额是否可以抵扣？

货物劳务税司副司长王振华：通常我们对于用途难以划分的货物采用应税产品销售额的方式，来划分可抵扣的进项税额。而固定资产有一定的特殊性，其用途存在多样性和可变性，比如，一台车床，既可以用来生产免税军品，也可以用来生产应税的民用物品，二者没有绝对的界限。按照《增值税暂行条例实施细则》的规定，只有那些专门用于不征收增值税项目或者应做进项税额转出的项目，包括非增值税应税项目、免税项目、集体福利和个人消费，其固定资产进项税额才不能抵扣。因此，既用于增值税应税项目也用于非增值税应税项目、免征增值税项目、集体福利或者个人消费的固定资产的进项税额是可以抵扣的。

5. 财税［2008］121 号文件中，关于资本弱化应该如何把握？

国际税务司副巡视员彭宁：资本弱化管理是指税务机关对企业接受关联方债权性投资与企业接受的权益性投资的比例，是否符合规定比例或独立交易原则进行审核评估和调查调整等工作。在财税［2008］121 号文件中，我们规定了金融企业的标准债资比例为 5∶1，其他企业为 2∶1。如果企业的关联债资比例超过了标准债资比例，超过部分的利息不得在税前扣除。

6. 残疾人员个人提供加工和修理修配劳务是否免征增值税？

货物劳务税司副司长王振华：是的。

7. 增值税暂行条例实施细则　第二十九条　年应税销售额超过小规模纳税人标准的其他个人按小规模纳税人纳税；非企业性单位、不经常发生应税行为的企业可选择按小规模纳税人纳。那么，此其他个人是否包括个体工商户？

货物劳务税司副司长王振华：不包括。

8. 合法的扣税凭证应当如何把握？

所得税司副司长缪慧频：按照企业所得税的有关规定，企业所得税税前扣除的凭证必须合法、有效，发票是企业所得税税前扣除的基本凭证，除发票以外，企业真实发生的各项费用，不需要取得发票的如折旧、工资等费用可以凭自制凭证扣除。企业无法取得发票的，需要企业提供能够证明和企业生产经营有关的费用真实发生的有效证明。

9. 年终奖金如何缴纳个人所得税？

所得税司副司长缪慧频：个人取得年终奖金应单独按照一个月的工资、薪金所得计算缴纳个人所得税，并按照以下办法计算应缴税额：先将雇员当月取得的全年一次性奖金除以12，按照其商数确定适用税率和速算扣除数计算应纳税额。如果在发放年终一次性奖金的当月，雇员的工资、薪金所得低于税法规定的费用扣除额，应当将全年一次性奖金减除雇员当月工资、薪金所得与费用扣除额的差额以后的余额，按照上述办法确定全年一次性奖金的适用税率和速算扣除数。在一个纳税年度以内，对每一个纳税人，该计税办法只允许采用一次。

10. 退休人员取得的过节费是否需要缴纳个人所得税？

所得税司副司长缪慧频：离退休人员取得过节费，应该按照《国家税务总局关于离退休人员取得离退休工资以外的奖金补贴征税问题的批复》（国税函［2008］723号）规定征收个人所得税，即离退休人员当月从原任职单位取得各项生活补贴、奖金、实物等，在减除费用扣除额后，按照工资、薪金所得项目缴纳个人所得税。

11. 税务部门的行政审批项目有哪些？能否进一步精简行政审批项目？

法规司副巡视员杨宏建：到目前为止，我局经过国务院确认的现行有效的行政许可项目为以下四项：（一）指定企业印制发票。（二）印制有本单位名称的发票。（三）对增值税防伪税控系统最高开票限额的审批。（四）印花税票代售许可。

到目前为止，我局经过国务院确认的现行有效的非许可行政审批项目有以下二十五项：（一）城镇土地使用税困难减免审批。（二）企业所得税减免税审批。（三）上市公司国有股权无偿转让免征证券（股票）交易印花税审批。（四）对纳税人延期缴纳税款的审批。（五）对办理税务登记的核准。（六）对纳税人延期申报的核准。（七）对企业汇总缴纳增值税的审批。（八）对办理扣缴税款登记的核准。（九）对纳税申报方式的核准。（十）对纳税人变更纳税定额的核准。（十一）对吸纳下岗失业人员达到规定条件的服务型、商贸企业和对下岗失业人员从事个体经营减免税的审批。（十二）对增值税一般纳税人资格认定的审批。（十三）对企业汇总缴纳消费税的审批。（十四）出售普通标准住宅增值额未超过20%、国家征用房产或收回土地、因城市规划纳税人自行出售房地产免征土地增值税的审批。（十五）出口货物免抵退税审批。（十六）外国政府和国际组织无偿援助项目在华采购物资免税审批。（十七）公路货运业自开票纳税人和代开票纳税人认定。（十八）民政福利企业增值税优惠资格认定及退税、免征营业税审批。（十九）对120家大型试点企业集团合并缴纳企业所得税的审批。（二十）协定国居民申请享受协定待遇的审批。（二十一）新发生出口业务企业退税的审批。（二十二）西部大开发税收优惠政策审批。（二十三）对企业财产损失企业所得税税前扣除的审批。（二十四）对设立税务师事务所的审批。（二十五）非居民企业在中国境内设立两个以上机构场所的，经税务机关审核批准，可以选择由其主要机构场所汇总缴纳企业所得税。

大力精简行政审批项目，着力推进政府管理方式创新，促进服务政府、责任政府、法治政府和廉洁政府的建设，是国务院行政审批制度改革工作的基本要求。经过国务院的四轮行政审批项目的清理，税务总局的行政审批项目已经从一百多项减少为二十多项。对于这些现行有效的行政审批项目，是否还可以继续精简，要根据经济社会发展的总体状况和税收管理工作的具体要求来进一步研究、探讨并做出判断。

12. 纳税人有申请延期缴纳税款权，但获准的 3 个月后，又发生了当期货币资金不足以缴纳税款，还能继续延期吗？

征管科技司副司长赵福增：不能延期。但如果以后又发生当期货币资金不足以缴纳税款情形的，可以就新发生的应纳税款申请缓缴。

13. 工资薪金个人所得税计税时，是扣除相关社保和公积金后的余额计税，还是先用应发数计税，再扣除相关的社保费用？

所得税司副司长缪慧频：按照有关规定，个人取得工资薪金所得，应先扣除按照国家和省级地方人民政府规定的比例，缴付的住房公积金和基本养老保险费、基本医疗保险费、失业保险费后的余额，计算缴纳个人所得税。

14. 当地国税稽查局是否有权利检查地方税务局征收的税种业务？比如检查服务业的营业税等。

稽查局副局长于海春：国地税局应当按照工作职责开展税务稽查工作，如果国税局在检查过程中发现地税局管辖税种存在涉嫌税收违法问题的，将按规定移交地税局处理。

15. 2010 年，对下岗失业人员再就业有没有新的税收优惠政策？

法规司副巡视员杨宏建：有关政策，我局和有关部门正在研究当中。

16. 清算期间如果时间较长，是否需要进行预缴？

所得税司副司长缪慧频：按照现行规定，整个清算期间作为一个纳税年度，不需要进行预缴。待清算结束后，统一申报缴纳。

17. 个人所得税征税是否考虑一下每个人的家庭子女情况？夫妻双方工作情况？一概的统一征收是否公平？另外，个人所得税的退税情形是否考虑过？比如家庭成员疾病、失业整体收入受影响时。建议参考一下美国的个人所得税征税体系！

所得税司副司长缪慧频：您提的问题很好，相关问题国家正在积极研究中。

18. 现行《征管法》对逾期缴纳税款按日加收万分之五的滞纳金，这比银行贷款利率高出很多，是否可以参照国外的做法，比照银行贷款利率规定滞纳金的加收比率？

征管科技司副司长赵福增：税务机关作为行政执法机关，在税收征管法未修订之前，只能按现行规定执行。《征管法》第 32 条规定的立法目的是基于对纳税人占用国家税款一种补偿，而比银行贷款利率略高的加收比率，是为了促使纳税人尽快缴纳税款。滞纳金也不宜实行浮动利率，如比照执行，势必导致滞纳金结果的确认处于不确定状态，纳税人难以准确测算和科学筹划预期的经营管理成本，税务机关实务上也难以操作。

当然，随着形势的发展，滞纳金制度确有亟需改进的地方。我们已注意到这方面的问题，拟对《征管法》中滞纳金条款提出三个方面的修订意见：一是设定滞纳金加收数额上限，一方面有利于企业发展，鼓励企业主动积极清缴税款，另一方面也有利于降低税务机关清欠的难度；二是明确滞纳金中止计算情形；三是明确不加收滞纳金情形。新增条款拟以列举式和概括式相结合的立法方式，涵盖各种常见的滞纳金适用的除外情形，以从立法层面减轻纳税人税收负担。

19. 某丹麦货运企业从事货运业务，运输起点为中国上海，终点为国外。取得的货运收入是否需要征收所得税。企业提出公司拥有中丹海运协定，并且提供了居民身份证明。请问我们是否还需要企业申请税收协定？

国际税务司副巡视员彭宁：根据企业所得税法规定，该丹麦公司在中国境内取得货运收入，应该缴纳企业所得税。但根据中丹税收协定和海运协定的规定，如果该丹麦公司是丹麦的居民企业，可以享受相关的免税待遇。目前，关于执行税收协定程序的文件（国税发［2009］124 号文），暂不包括国际运输企业。此类问题仍按以前对海运企业减免税的管理程序规定办理。

20. 减免（返还）的企业所得税是否征税？

所得税司副司长缪慧频：现行税法规定，需要给予所得税税收优惠的，一般采取直接减免、或者抵免。如果按照税法规定征税后，再以财政或其他方式返还给企业，要根据返还款项的性质，确定是否征税。属于财政性资金、或者其他专项基金的，且有规定专项用途的，按照规定可以作为不征税收入处理，否则，应作为应税收入征税。

21. 企业发给职工的过节费是属于工资支出吗？

所得税司副司长缪慧频：属于工资总额，作为福利费。

22. 申请退还多缴税款权。《征管法实施细则》第七十八条规定，税务机关发现纳税人多缴税款的，应于发现之日起 10 日内办理退还手续。事实上在一般情况下，税务机关退税程序环节多，且纳税人多缴税款需有一个合法确认的过程，有的甚至要评估或稽查部门出具结论才能作为退税依据，税务机关在办理税款退还适当延长较为合适。

征管科技司副司长赵福增：这里的“10 日内”是指税务机关办理退税开始的时限。

23. 请问固定资产的残值率可以选择为 0 吗？

所得税司副司长缪慧频：根据现行税法规定，企业可以根据固定资产的性质及使用情况，确定是否预留残值。如果固定资产使用到期后，没有任何可利用价值，或者变卖价值，可以选择 0。

24. 关联申报适用的范围是什么？

国际税务司副巡视员彭宁：根据《国家税务总局关于印发〈特别纳税调整实施办法（试行）〉的通知》（国税发［2009］2 号）第十一条规定，关联申报适用于实行查账征收的居民企业和在中国境内设立机构、场所并据实申报缴纳企业所得税的非居民企业。在纳税年度内存在有关联关系的企业都要填报《关联关系表》、《关联交易汇总表》、《购销表》、《劳务表》、《无形资产表》、《固定资产表》和《融通资金表》，有对外投资的居民企业要填报《对外投资情况表》，有对外支付款项的企业要填报《对外支付款项情况表》。

25. 纳税人就涉税争议提起税务行政复议，要先交齐税款或提供纳税担保，否则就会失去申请复议的资格，是不是不太公平？有时争议税款的金额很高，我们无法在申请复议期内筹集，就失去复议的资格，对企业来说是很大的损失。

征管科技司副司长赵福增：现行征管法第八十八条第1款将缴纳税款或者提供纳税担保作为提起行政复议的前置条件，是出于在依法税前提下，兼顾各方利益的综合考虑。主要原因是：其一，若不设定前置条件，纳税人可以就任意一笔税款申请行政复议，势必增加复议成本，降低征收效率，不能保障国家税款及时入库；其二，即使按照行政复议不停止执行的行政原则，税务机关有权对纳税人应缴纳的税款及滞纳金采取强制执行措施，会导致执法成本大幅增加，财政支出加大，也间接加大纳税人负担；其三，从纳税人角度考虑，确实认为需要行政复议的，纳税人可以积极采取措施完成该前置条件，这并不影响纳税人保护自己的合法权益；其四，对于特殊困难的纳税人，可以通过办理保证、抵押、质押等方式来提供纳税担保，而且实践中遇到难以办理的情形为极少数，并不影响这一制度本身对保障税款及时入库的积极意义。

26. 个人提供劳务需要代开发票，未达到起征点，需要缴营业税吗？发票从哪代开？

征管科技司副司长赵福增：未达到起征点的，不需要缴纳营业税；需要代开发票的，到所在地地税机关代开。

27. 企业支付残疾人工资100%加计扣除，对亏损企业适用吗？

所得税司副司长缪慧频：适用。

28. 征管法实施细则规定：纳税人办理注销税务登记前，应向税务机关结清应纳税款，但我公司因政策性破产，经法院审理，破产财产无力清偿所欠税款，法院已经裁判定破产了，但税务机关却以未结清税款为由不给办理注销登记。这样就导致了我公司破产后，却要以清算组的名义继续进行纳税申报，不知该怎么办？

征管科技司副司长赵福增：您说的这种情形是正在破产清算中，如整个清算工作结束了，即可办理注销税务登记手续。

29. 代有关单位、部门收取的费用是否要计征营业税？

货物劳务税司副司长王振华：根据营业税暂行条例实施细则第十三条规定，营业税的计税依据包括价外费用，但不包括同时符合以下条件代为收取的政府性基金或者行政事业性收费：（一）由国务院或者财政部批准设立的政府性基金，由国务院或者省级人民政府及其财政、价格主管部门批准设立的行政事业性收费。（二）收取时开具省级以上财政部门印制的财政票据。（三）所收款项全额上缴财政。只有同时符合上述三个条件的代收政府性基金或者行政事业性收费才不作为营业税计税依据，除此之外任何代收项目费用都应并入营业税计税依据申报缴纳营业税（前提是属于营业税征税范围）。

30. 核定征收的收入包括补贴收入吗？

所得税司副司长缪慧频：核定征收的企业，年度中间取得补贴收入，如果该补贴收入属于应税收入的，应并入已核定的收入总额中一并征税。

31. 发票有几联，各联用途是什么？

征管科技司副司长赵福增：发票的基本联次为三联。存根联，开票方留存备查；发票联，收执方作为付款的原始凭证；记账联，开票方作为记账的原始凭证。

32. 特别纳税调整补征税款如何加收利息？

国际税务司副巡视员彭宁：根据《中华人民共和国企业所得税法》及其实施条例，以及《国家税务总局关于印发〈特别纳税调整实施办法（试行）〉的通知》（国税发［2009］2号）的相关规定，对企业做出特别纳税调整的，应对2008年1月1日以后发生交易补征的企业所得税税款，按日加收利息，计息期间自税款所属纳税年度的次年6月1日起至补缴（预缴）税款入库之日止。例如，税务机关对企业2008年度的关联交易实施转让定价调查调整并补征税款，企业2009年9月1日补税入库，那么此笔税款的计息期间应自2009年6月1日起至2009年9月1日止。要补征的利息＝（4.86%＋5%）÷365×93天×补征税款。其中4.86%为2008年12月31日实行的中国人民银行6个月以内（含6个月）人民币贷款基准利率。企业提供同期资料和其他相关资料的，可只按基准利率计算利息。

33. 职工集体宿舍楼折旧及日常简单修缮支出能否企业所得税前扣除？

所得税司副司长缪慧频：如果该固定资产属于企业所有，其所发生的折旧费及日常简单的修缮费支出，可以税前扣除。

34. 技术服务转包能否从营业额中扣除？

货物劳务税司副司长王振华：根据《中华人民共和国营业税暂行条例》第五条的规定，纳税人的营业额为纳税人提供应税劳务、转让无形资产或者销售不动产向对方收取的全部价款和价外费用。从事技术服务业支付给分包方的费用在计算缴纳营业税时不得从营业额中扣除。

35. 国地税对“新办企业”的理解不一致，双方都要求企业缴纳所得税，纳税人该怎么办？

所得税司副司长缪慧频：为进一步提高企业所得税征管质量和效率，经国务院同意，国家税务总局发布了《关于调整新增企业所得税征管范围问题的通知》（国税发［2008］120号），对2009年以后新增企业的所得税征管范围调整问题进行了明确。文件第一条规定：“2009年起新增企业所得税纳税人中，应缴纳增值税的企业，其企业所得税由国家税务局管理；应缴纳营业税的企业，其企业所得税由地方税务局管理。”文件第二条第（五）项同时规定：“2009年起新增企业，是指按照《财政部 国家税务总局关于享受企业所得税优惠政策的新办企业认定标准的通知》（财税［2006］1号）及有关规定的新办企业认定标准成立的企业。”也就是说，2009年以后新增企业的标准仍然遵循2008年之前的相关规定。具体来说，税务机关应该按照《财政部　国家税务总局关于享受企业所得税优惠政策的新办企业认定标准的通知》（财税［2006］1号）、《国家税务总局关于缴纳企业所得税的新办企业认定标准执行口径等问题的补充通知》（国税发［2006］103号）、《国家税务总局关于所得税收入分享体制改革后税收征管范围的补充通知》（国税发［2003］76号）和《国家税务总局关于所得税收入分享体制改革后税收征管范围的通知》（国税发［2002］8号）的相关规定来判断是否属于新增企业。主管国、地税机关对企业是否属于新办企业有争议的，应提请上一级国、地税机关按照国家税务总局有关征管范围的文件规定协商解决。

36. 建筑企业分支机构、项目部等跨地经营企业所得税如何缴纳？依据是什么？

所得税司副司长缪慧频：建筑企业所得税征管问题，应按照如下规定执行：（一）实行总、分机构体制的跨地区经营建筑企业应严格执行《国家税务总局关于印发〈跨地区经营汇总纳税企业所得税征收管理暂行办法〉的通知》（国税发［2008］28号）文件规定，按照"统一计算、分级管理、就地预缴、汇总清算、财政调库"的办法计算缴纳企业所得税。（二）建筑企业跨地区设立的不符合二级分支机构条件的项目经理部（包括与项目经理部性质相同的工程指挥部、合同段等），应汇总到总机构或二级分支机构统一计算，按照国税发［2008］28号文件规定的办法计算缴纳企业所得税，上述项目经理部不就地预缴企业所得税。

37. 企业申报所得税时，由于对税收政策的理解争议或由于计算错误，税务稽查时，将企业所得税亏损额调整，调整后同样是亏损。请问，对此稽查结果，是否需要征收企业所得税？是否需要对企业进行处罚？处罚的依据是什么？

所得税司副司长缪慧频：企业虚报亏损，如果已用以后年度的应纳税所得额弥补，应属于偷税行为，如果没有弥补，要调减亏损额，并按《征管法》的规定进行处罚。

38. 申请注销税务登记的条件有"结清应纳税款"，那么经法院裁定，破产企业的破产财产未能清偿的欠税，能否理解为已结清税款？

征管科技司副司长赵福增：如果破产清算中，按照法定清偿顺序完成了清算工作，此时已无财产承担所欠税款，税务机关应当注销税务登记。

39. 关于企业重组所得税问题的财税［2009］59号文件，2009年4月30日才下发，文件经层层转发后，到基层税务局的实际执行期已是五、六月份，却要追溯至2008年1月1日起执行，这时我们企业上一年度的汇算清缴都已完成，重新调整很难，也带来很大的工作量。企业所得税类似的文件不止这一个，这些文件能否按下发日期执行，以减少纳税人不必要的麻烦？

所得税司副司长缪慧频：2008年1月1日新企业所得税法实施以来，为确保新旧税法顺利衔接过渡，相关配套的政策措施及管理办法相继出台，个别文件因政策复杂性以及需深入调研等因素出台时间较滞后，为保证纳税人正常申报缴税以及做好2008年度汇算清缴工作，我局出台了《国家税务总局关于2008年度企业所得税纳税申报有关问题的通知》（国税函［2009］286号），该文件第二条规定“对于2009年5月31日后确定的个别政策，如涉及纳税调整需要补退企业所得税款的，纳税人可以在2009年12月31日前自行到税务机关补正申报，不加收滞纳金和追究法律责任。”以上规定可以解决纳税人提出的问题。

40. 现在房价这么高，税务有没有什么政策，如物业税等来控制虚高的房价呢？

财产行为税司副司长杨遂周：税务机关是政策执行机关。对于国务院已经出台的各项税收政策，税务机关通过加强土地增值税清算、落实契税“先税后证”、推进房地产税收一体化管理等措施进行了落实。物业税的改革目前还处在研究和准备阶段。

41. 出口退税是否需要缴纳企业所得税？

所得税司副司长缪慧频：不需要。

42. 我是一家中介组织，我们在做技术开发费加计扣除的鉴证时，发现有差旅费计入技术开发费用，这部分是否应该剔除？

所得税司副司长缪慧频：如果属于研发人员为技术开发过程中所发生的差旅费，可以作为技术开发费加计扣除，否则，要剔除。

43. 税务总局能否明确每个文件的执行时间，避免层层转发，导致执行时间迟滞？

办公厅副主任王兰：国家税务总局发布的税收规章都明确了生效执行时间。国家税务总局发布的税收规范性文件大多明确了生效执行时间。文件中没有明确生效执行时间的，原则上以成文日期（文件落款日期）为生效执行时间。解释性的文件以被解释的文件的生效执行时间为生效执行时间。文件的层层转发，不影响文件的生效执行时间。为贯彻落实国家有关政务公开的要求，国家税务总局发布的税收规章和规范性文件都及时在国家税务总局互联网站（www. chinatax. gov. cn）和《国家税务总局公报》上发布。欢迎广大纳税人监督。

44. 公司预提费用在所得税前的列支标准在各地税务机关执行不统一，例如，南方某市不允许预提工资，北方某市允许列支次年1月份发放的工资。总局能否对预提费用的列支范围、时间标准等做出进一步规定？

所得税司副司长缪慧频：按照税法规定，除财政部、税务总局规定可以预提费用外，其他一律不得预提费用。至于企业列支工资薪金问题，只要企业列支的工资薪金，属于本年度的，即不超过12个月份，如果采取下发工资制的，其次年1月份发放的工资，可以作为当年度的费用扣除。

45. 外贸企业申报退税主要提供哪些单证？

货物劳务税司副司长王振华：（1）出口货物报关单（出口退税专用）。（2）出口收汇核销单。（3）增值税专用发票（抵扣联）。

46. 发票是否是缴纳印花税的凭据？

财产行为税司副司长杨遂周：要视具体情况而定，印花税是针对合同性质的凭证征税，如果该凭证具有合同性质，比如运输发票就需要缴纳印花税。

47. 企业所得税法规定小型微利企业减按20%的税率征收企业所得税，请问什么是小型微利企业，小型微利企业是否需要经过税务机关的认定？

所得税司副司长缪慧频：企业所得税法实施条例第九十二条规定：符合条件的小型微利企业，是指从事国家非限制和禁止行业，并符合下列条件的企业：工业企业，年度应纳税所得额不超过30万元，从业人数不超过100人，资产总额不超过3000万元；其他企业，年度应纳税所得额不超过30万元，从业人数不超过80人，资产总额不超过1000万元。小型微利企业享受税收优惠，需要经过税务机关备案。

48. 为什么税法不能对已经有实际案例或已知道的项目也不能明确规定，总要留一些空白让各地方税务局自己决定，比如福利费等，这样税务局管理也乱，企业也迷惘，最重要的是滋生腐败。本人认为死规定就算是有一些弊端但制度和法律要比人可靠，能给纳税人创造一个干净和公平的环境。如果税务局在人力资源和技术上有难处可以向社会征集意见，本人认为只要政府想做没有办不到的事，这就是对纳税人最好的回报。

总会计师汪康：你这个问题提得很好。我也赞同你的意见。我们现在也正在按照你的建议在努力，一方面，我们要尽可能的在制度层面规范税收政策，统一标准和执行的口径，防止执行中的不统一、不规范的问题，给纳税人创造一个公平、公正的税收环境；另一方面，也要考虑到我们国家的情况复杂，各个地方也有一定的特殊性，给省一级的税务机关适度的权限是必要的，但这个权限是可控的，是有量化标准的。这也是使税收政策适应经济发展的一个重要措施。

49. 普通发票代码的内容、编制规则及启用时间？

征管科技司副司长赵福增：为便于全国普通发票统一识别和查询，自2004年7月1日起，在全国统一启用12位分类代码和8位发票号码的普通发票。普通发票代码由国地税代码、行政区域代码、年份代码、行业代码、发票种类代码等组成，共12位；从左至右按照下列顺序编制：第1位为国地税代码，第2—5位为行政区域代码，第6—7位为年份代码，第8位为行业代码，第9、10、11、12位为发票种类代码。

50. 由自然灾害引起的企业存货毁损，增值税进项税额到底是否需要转出？

货物劳务税司副司长王振华：经审核，确属自然灾害造成的存货损失那部分，相应的进项税额不需要转出。

51. 公司收到某境外公司的服务费发票，上面注明净价格100元，我公司将净价格折算成税前价格105.26元代扣代缴营业税5.26元，但对方公司不同意按税前价格更换发票。请问我公司是否可以按税前价格105.26元在所得税前列支此服务费？

所得税司副司长缪慧频：如果劳务合同规定，应该是由中国公司负担，可以根据境外公司开具的劳务费发票，以及合同、营业税发票等作为有效凭证，在计算企业所得税前扣除。

52. 请问出口货物备案单证都包括哪些内容？

货物劳务税司副司长王振华：出口企业自营或委托出口属于退（免）增值税或消费税的货物，最迟应在申报出口货物退（免）税后15天内，将下列单证在企业备案：（1）购货合同。（2）出口货物明细单。（3）出口货物装货单。（4）出口货物运输单据。

53. 临时经营者需用普通发票应如何处理？

征管科技司副司长赵福增：临时经营者需用普通发票时，可以直接向税务机关提交申请，提供发生购销业务，接受劳务或者其他经营活动的书面证明，由税务机关为其代开普通发票，对税法规定应当纳税的，税务机关应在开具发票的同时征收税款。

54. 企业开发票为何还要规定限额？我是一家小企业，但有时也会有较大金额的生意，为何使用百万元的发票就那么难呢？

货物劳务税司副司长王振华：增值税专用发票实行最高开票限额管理是防范虚开增值税专用发票犯罪，加强增值税管理的需要。最高开票限额，是指单份专用发票开具的销售额合计数不得达到的上限额度。最高开票限额由一般纳税人申请，区县税务机关依法审批。区县税务机关对纳税人申请的最高开票限额要严格审核，根据企业生产经营和产品销售的实际情况进行审批，既要控制限额以利管理，又要保证纳税人生产经营的正常需要。

55. 发票上为什么印有"全国统一发票监制章"，为什么要加盖发票专用？

征管科技司副司长赵福增：每张税务发票票面上方都印有椭圆形"全国统一发票监制章"。发票专用章是税务机关实施发票监督管理的重要标志。开票单位在填开完毕发票后，应在发票上加盖开票单位的发票专用章或财务印章，以表示开票单位对开具发票的确认和承担的法律责任。

56. 根据《财政部、国家税务总局关于补充养老保险费补充医疗保险费有关企业所得税政策问题的通知》（财税［2009］27 号）规定："自 2008 年 1 月 1 日起，企业根据国家有关政策规定，为在本企业任职或者受雇的全体员工支付的补充养老保险费、补充医疗保险费，分别在不超过职工工资总额 5% 标准内的部分，在计算应纳税所得额时准予扣除；超过的部分，不予扣除。"问上述补充养老保险、补充医疗保险是否有具体定义。例如我公司与商业保险公司签订合同，公司缴纳一定保费后，员工可在一定范围内得到医疗费理赔。这是否属于"补充医疗保险"？

所得税司副司长缪慧频：企业为职工办理的补充养老保险和补充医疗保险，是按照国务院和当地政府统一规定进行的，其所发生的补充养老保险费和补充医疗保险费，可以按照规定不超过职工工资总额 5% 标准内扣除。否则，均属于商业保险，其所发生的费用不得扣除。

57. 我国对外签署的税收协定对"走出去"企业有何帮助？

国际税务司副巡视员彭宁：我国目前已对外签署了 93 个税收协定和 2 个税收安排，基本建立了全球范围的税收协定网络。这些协定对我国"走出去"企业的作用主要体现在两个方面：一是通过税收协定使"走出去"企业直接获利，如降低被投资国对股息、利息、特许权使用费等征收所得税的税率，又如对我国企业在境外活动未构成协定所称"常设机构"的，取得的利润在境外不予征税等；二是利用税收协定相互协商程序，通过两国税务主管当局之间的直接对话，为我国“走出去”企业在国外遇到的各类涉税纠纷和问题提供及时有效的帮助。

58. 请问会开征环保税、遗产税等税种吗？

财产行为税司副司长杨遂周：关于开征环保税的问题，党的十七大提出要“实行有利于科学发展的财税制度”。《国务院节能减排综合性工作方案》也提出要“研究开征环境税”。按照以上要求，财政部、国税总局和环保部相关司局目前正在积极研究环保税制。

59. 使用时间超过12个月的非货币性资产属于固定资产，使用时间如何界定，企业凭什么依据判定使用时间超过12个月？

所得税司副司长缪慧频：企业对自己经常使用的固定资产使用时间可以自行做会计判断，根据判断确定固定资产使用时间。

60. 普通发票为什么要验旧购新？

征管科技司副司长赵福增：根据《中华人民共和国发票管理办法》第二十八条的规定：开具发票的单位和个人应当建立发票使用登记制度，并定期向主管税务机关报告发票使用情况。根据这一规定，税务机关要求纳税人实施验旧购新的方式领购发票。税务机关在验旧购新时可以及时检查发票使用的正确性和合法性，检查其应纳税款有无及时足额申报纳税，尤其对实行定期定额的纳税人，可以及时掌握其定额缴纳的税款是否合理，以便及时调整定额。

61. 增值税扣税凭证抵扣期限只有90天，纳税人有时因为客观原因无法按期取得进项发票就不能抵扣应该得到的税款，给纳税人造成了损失，是否可以延长抵扣期限？

货物劳务税司副司长王振华：2003年以来，税务总局对增值税专用发票等扣税凭证陆续实行了90日申报抵扣期限的管理措施，对于提高增值税征管信息系统的运行质量、督促纳税人及时申报起到了积极作用。近来，部分纳税人及税务机关反映目前的90日申报抵扣期限较短，部分纳税人因扣税凭证逾期申报导致进项税额无法抵扣。为合理解决纳税人的实际问题，加强税收征管，税务总局对增值税扣税凭证的抵扣期限进行了调整，由90日延长到180日：第一，对增值税一般纳税人取得2010年1月1日以后开具的增值税专用发票、公路内河货物运输业统一发票和机动车销售统一发票，应在开具之日起180日内到税务机关办理认证，并在认证通过的次月申报期内，向主管税务机关申报抵扣进项税额。第二，实行海关进口增值税专用缴款书（以下简称海关缴款书）“先比对后抵扣”管理办法的增值税一般纳税人取得2010年1月1日以后开具的海关缴款书，应在开具之日起180日内向主管税务机关报送《海关完税凭证抵扣清单》（包括纸质资料和电子数据）申请稽核比对。未实行海关缴款书“先比对后抵扣”管理办法的增值税一般纳税人取得2010年1月1日以后开具的海关缴款书，应在开具之日起180日后的第一个纳税申报期结束以前，向主管税务机关申报抵扣进项税额。增值税一般纳税人取得2010年1月1日以后开具的增值税专用发票、公路内河货物运输业统一发票、机动车销售统一发票以及海关缴款书，未在规定期限内到税务机关办理认证、申报抵扣或者申请稽核比对的，则不能作为合法的增值税扣税凭证计算进项税额抵扣。

62.《国家税务总局关于强化跨境关联交易监控和调查的通知》（国税函［2009］363号）中第二条要求承担有限功能和风险的亏损企业报送同期资料，从何时起适用？

国际税务司副巡视员彭宁：国税函［2009］363号文是对《国家税务总局关于印发〈特别纳税调整实施办法（试行）〉的通知》（国税发［2009］2号）相关问题的进一步解释和明确，应与2号文同步实施。承担有限功能和风险的企业如出现亏损，无论是否达到准备同期资料的标准，均应在亏损发生年度准备同期资料及其他相关资料，并于次年6月20日之前报送主管税务机关。但是，上述单一功能企业如在2008年纳税年度发生亏损，按照上述2号文的规定，可延期至2009年12月31日之前向主管税务机关报送同期资料及其他相关资料。

63. 销售额未达起征点的个体工商户如何开具发票？

征管科技司副司长赵福增：对达不到起征点的个体工商户因经营需要开具发票的，只要到税务机关办理了税务登记，就可以办理领购普通发票的有关事宜，也可以由税务机关为其代开普通发票，但不得为其代开增值税专用发票。

64. 西部大开发税收政策将于何时到期？到期后是否会出台新的扶持政策？

法规司副巡视员杨宏建：国家西部大开发战略实施以来，为体现国家对西部地区的重点支持，我局会同有关部门出台了一系列税收优惠政策，支持了西部地区的发展。西部大开发税收优惠政策实施以来，对于推动西部地区经济发展、调整产业结构、增强企业发展实力、进行生态环境治理、实现国家的产业政策，以及培植和涵养长期税源，均起到较大的促进作用。西部大开发税收政策即将于2010年底执行到期，目前税务总局正在按照国务院统一部署，研究拟定今后10年促进西部大开发的政策措施。

65. 我理解为：过节费在《企业所得税法》中是“职工福利费”，按实发工资总额的14%在企业所得税前扣除，不能在企业所得税前全额扣除；过节费在《个人所得税法》中是按“工资、薪金”项目征收个人所得税，应全额计入当月工资薪金计征个人所得税。我的理解是否正确？

所得税司副司长缪慧频：对。

66. 临时到外地从事经营活动的单位或个人如何领购普通发票？

征管科技司副司长赵福增：凡到外省市从事临时经营或提供劳务的，必须持所在地税务机关签发的《固定工商业户外出经营税收管理证明单》，向经营地税务机关报验登记。需要开具普通发票的，可以向经营地税务机关申请购买发票。对擅自携带发票外出经营地开具的，经营地税务机关按《发票管理办法》予以处罚，并缴销其发票。

67. 用票单位应建立哪些制度？

征管科技司副司长赵福增：用票单位和个人应建立相应的发票管理制度，具体包括：建立发票登记（簿）和定期向税务机关报告发票使用情况制度；专人管票制度；专人填开制度。

68. 发票填写的规范性要求是什么？

征管科技司副司长赵福增：纳税人或开票单位在开具发票时应按规定进行填开：(1) 填写客户名称时必须写全称，不能简写。(2) 填写开票日期，必须是经济业务活动发生的实际日期，不能提前，也不能滞后，要做到当天开取。(3) 填写货物名称或收入（收费）项目，应该按照销售货物名称或劳务名称应逐项如实填写，不得虚开或改变内容。(4) 填写规格、计量单位、数量、单价时，必须按实际或标准填写。(5) 大小写金额数字的填写规范。首先必须同时填写大小写金额，不能只写大写，不写小写；也不能只写小写，不写大写。

69. 发票的开具方应注意哪些事项？

征管科技司副司长赵福增：发票的开具方在整本发票使用前，要认真检查有无缺面、缺号、发票联有无发票监制章或印制不清楚等现象。如发现问题应报送税务机关处理；整本发票开始使用后，应做到按号码顺序填写，填写项目齐全，内容真实，字迹清楚，全部联次一次复写、打印、内容完全一致；填开的发票不得涂改、挖补、撕毁；开具发票要按照规定的时限、逐栏填写，并加盖单位财务印章或者发票专用章；不得自行扩大专业发票使用范围；填开发票的单位和个人必须在发生经营业务，确认营业收入时开具发票，未发生业务一律不准开具发票；开票方应在规定的使用范围内开具发票，不准买卖、转借、转让和代开；纳税人进行电子商务必须开具或取得发票；发票要全联一次填写。每份票无论有几联，都必须把全部联次放在一起，一次性复写或打印，以保证各联填开的内容、金额等一致。严禁开具“大头小尾”发票；开具发票要加盖财务印章或者发票专用章；任何单位、个人不得转借、转让、代开、虚开发票；未经主管税务机关批准不得擅自销毁发票；固定业户领购或自印的发票不得供给独立核算、自负盈亏的下属单位或部门使用。

70. 发票接受方应注意什么？

征管科技司副司长赵福增：发票接受方在索取发票时，不得要求开具方变更货物或应税劳务名称，不得要求改变价税金额；只能从发生业务的销售方取得发票，不得虚开或代开发票；购买方取得发票后，如发现不符合开具要求的，有权要求对方重新开具。

71. 发生销售折让、折扣时，如何开具发票？

征管科技司副司长赵福增：发生销售折让的，开具方在收回原发票并注明“作废”字样后，重新开具销售发票。经营者销售或者购买商品，经营者给对方折扣、给中间人佣金的，必须如实入账。接受折扣、佣金的经营者必须如实入账。经营者可以在发票上注明回扣或佣金的比例和金额。

72. 看到北京酝酿对汽车开征环境税，大概几年会推广到全国，是由国税征收还是地税征收？

财产行为税司副司长杨遂周：环境税税制正在研究之中，具体的征税范围、实施时间、管理机关尚未确定。

73. 发票的保管有什么规定？

征管科技司副司长赵福增：用票单位和个人已开具的发票存根联和发票登记账簿应当保存5年。保存期满后，报经主管税务机关查验后按规定销毁。对使用计算机、收款机、计价器等电子器具开具发票的电子数据应当以电子储存介质完整保存5年。使用计算机开具发票的，须经主管税务机关批准，并使用税务机关统一监制的电脑发票，开具后的存根必须按照顺序号装订成册。

74. 是否双方没有签订合同就不用缴印花税？有时候买卖货物时双方并没有签订合同，但有时地税管理员通常还是要以主营业务收入去折算印花税？这样是否合理？

财产行为税司副司长杨遂周：印花税是针对具有合同性质的凭证征税，即便双方没有签订正式的合同，但只要有合同性质的凭证即应征税。按现行印花税政策规定，对符合一定条件的纳税人可采取按主营业务收入一定比例征收印花税的方式。

75. 税收协定的条款要比普通的税务法律法规难懂得多，作为一名财务或税务人员（并非法律人员），很难读懂，请问有没有专门的税收协定的详细解释，或例举？

国际税务司副巡视员彭宁：从有协定开始，我们陆陆续续下发过很多针对协定的解释性文件，对具体协定大部分都有专门的解释，但都是针对协定中的某些条款和问题，目前，我们正在以某一个协定为蓝本，对协定所有条款作全面及详尽的解释，以帮助税务机关及纳税人对协定的全面理解，近期将会发布。

76. 我们这里正进行今年发票简并工作的宣传，听说以后不再印企业冠名发票了，改在通用机打发票票头打印企业名称，是真的吗？

征管科技司副司长赵福增：冠名发票可以在通用机打发票的左上角打印企业名称（或标识）；经批准，也可以在通用机打发票的左上角加印企业名称（或标识）。

77. 现在年终奖与双薪是否还合并计税呢？

所得税司副司长缪慧频：年终双薪合并到发放当月计算缴纳个人所得税。

# 参考文献

1.《企业财务通则》，2006 年 12 月 4 日，财政部令第 4 号。

2.《企业会计准则》，2006 年 2 月 15 日，财政部令第 33 号。

3.《企业会计准则讲解 2006》，财政部会计司编写组编，人民出版社 2007 年版。

4.《企业会计准则讲解 2008》，财政部会计司编写组编，人民出版社 2008 年版。

5.《企业会计准则讲解 2006》，财政部会计司编写组编，人民出版社 2007 年版。

6. “企业会计准则讲解应用指南”，2006 年 12 月 30 日，财政部财会［2006］18 号。

7.《会计》，中国注册会计师协会编，中国财政经济出版社 2008 年版。

8.《会计》，中国注册会计师协会编，中国财政经济出版社 2009 年版。

9.《税法》，中国注册会计师协会编，中国财政经济出版社 2008 年版。

10.《税法》，中国注册会计师协会编，经济科学出版社 2009 年版。

11. 孙瑞标、缪慧频、刘丽坚：《中华人民共和国企业所得税法实施条例操作指南》，中国商业出版社 2007 年版。

12. 王泽国：《企业如何进行纳税筹划》，北京大学出版社 2003 年版。

13. 古继洪、卢圣佑主编：《施工企业会计核算实务》，中国财政经济出版社 2009 年版。

14.《高级会计实务科目考试辅导用书精讲 2007》，上海国家会计学院编，大连出版社 2007 年版。

15. 李国华：“构建和谐税收征纳关系的探讨”，《财政监督》，2009，2（财会版）。

16. 李国华：“企业业务招待费加强控制及规范核算措施探讨”，《财政监督》，2009，1（财会版）。

17. 李国华：“税收筹划影响因素及其相关风险的探析”，《财政监督》，2008，12（下）。

18. 李国华：“纳税遵从观下对企业加强税收管理的建议”，《财政监督》，2008，5（下）。

19. 李国华、阮春萍：“由‘囚徒困境’想到的”，《税收征纳》，2005，10。

20. 李国华：“良好的税收环境是诚信税收的基础”，武汉市税务研究会：《税收经济研究》，2005（增）。

21. http：//www. chinatax. gov. cn/n8136506/index. html.

22. http：//www. 12366tax. net. cn/.

# 后记

当前，国际经济风云变幻，大部分国内企业普遍面临双重压力。一方面，继续受国际经济危机影响，经营不景气，整体效益下滑；另一方面，虽然国家适时采取了包括推进增值税改革“结构性减税”政策，扶持企业应对危机，但同时也为保障财政收入掀起了2009年全国税收专项大检查。在企业通过多种途径、多种方法寻找出路、走出困境、获取新的竞争力的探求中，充分运用好税收政策是其中的一项重要选择。通过各种合法手段和措施将税收负担安排在最佳状态，可以在依法纳税的前提下，减轻税收负担，保持企业周转资金的有效利用，充分实现货币资金时间价值，取得最大的经济效益。

笔者从事财务与会计、税务实务工作近15年来，常年在“纷纷落叶随风过，征衣未解又上鞍”的状态中度过。一个最大的感触就是，会计与税法政策不断更新，财务会计从业人员的动态学习和业务水平持续提高任务繁重。从税务处理上来看，深感困惑的是，面对如此繁杂的税收政策，且需要归集到各政策的适用期间，难度较大，如果不能够根据实际工作需要先行找到税收政策依据并正确把握不同期间所适用的不同税收政策，则公说公有理，婆说理更长。在接受税务检查时，很难说服税务征管人员，更无法有效应对企业主管税务机关执行税收政策的弹性！

有鉴于此，为了适应我国财税管理的形势，提高企业的整体税务管理水平，笔者在2007年主撰完成《施工企业常见涉税事项分析与防范研究》财会课题以及2009年完成会计专业硕士学位论文《施工企业纳税筹划问题研究——以MBEC公司为例》的基础上，编写了《企业常见经济事项税务风险防范策略》。因此，特别感谢《施工企业常见涉税事项分析与防范研究》财会课题组成员给予我的交流机会，特别感谢我的会计专业硕士论文导师——中南财经政法大学唐国平教授。正是在唐教授的悉心指导下，我完成了企业纳税筹划问题研究，并给予我思路启示！

本书按照大家熟悉的资产负债表和利润表主要会计报表项目顺序，逐条梳理了自1993年税制改革以来至2009年12月底的税收政策（还有少量1993年以前的相关政策），同时梳理了会计核算的规定及其变化，对照比较了二者差异，提出了有效改进或优化纳税筹划工作的对策建议。笔者认为，本书将从企业角度帮助其不断提高服从发展大局开展财税工作，从政策层面来认识问题、分析问题和解决问题的能力；从税务角度，可以帮助税务人员学习会计业务，系统而深入地了解税收政策及其变化；从企业财务人员角度，本书为企业财务会计人员提供了一本比较系统、丰富、实用性和操作性强的工具用书，有利于使用者节省自行摸索的过程，全面提高工作效能和效率，为企业财务相关人员提供了一本针对性强的学习资料，帮助财务同行规范企业会计核算、正确履行纳税义务，有效维护企业合法权益，进而在加强和改进企业管理工作中起到积极的推动作用；亦可作为注册会计师、注册税务师、税务咨询与分析人员、证券和税收相关监管机构人员参考用书。

同时，有必要提醒读者注意，在使用本书作为参考资料时，还需考虑现行多种会计制度并存的局面，即目前不同的企业执行的会计制度包括三类：一是1993年13个行业会计制度；二是2001年《企业会计制度》、《小企业会计制度》及《金融企业会计制度》；三是2006年财政部发布的新企业会计准则体系。此外，在使用本书作为参考资料时，还要充分考虑各地在执行国家税收政策时的差异性以及各省市自行制定或细化的地方性政策，需要动态关注后续补充财税政策及其可能产生的变化。

本书的编写参阅吸收了有关文献资料，并得到了中铁大桥局、中税信息网等相关单位以及同行的大力支持。中国财政经济出版社的同志为本书的出版付出了辛勤的劳动。我的家人几年来在“冬窗伴读书生香”的过程中给予了我最强有力的支持。在此，我一并表示衷心感谢！

“天然去雕饰，清水出芙蓉。”本书不是阐述企业税务管理的理论，而是重点介绍企业常见经济业务会计与税收的操作实务，旨在给予读者一种方法上的参考或管理上的思路。若还能对同行们的实际工作有所借鉴，则更是对本人莫大的鞭策和激励！

另外，由于企业规模、生产产品、经营方式各不相同，财务管理环境差异较大；并且，随着国家宏观经济政策的变化、财税改革以及企业组织模式、管理方式的变革，企业面临财税环境将不断发生变化，加之限于时间和理论水平，本书难免有疏漏或不妥之处，敬请谅解并不吝赐教，以备今后做进一步研究并修改完善。

李国华

2010年元月于湖北武汉